Beihang Law Journal

北航法学

2016年第2卷

初殿清/主编

中国政法大学出版社

2016·北京

图书在版编目（ＣＩＰ）数据

北航法学.2016年.第2卷/初殿清主编.—北京：中国政法大学出版社,2016.12

ISBN 978-7-5620-7262-1

Ⅰ．①北…　Ⅱ．①初…　Ⅲ．①法学－文集　Ⅳ．①D90-53

中国版本图书馆CIP数据核字(2016)第325390号

书　名	北航法学（2016年第2卷）
	Beihang Faxue 2016 Nian Di 2 Juan
出版者	中国政法大学出版社
地　址	北京市海淀区西土城路25号
邮　箱	fadapress@163.com
网　址	http://www.cuplpress.com（网络实名：中国政法大学出版社）
电　话	010-58908435(第一编辑部)　58908334(邮购部)
承　印	固安华明印业有限公司
开　本	650mm×960mm　1/16
印　张	14.25
字　数	233千字
版　次	2016年12月第1版
印　次	2016年12月第1次印刷
定　价	35.00元

信息时代刑事司法的
发展与思考
（代前言）

陈光中*　初殿清**

当今世界，科技进步日新月异，信息发展之迅猛更超乎想象。但是事物充满辩证法，信息技术带有负能量。诚如美国信息学大师詹姆斯·格雷克所言：“新的信息技术在改造现有世界景观的同时，也带来了混乱。在这场混乱中，希望与恐惧相互交织。”[1]本文拟就信息时代刑事司法的发展问题，结合中国实际，略抒己见，就教方家。

一、信息时代刑事司法实践出现的新变化

我们当下生活在信息时代。这并不是说此前人类社会中没有信息，铁器时代和蒸汽时代也存在着各种形态的信息。“世界上几乎任何事物都可以用信息的方式量化。”[2]信息一直都在，但第三次工业革命通过数字技术、个人电脑、互联网使得信息急速增长和迅速传

---

* 陈光中，国家 2011 计划司法文明协同创新中心首席科学家，中国政法大学诉讼法学研究院终身教授，博士生导师。

** 初殿清，北京航空航天大学法学院副教授，法学博士。

[1] ［美］詹姆斯·格雷克：《信息简史》，高博译，人民邮电出版社 2013 年版，第405 页。

[2] ［美］詹姆斯·格雷克：《信息简史》，高博译，人民邮电出版社 2013 年版，第 vii 页。

播成为可能，于是出现了信息爆炸，数字化信息遍布人类社会各个角落，人类强烈地认识到信息的存在及其强大的能量，是谓信息时代。而今，以无人驾驶、人工智能、新型材料、3D 打印、5G 通信等为标志的第四次工业革命即将席卷全球，深度影响人类社会生产生活的各个角落。[1]数字化、智能化革命不但在宏观上深刻撼动着生产组织方式和世界经济格局，微观上也改变着每一个人的生存状态和生活方式。人类社会各个领域面临着从观念到模式到具体制度的新一轮转型。我们已经逐渐习惯了屏读，习惯了利用网络搜索来获取所需，习惯了周围越来越多的生活用品上装有传感设备，习惯了现金甚至银行卡的逐渐退出，代之以二维码实现支付。

改变同样发生在刑事司法领域。若干年前，人们对信息技术影响刑事司法的理解还主要停留在技术侦查、远程视频作证、电子证据等领域；近年来，"大数据司法""电子卷宗""远程庭审指挥""多媒体示证""智慧法院""数字法庭""智能导诉""智能书记员""虚拟现实"等新概念在不断更新着我们的认知。刑事司法在信息时代（尤其是近些年大数据技术兴起后）的新变化可以主要概括为以下方面：

（一）数据共享与深度应用

大数据、云计算日渐成为各行业辅助决策的关键词。在司法领域，数据共享及其深度应用主要体现为两种方式：一是办案机关内部数据、办案机关之间相关数据、办案机关与其他国家机关之间相关数据的深度挖掘与分析研判；二是办案机关与掌握大量数据的互联网企业联合，共享用户数据和技术资源，对社会信息资源深度挖掘与应用。

这两种方式在各地当前大力推进的"智慧法院"建设中均有体现。前者如重庆、福建等地，具体做法包括通过"云中心"汇集该省级区域内各法院的海量数据，将审判、政务、队伍、社会环境等关联信息归类整理纳入信息资源库，通过大数据技术分析研判审判

---

〔1〕 Larry Elliott, *Fourth Industrial Revolution Brings Promise and Peril for Humanity*, at https://www.theguardian.com/business/economics-blog/2016/jan/24/4th-industrial-revolution-brings-promise-and-peril-for-humanity-technology-davos, last visited on June 20, 2016.

态势，例如，重庆法院系统的专项分析模块中包括了对醉驾、毒品、知识产权等案件的分析模块。[1]后者的典型做法如浙江高院，2015年11月，浙江高院与阿里巴巴集团签订战略合作框架协议，借助阿里互联网平台的云计算能力和用户数据，建立"审务云"平台，实现当事人协查信息共享、文书送达、电子商务纠纷网上化解、金融犯罪预测预防等"互联网＋"功能。[2]

（二）信息交互平台大量出现

近年来，刑事司法领域的信息交互平台建设发展迅速。根据信息接收方的不同，可大体分为两类：

第一类，公安司法机关之间的信息交互平台。相关平台使得刑事案件的办理可通过电子化、信息化的网络平台推进，有助于提高办案效率。例如全国检察机关统一业务应用系统；又如部分地区通过建立诉讼数据信息共享平台，实现所办理案件信息在公检法之间流转。与此同步的配套举措是电子卷宗制度。电子信息平台的有效运转需以信息的电子化为前提，最高人民检察院基于各地多年来的探索，已于2016年初印发了《人民检察院制作使用电子卷宗工作规定（试行）》。由于其处于刑事诉讼中间环节，检察机关的电子卷宗建设又间接推动了公安机关与法院的相关改革。

第二类，公民与办案机关的信息交互平台。具体又包括诉讼参与人与办案机关的交互平台以及司法信息向一般公民公开的平台。前者使诉讼参与人参与案件更为便捷，例如网上报案、网上立案、律师网上阅卷[3]等，有的地区在刑事案件领域也开始尝试电子送

---

〔1〕 吴晓锋："探访重庆法院数据'云中心'：'智慧法院'如何'智慧'审判"，载《法制日报》2015年6月30日，第4版。何晓慧："福建解码打造'智慧法院'路线图"，载《人民法院报》2015年8月17日，第1版。

〔2〕 孔令泉、张兴平："'智慧法院'之浙江实践"，载《民主与法制时报》2015年12月5日，第4版。

〔3〕 如果律师申请阅卷，检察机关案管部门在审核认证后，将电子卷宗调入独立终端供查阅。

达[1]。后者有助于增进司法公开的透明度。例如，最高人民法院已建成四大司法公开平台。其中，中国裁判文书网、中国庭审公开网便是一般公民了解刑事司法办案情况的网络平台。根据 2015 年底之前相关数据的统计，法院公开文书数量与办结案件的比例大约在 50% 左右[2]，文书公开的要求有待进一步落实。2016 年 7 月，最高人民法院修订发布了《关于人民法院在互联网公布裁判文书的规定》，以全面、及时为原则，加强了对公开裁判文书的规范。

（三）信息化、数字化的办案方法与证据形态

20 世纪后期，信息技术对刑事司法的影响还主要体现为技术侦查中的监听。进入 21 世纪，尤其是 2010 年之后，信息技术、数字技术的迅速发展，使得刑事司法侦查、起诉、审判等各个环节都出现了若干新变化，主要体现于证据形态和办案方法两方面。

证据形态上，电子信息技术渗透到社会生活的各个方面，也被许多犯罪人用于作案过程之中，越来越多的证据（甚至是案件的关键证据）以电子化、数字化的形态展现，许多案件的办案人员在相关技术层面遭遇挑战，比如引起社会关注的"快播"案。相应地，证据形态的这种趋势性改变也在法律和司法解释的制定领域日益呈现出来：2012 年《刑事诉讼法》《民事诉讼法》两大法律的修改，在证据种类中均增加了"电子数据"；2015 年最高人民法院《关于适用〈中华人民共和国民事诉讼法〉的解释》第 116 条对电子数据的内涵做了初步解释；2016 年两高一部印发《关于办理刑事案件收集提取和审查判断电子数据若干问题的规定》，专门对刑事案件中电子数据的收集提取、审查判断作出规范。数字化证据近年来对刑事司法的影响可见一斑。

办案方法上，也出现了许多借助信息技术、数字技术的新方式。信息化侦查近年来已经成为侦查机关的重要办案理念，并具化为互

---

[1] 例如，广东法院受理的民事、刑事、行政、执行、再审案件，需要向诉讼参与人送达诉讼文书的，均可使用电子送达方式，但按照法律规定的判决书、裁定书、调解书除外。参见陈捷生："广东法院率先推行诉讼文书电子送达"，载人民网，http://legal. people. com. cn/n/2015/0105/c42510 –26323853. html，访问时间：2016 年 8 月 3 日。

[2] 马超等："大数据分析：中国司法裁判文书上网公开报告"，载《中国法律评论》2016 年第 4 期。

联网取证、智能终端取证、GPS 定位追踪、银行账户信息追踪等诸多以数字化信息为收集对象的具体侦查措施，同时逐渐形成了基于数据的案件研判方法。公诉领域出现了出庭公诉远程指挥系统、多媒体示证等信息化办案方式。各地法院探索电子法院建设，继远程视频作证之后，远程视频庭审的新闻也日渐见诸报端，目前较多适用于刑事再审案件[1]、被告人认罪案件[2]之中。在远程庭审过程中，法官位于法院、公诉人位于检察院、被告不押解出羁押场所，借助视频监控画面，在虚拟空间进行"面对面"审讯。此外，近期国外法庭科学的相关研究已经开始延伸至虚拟现实技术的使用探索。美国、英国、瑞士等国家均已启动将虚拟现实面罩用于帮助陪审团身临其境般感知和了解犯罪现场的相关研究。[3]

（四）人工智能的探索与尝试

继 IBM 于 2016 年 5 月宣布其研发的世界首位人工智能律师 Ross 诞生[4]后，我国天同律所也在 10 月宣布国内首款法律机器人"法小淘"诞生，并已在无讼法务产品中使用，目前已能够基于法律大数据实现智能案情分析和律师遴选。[5]人工智能在司法领域中的应用

---

[1] 刑事再审案件的被告人多数身处监狱之中，通常地处偏远，有法官指出前往审判时"在途往返需要三天，而审理可能不足半小时"。参见徐微："法院视频庭审'隔空审案'长春实现首例远程视频开庭"，载网易新闻，http://news.163.com/15/1230/10/BC30M0IL00014SEH.html，访问时间：2016 年 5 月 21 日。

[2] 例如许婷婷："武汉中院首次利用远程视频开庭审理刑事案件"，载中国法院网，http://www.chinacourt.org/article/detail/2014/11/id/1480082.shtml，访问时间：2014 年 11 月 22 日。周晶晶："武汉江汉：远程视频庭审系统首秀公诉人开庭'足不出院'"，载正义网，http://www.jcrb.com/procuratorate/jcpd/201610/t20161024_1664771.html，访问时间：2016 年 10 月 21 日。陈璋："被告人不在场远程视频庭审"，载中国江西网，http://www.jxnews.com.cn/jxrb/system/2015/11/27/014487095.shtml，访问时间：2015 年 11 月 28 日。

[3] See Laura Bliss, The "Oculus Rift" and the Courtroom, at http://www.citylab.com/crime/2015/03/the-oculus-rift-and-the-courtroom/385351/, visited on 2015-3-17. Also see G. Clay Whittaker, British Jurors Can Now Visit Crime Scenes in Virtual Reality, http://www.popsci.com/uk-using-vr-headsets-for-jurors, visited on 2016-5-30.

[4] 该智能律师目前就职于纽约 Baker & Hostetler 律师事务所。参见刘思瑶："IBM 研发出世界第一位人工智能律师——Ross"，载环球网，http://tech.huanqiu.com/original/2016-05/8935344.html，访问时间：2016 年 5 月 17 日。

[5] 谢珊娟："中国首个法律机器人来了，'法小淘'现场'秒算'律师震惊全场"，载https://yq.aliyun.com/articles/61731，访问时间：2016 年 10 月 18 日。

并不仅仅出现于律师行业，法院也开始尝试使用人工智能协助办案。比如，2016 年 6 月，杭州市西湖法院审理的宣某危险驾驶案被认为是国内首例由人工智能程序替代书记员完成庭审笔录的案件，这款程序来自阿里云，被称为小 Ai。随后，西湖法院又对一起盗窃案试用了小 Ai。[1] 再如，2016 年 5 月，安徽省马鞍山市雨山区法院诉讼服务大厅开始使用智能导诉机器人"小雨"，能够就立案、开庭公告等事项熟练地向当事人提供方便快捷的导诉服务，是该法院根据最高人民法院"法院信息化 3.0"改革在"人工智能 + 法律"领域进行的探索。[2]

二、新变化与刑事司法基本理念的碰撞

信息社会中司法实践出现的变化，给刑事诉讼法学研究带来了许多需要思考的新方面，下面仅结合刑事司法基本理念谈谈两个问题。

（一）控制犯罪与保障人权的平衡点

个人数据与隐私之间的天然联系，使得隐私权问题成为信息社会语境下研讨控制犯罪与保障人权两大价值目标之间平衡点的重要课题。

伴随犯罪手段信息化、智能化程度的加深，信息数据尤其是作案痕迹数据（留存于计算机、手机、网络、电信记录、金融机构记录中的数据等）、踪迹线索数据（GPS 信息、取款地信息、支付地信息等）在刑事案件中的重要性日益凸显，各国刑事办案机关对数据的需求比以往更加迫切。其中，一部分数据可以由办案机关在严格遵守程序的前提下依靠自身力量获取，但也有相当一部分数据处于第三方（金融、电信、网络运营单位等）的掌握之中，需要从后者处获得，具体方式又包括两种：一种是通过第三方单位的个案协助

---

〔1〕 参见陈瑜艳："浙江高院庭审引入人工智能做笔录准确率达 96%"，载网易新闻，http：//news. 163. com/16/0609/11/BP480EP400014JB5. html，访问时间：2016 年 6 月 9 日。

〔2〕 汪再荣、李玥："智能导诉机器人亮相马鞍山"，载《人民法院报》2016 年 5 月 25 日，第 4 版。

义务来实现，另一种是办案机关与第三方单位的数据平台实现互通[1]。此外，有时办案机关向第三方提出的协助要求并不直接指向数据获取，尽管以获取数据为最终目的。比如要求产品商或网络运营商提供解码技术支持，以获取某一特定设备中或信息交互过程中的数据。出现这一情况的主要原因是科技的迅速发展使得办案机关仅依靠自身的技术力量无法破解案件中的技术问题，在办案中遭遇了重大障碍，于是便寄望于产品或服务的提供者予以技术支持，典型案件比如美国的苹果案[2]和 WhatsApp 案[3]。

与此同时，人们感到了来自隐私保护领域的压力和担忧。关于解决问题的方案，相关领域研究者发起过诸多讨论，提出过若干观点：有观点主张个人在提供信息时进行数字化节制，然而，分享个人信息能为用户提供价值，人们或许并不想放弃新兴科技带来的诸多便利而成为数字时代的隐士[4]；有观点建议，根据信息社会的特点，重构隐私的内涵，将一部分信息数据从隐私中释放出来，然而，

〔1〕 比如美国目前的七十多个融合决策中心，通过政府与私营行业的合作，在各地收集并分享与"威胁"相关的政府和私人信息。融合决策中心以信息共享名义让政府能够从私营行业收集信息，从而绕过宪法对于信息采集行为的限制。参见［美］弗兰克·帕斯奎尔：《黑箱社会》，赵亚男译，中信出版集团 2015 年版，第 64 ~ 65 页。

〔2〕 苹果公司与美国 FBI "iPhone 解锁"事件：2015 年 12 月美国加州发生一起枪击案，造成 14 人遇害、17 人受伤严重后果，两名枪手被当场击毙，嫌疑人遗留下的加密 iPhone 成为案件突破口。由于在输入一定数量错误密码后手机就会失效，FBI 寻求苹果公司协助解码，遭到拒绝。2016 年 2 月，联邦地方法院要求苹果帮助 FBI 解锁嫌疑人的苹果 iPhone 5c 手机。苹果首席执行官对法院命令作出公开回应，表示不会执行法庭命令，因为这是"FBI 要求苹果在 iPhone 构建一个后门，我们担心这种需求会破坏自由"。一些支持公众隐私权的示威者举行集会，抗议 FBI 的做法；随后，包括 Facebook、Twitter 以及谷歌在内的科技公司也表示支持苹果的做法。3 月，美国司法部透露另有其他公司可能帮助 FBI 解锁，不久，司法部撤销了对苹果提起的诉讼，同时宣布该提供帮助的公司所使用的方法被证实是可行的。

〔3〕 WhatsApp 加密事件：隶属于 Facebook 的 WhatsApp 是全球最大的手机聊天工具，继苹果公司与美国 FBI 手机数据破解风波之后，2016 年 4 月，WhatsApp 宣布将对全球十亿用户启动端到端默认聊天加密。当用户在发送一条聊天信息时，能看到这则信息的只有他的聊天对象，无论网络犯罪集团还是政府机构，甚至是 WhatsApp 公司本身，都看不到聊天内容。WhatsApp 因其加密已成为多国司法部门的"眼中钉"。巴西执法部门逮捕了 Facebook 负责南美业务的负责人，理由是在一起贩毒案件中，WhatsApp 公司不愿意配合巴西警方提供部分用户的聊天信息。美国在调查一宗案件时，也需要获取 WhatsApp 用户的聊天信息，但是其加密特性妨碍了数据获取，导致警方获得的通信监听令毫无用处。

〔4〕 ［英］维克托·迈尔—舍恩伯格：《删除：大数据取舍之道》，袁杰译，浙江人民出版社 2013 年版，第 166 ~ 167 页。

有时一项数据是否涉及隐私并不容易判断[1]；也有观点建议，只有经个人同意方能使用其隐私信息，使个人对该信息在每一阶段的用途都有知情权和控制权，相应地，政府与企业有收集和使用数据的告知义务[2]；还有观点提出，通过确立"被遗忘权"来保护个人隐私，即在符合一定条件的情况下，数据控制单位应将该信息删除（比如个人基于某一目的将数据提供给网络服务商，目的达成后，个人便有权要求对方删除该数据）。[3]

实际上，上述问题涉及三方利益：公共安全利益、商家的商业利益、个人的隐私利益。一般认为，隐私利益在商业利益面前有其明显的优势地位，但隐私利益在公共安全利益面前却并不具有这样的绝对优势。与其他研究领域有所不同，在刑事司法这一特殊领域，与个人隐私相关的信息数据并非不可获取[4]，而是应当以遵循以下原则为前提：①必须在法定正当程序中合理获取；②在使用数据过程中应注意保密，且不得滥用，为此应当设置有效的监督部门与程序；③被追诉者有权在适当程序环节中了解自己被使用的信息内容及该内容如何影响了判决结果，并有机会对该信息数据的可靠性、关联性、如何被使用（包括通过何种算法对海量数据进行研判）等问题提出质疑，而且在此过程中能够获得有效的帮助（来自律师和有专门知识的人）。相应地，刑事司法领域需要认真思考的是如何设计制度以使上述三项原则有效实现，而刑事司法领域对隐私边界等问题的研究也应当服务于这一中心而展开。

结合我国的立法与司法实践，以下问题值得关注：

第一，办案机关要求第三方提供数据的办案环节缺少严格设计的具体程序。目前我国相关法律和司法解释对刑事办案机关与掌握数据的第三方之间的关系主要通过两类条文加以规范：一类规定于

---

[1] 美国若干相关案例将问题集中于相关内容是否属于隐私的探讨。

[2] ［英］维克托·迈尔—舍恩伯格：《删除：大数据取舍之道》，袁杰译，浙江人民出版社 2013 年版，第 169～171 页。

[3] 欧盟 1995 年《个人数据保护指令》第 12 条已对"被遗忘权"的相关理念有所体现，今年 4 月发布的欧盟《一般数据保护条例》第 17 条正式确立了"被遗忘权"（right to erasure）。

[4] 所以，被遗忘权目前在相当程度上并非刑事司法研究领域中的主要内容，而是集中体现为民商事司法领域中商业利益与公民隐私利益之间的对抗。

侦查行为之中，主要体现为查询。查询这一侦查行为在《刑事诉讼法》中并未如同其他侦查行为那样得到强调，只是与冻结同时出现在相关条文之中。而在公安部《公安机关办理刑事案件程序规定》和最高人民检察院发布的《人民检察院刑事诉讼规则（试行）》中，查询更是被规定为在初查阶段可以采用的调查方法之一。可见查询被划定于任意侦（调）查手段的领域，在审查批准程序上并没有严格予以设计。但在信息数据技术日益发展的未来，查询所获得的信息数据将成为一种重要的办案资源，多方查询的数据综合结果与被查询人隐私的关联程度也将提升。查询将渐渐在传统含义的基础上发生嬗变，成为一种功能强大且对个人隐私更具透视性的侦查方法，其程度将来甚至可能不低于技术侦查。另一类规定体现为第三方配合义务。除了《刑事诉讼法》中所规定的"任何单位有义务按照检察院和公安机关的要求交出证据"的义务外，2015 年底通过的《反恐怖主义法》和 2016 年 11 月通过的《网络安全法》进一步提出了相关单位的技术支持义务[1]，包括技术接口和解码等，但对于办案机关在要求第三方履行上述义务时应当遵循怎样的程序并无具体规定。应当加强该领域的制度完善和理论思考，前述有关 2016 年初美国大热的苹果案和 WhatsApp 案讨论便是这一问题的现实个案，相关问题也会出现于我国将来的案件之中。

　　第二，检察机关的监督权在个人信息数据使用的环节上如何落实？作为国家法律监督机关，检察机关无异于刑事司法全程中一双时刻警醒的眼睛，监督各个程序环节依法进行；而且这双眼睛应当能够敏锐地察觉到伴随时代发展而发生的新变化，不断调整其监督重点。当信息数据技术越来越多地成为重要的办案方法之一时，检察机关便应当开始预见和关注该领域可能发生的问题。为了防止违法获取数据、滥用数据、在关涉隐私的数据上未尽保密义务等情况的发生，有学者已经提出，"需要有人来监测他们如何监测他人"[2]。纳入刑事诉讼之中，后一监测指的是办案者对嫌疑人的调查，前一监测

---

　　〔1〕《反恐怖主义法》第 18 条要求提供"技术接口和解密等技术支持和协助"，《网络安全法》第 28 条要求提供"技术支持和协助"。

　　〔2〕［美］弗兰克·帕斯奎尔：《黑箱社会》，赵亚男译，中信出版集团 2015 年版，第 217 页。

则指程序监督者对办案行为的监督。在当前刑事诉讼权力分配结构下，检察机关应当承担起这一职责；检察机关的监督权在个人信息数据使用的问题上如何落实，将是规则制定者未来需要认真思考的问题。

第三，尽管法律已明确规定通过技术侦查所获材料可以作为证据使用，但实践中，其在法庭上作为证据出现的情况却很少，如何保障被追诉人的个人信息使用知情权以及有效质证权呢？在刑事诉讼中，就信息数据的使用而言，相当程度上，一方是透明的公民，另一方是不透明的办案机关和第三方单位。技术侦查所获数据材料尤其如此。除了作为一般办案规律的侦查阶段不透明性以及技术侦查秘密性以外，实践中该材料作为证据在法庭上接受质证的情况并不常见。尽管《刑事诉讼法》规定了此类材料可以作为证据使用，但由于并未要求必须接受质证，以及法律同时规定了可以由审判人员在庭外对之进行核实，实践中，许多使用了技术侦查材料的案件中，对该证据的调查是由公检法三家采用庭外核实的方式进行的，被告人及其辩护人并不知情。而技术侦查活动通常采用的是记录监控、行踪监控、通信监控、场所监控等措施，所得数据材料与侦查对象的个人隐私关系甚大。基于侦查阶段特殊性以及技术侦查方式特殊性的考虑，在侦查过程中难以满足被侦查个体对办案机关获取哪些数据以及如何分析使用该数据的知情权和质疑权，但至少应在审判阶段使这些权利得到满足，应给其机会质疑这些用于影响审判的数据的可靠性、完整性、关联性以及具体如何被分析使用等情况。并且，考虑到某些涉及具体技术的问题，获得有经验的辩护律师和有专门知识的人的帮助也是其有效行使权利的必要前提。否则，随着将来信息数据对案件结果产生的影响越来越大，被追诉人可能会在并不了解自己案件的情况下被定罪量刑。

（二）刑事诉讼构造视角下再检视

现代刑事诉讼构造的基本内涵可以通过控审分离、裁判者中立、控辩平等三句话来描述。其中，控审分离是现代刑事诉讼构造得以初具形态的基本条件，而在裁判者中立与控辩平等两者之间，裁判者中立是保障控辩平等的基本前提。当前刑事司法实践中出现的许多新做法，使人们在为司法能力日益现代化而欣喜的同时，也在一定程度上对新实践给刑事诉讼构造带来的潜在影响带来担忧。这里结合裁判者中立和控辩平等两方面稍作分析。

第一，关于裁判者中立。"十三五"期间，建成以大数据分析为核心的人民法院信息化 3.0 版是我国法院系统着力发展的目标之一[1]，"智慧法院"已成为各地各级法院建设的新关键词。但应当如何理解法院信息化过程中的"跨界融合"？在上文谈到的实践中的两种建设方法之中，有一种是法院与商业第三方平台联手共建，代表性做法比如浙江高院 2015 年末与阿里巴巴集团签订战略合作框架协议，借助阿里互联网平台的云计算能力和用户数据，建立"审务云"平台，实现协查信息共享等功能。然而，法院作为国家审判机关，中立性被认为是实现其公正与权威的基本保障，因而法院通常需要保持一种超然的地位，不宜与商业运营主体轻言"联姻"。商业主体随时可能成为某具体个案中的当事人，在这样的案件中，即使法官秉公裁判，也会在公众心中留下许多质疑。

当前处于社会转型初期，互联网企业作为该时期的先锋力量，其技术和数据掌握情况在整个社会中展现出极大优势，各个领域的话语交流平台上都可以看到互联网企业的身影，而相对应的是刑事司法机关自身的技术和数据开发尚处于起步阶段，因此，对于部分法院借助互联网企业的技术力量和数据资源发展自身审判能力的做法，在社会转型初期可以得到理解，但这种选择值得认真思考，法院信息化的过程不能失去了司法活动的基本价值立场，切莫让法院有了智慧，失了超然。

智慧法院的建设，应当自上而下，国家统筹；审判机关的智慧化过程，应当尽可能依靠国家自有的技术力量。近日，最高人民法院发布消息成立天平司法大数据有限公司，由最高人民法院信息技术服务中心和中国电子科技集团公司等单位共同成立，致力于司法大数据的研究应用，全面参与"智慧法院"建设，使司法大数据更好地服务司法审判执行。[2]我们认为，这是法院信息化过程中跨界融合的较好方式。

----

〔1〕《中国审判》编辑部："人民法院信息化建设五年发展规划（2016～2020）"，载《中国审判》2016 年第 5 期。

〔2〕 李万祥："天平司法大数据有限公司成立助力'智慧法院'建设"，载凤凰网，http：//finance. ifeng. com/a/20161110/14999780_ 0. shtml，访问时间：2016 年 11 月 11 日。

实际上，不仅仅是司法机关，任何公权力部门与商业运营实体结成长期合作关系时均应三思而后行，因为这层关系的存在会使人们质疑公权力是不是值得信任的。美国有研究者曾分析了谷歌当前在美国"大到不能倒"的地位。"当谷歌在网络监测方面与国土安全部门和美国国家安全局并肩作战时，它还用得着担心可能会违反反垄断条款吗？谷歌公司在监测方面的地位太重要了，以至于政府要对其维护到底。"[1]"当我们进入信息时代后，政府与主流商界之间的旋转门关系越来越明显，越来越令人不安。"[2]而英国的做法值得借鉴，英国政府成立了一个专门的解密部门，用来协助警方破译加密密码。[3]

第二，关于控辩平等。建设"数字法庭"是各国刑事司法改革发展的大趋势，比如，电子档案、电子卷宗的推广使用，通过视频技术的开发实现远程讯问、远程询问，法庭之上的多媒体示证，等等。我国近年来也在这一领域进行了大量探索，本文中已有谈及。但在将科技元素用于司法活动的探索和尝试中，有些做法的正当性可能需要进一步思考。

举一个越来越频繁地出现在各地司法之中的新型实践事例：近年来，若干地区的检察院出庭公诉远程指挥系统开始应用于刑事案件庭审。出庭公诉远程指挥系统运用网络专线视频双向联通法庭内外，实时同步传输庭审场景，实现检察院对出庭公诉的远程指挥、协助和观摩功能。[4]该系统目前在内蒙古、河北、山东、江苏、浙江、广东、海南等地均有实践。其主要功能是对公诉人进行即时后方支援：一方面，检察院可以集中多位经验丰富的检察官对庭审进行同步观察，并指导现场的公诉人如何应变，集检察机关集体智慧，帮助出庭公诉人准确应对庭审中可能出现的复杂情况；另一方面，

---

〔1〕［美］弗兰克·帕斯奎尔：《黑箱社会》，赵亚男译，中信出版集团2015年版，第71页。

〔2〕［美］弗兰克·帕斯奎尔：《黑箱社会》，赵亚男译，中信出版集团2015年版，第280页。

〔3〕［英］约翰·帕克：《全民监控：大数据时代的安全与隐私困境》，关立深译，金城出版社2015年版，第257页。

〔4〕刘品新：《网络时代刑事司法理念与制度的创新》，清华大学出版社2013年版，第88页。

检察院信息指挥中心的示证系统往往与法庭多媒体示证系统连接，可以在后方补充示证，将某些急需的材料迅速传给公诉人。

这种新型实践无疑会增进指控一方行使控诉职能的效果，提升有效控制和惩罚犯罪的效果。然而，这一目标却并非刑事诉讼目的的全部，而只是其中一翼。反观被告人及辩护人一方，却并无可能在庭审过程中求助于自己的智囊团。根据我国法庭的相关规则，法庭中的全体人员均不能"拨打或接听电话"，也不能"对庭审活动进行录音、录像、拍照或使用移动通信工具等传播庭审活动"，自2016年5月1日起施行的《中华人民共和国人民法院法庭规则》亦如此规定。这意味着法庭之上的人员就庭审内容与外界即时联系的做法并没有相关依据的支持。刑事诉讼构造中的控辩平等，在审判环节应当得到最佳体现。之所以将"审判"作为刑事诉讼的"中心"，是因为这是一个控辩双方能够在中立第三方面前进行平等对抗的阶段，是公开度、透明度最大的阶段，也是最能饱满地体现刑事诉讼等腰三角构造的阶段。对于控辩双方而言，法庭是一个相对封闭的对抗空间。在法庭之外，控方因是国家机关而具有力量上的天然优势，这种力量优势不宜在法庭之上继续延伸，否则便可能妨害控辩平等的实现。

值得大家留意的是，许多国家在其法庭技术化改革指南性文件中，强调了法庭技术受益方的普遍性，而并非法庭通过提供便利使某一方获益。比如，《2015年美国联邦司法战略计划》谈到运用科技助力法庭建设的目的在于识别并满足当事人及公众的需求，为其获取信息、服务和接近司法提供帮助，增进当事人对司法的信任[1]；再如，《2016年英格兰及威尔士大法官司法报告》中提到在所有刑事法庭中安装 wifi 以便当事人、辩护人及其他诉讼参与人就电子案卷等与法庭交流[2]。实际上，早在20世纪末互联网科技较多适用于司法界之初，便有相关研究者就类似问题表达了关切。例如，美国司法部司法项目办公室1999年发布的一项实证调研结果表明，公设辩护人的技术装备和技术操作水平远低于公诉人、警察、缓刑官等，该报告建议给公设辩护人配备必要的技术工具，以便其能够更

---

〔1〕 See Issue 4, *Strategic Plan for the Federal Judiciary*, September 2015.

〔2〕 See Judiciary of England and Wales, *The Lord Chief Justice's Report* 2016, p. 15.

好地服务于被告人。[1]

三、信息时代刑事司法制度之未来展望

我们的许多不安与不适，源自当前所处的这种状态——信息数字技术升级带来的生存环境急速变化，知识更迭的速度难以想象，以至于我们的认知以及知识结构尚未来得及跟进与适应。当这种不同步状态达到一定程度时，人们便会陷入不确定性带来的惶恐。凯文·凯利在其新作《必然》中对此作出了估算：我们发明新事物的速度已经超出了我们"教化"这些新事物的速度。今天，一项科技问世之后，我们需要大约十年的时间才能对其意义和用途建立起社会共识。[2]在社会宏伟转型的前夜，不可避免地会有各种观点的激烈碰撞与交锋，也会更加经常地看见不同领域学者和专家共聚一堂，各抒己见。我们认为：

第一，信息时代的到来是人类社会的进步，应当顺势而为，拥抱新科技带给人类的便利和进步，不必畏首不前或对数字科技表示否定，但也不必过度夸大新科技力量的影响力边界和神秘性。自然科学的迅猛发展的确给人类社会带来了许多意想不到的改变，但人类自身却并非只能消极无为，恰恰相反，作为社会生活的主体，我们可以通过制度设计来缓冲和应变，并使自然科学的发展更好地服务于我们的生活，这正是社会科学的重要功能。作为程序法学者，我们尤其认为，信息时代呼吁决策者重新思考和发掘程序的意义与价值，在解决问题的过程中，注意发挥程序的功能，运用好程序的缓冲作用，将尚处于人类逐渐了解与认知中的新问题纳入个案决定范围，而非简单地通过普遍性规范直接加以规定。一方面，可以通过程序来限定权力的范围，使其不会恣意扩张。比如，用于裁判个案的数据（而非进行犯罪预防等社会政策研判）宜根据取证程序进行个案获取，而非通过刑事司法机关与商业运营主体的一揽子合作协议任意获取。另一方面，也可以通过进入个案程序来审慎地观察

---

〔1〕 Office of Justice Programs, US Department of Justice, *Indigent Defense and Technology: A Progress Report*, November 1999, p. 15.

〔2〕 ［美］凯文·凯利：《必然》，周峰等译，电子工业出版社2016年版，第 VII 页。

新型权利在运用中的合理边界，使其不会绝对化或过于偏激。例如，在谷歌诉西班牙数据保护局和马里奥·格斯蒂亚·冈萨雷案中，欧洲法院认为，被遗忘权并非一项绝对权利，其实施应当坚持个案判断原则，由法官在网络运营者的合法利益与公民个人利益之间作出权衡和选择。[1]

第二，在刑事司法制度理论与实践领域，要注意分析刑事司法领域与其他领域的共性与特性，坚守刑事司法基本理念和价值目标，以此作为研究与分析问题的基本标准。一方面，控制犯罪是刑事司法基本目标之一，公共安全与秩序是刑事司法价值立场的重要组成部分，所以，其他领域所讨论的有关个人信息控制权、被遗忘权等理论不能直接套用于刑事司法领域，而应结合刑事司法特性进行一定的理论重塑。这一点在司法实践中已经得到认可，比如欧盟在解释被遗忘权时表示，该权利的设计并非旨在使罪犯能够逃脱惩罚。[2]另一方面，与其他领域一样，保障人权也是刑事司法活动的基本目标之一，要通过合理提升刑事司法的透明度并通过制度设计来增进透明度质量，防止刑事司法过程在信息时代成为帕斯奎尔笔下的"黑箱"（black box），因为黑箱里的人们处于一种一无所知而被决定的状态，而这种状态正是刑事诉讼基本理念所反对和致力于改变的。刑事司法活动并不是要把我们的社会变成"数字圆形监狱"[3]。

第三，数据分析技术包括大数据分析与小数据分析，两者解决问题的对象不同，应注意界分两类数据分析方法在刑事司法中的不同作用领域，避免"泛大数据化"的应用倾向。有研究者认为，在司法统计基础上发展起来的大数据分析更有可能加强各级法院整体上的能动性，而非在个案中提供指引。[4]的确，大数据不是万能的，这主要体现于两方面：一是大数据的运行基础是海量数据，往往优

----

〔1〕 European Commission, *Factsheet on the "Right to be Forgotten" Ruling* (*C* – 131/12), p. 4.

〔2〕 European Commission, *Factsheet on the "Right to be Forgotten" Ruling* (*C* – 131/12), p. 4.

〔3〕 "圆形监狱"是边沁提出的建筑学构想，在这样的监狱建筑中，囚徒不知是否被监视以及何时被监视，因而不敢轻举妄动，从心理上感觉到自己始终处于被监视状态，时时刻刻迫使自己循规蹈矩。当代学者在讨论无所不在的数字监控时，往往会将之喻为"数字圆形监狱"。

〔4〕 胡凌："用好大数据提升法院工作能力"，载《人民法院报》2016年4月14日，第5版。

劣掺杂，数据量的大幅增加会造成结果的不准确，因此大数据在一定程度上允许放弃结果的准确性，"大数据不仅让我们不再期待精确性，也让我们无法实现精确性"[1]；二是大数据的分析结果所体现的"仅仅是相关关系，而非因果关系"[2]，有研究表明"在很多问题中，大数据无法确切地建立变量之间的因果关系，有时候甚至会导致虚假的因果关系"[3]。因此，大数据的应用领域主要是预测事物发展方向和态势分析等宏观方面，在刑事司法与执法相关活动中主要体现为犯罪发展态势研判、司法统计分析、审判动态研究等。至于具体个案的刑事诉讼活动，要求达到排除合理怀疑的证明标准，对事实认定的准确性有很高要求，因而通常不宜将大数据分析获得的结果直接适用于个案裁判。当前许多被认为是大数据分析侦破的具体案件，实际上是在大数据时代背景下运用小数据分析的方法。小数据分析是以具体个体为对象进行的全方位数据挖掘，有学者认为它是我们"每个个体的数字化信息"[4]。作为小数据分析基础的数据量未必小，"小"指的是数据分析所选择的范围集中于案件潜在关系人，其分析强调精准和因果关系[5]。在刑事个案这一微观层面，小数据可以为具体案情的认定提供帮助。

第四，应当看到，科技进步有助于增进刑事司法活动发现真相的能力。DNA 检测技术便是典型例证，"包含细胞核 DNA 的人类生物学证据特别具有价值，因为它们有可能在刑事司法活动可接受的可靠性程度基础上将特定的个人和此类证据联系起来"[6]。承载着生命个体核心编码的 DNA 是重要的人体生物信息，DNA 数据库是许多国家刑事司法办案数据平台的组成部分。近年来，该领域的新发

---

〔1〕 ［英］维克托·迈尔—舍恩伯格、肯尼思·库克耶：《大数据时代：生活、工作与思维的大变革》，盛杨燕、周涛译，浙江人民出版社 2013 年版，第 56 页。

〔2〕 ［英］维克托·迈尔—舍恩伯格、肯尼思·库克耶：《大数据时代：生活、工作与思维的大变革》，盛杨燕、周涛译，浙江人民出版社 2013 年版，第 81 页。

〔3〕 唐文方："大数据与小数据：社会科学研究方法的探讨"，载《中山大学学报（社会科学版）》2015 年第 6 期。

〔4〕 闵应骅、李斐然："大数据时代聊聊小数据"，载《中国青年报》2014 年 4 月 16 日，第 11 版。

〔5〕 沈小根："大数据正在改变你我"，载《人民日报》2014 年 6 月 6 日，第 12 版。

〔6〕 美国国家科学院国家研究委员会：《美国法庭科学的加强之路》，王进喜译，中国人民大学出版社 2012 年版，第 132 页。

展进一步增强了刑事办案机关发现真相的能力，例如 2016 年夏天破获白银连环奸杀案的关键便是 DNA 的 Y – STR 检测技术[1]，使得28 年的悬案终得尘埃落定。情况同样发生于当前信息数据科技飞速发展的若干其他领域之中，各种电子数据在占据犯罪总量比例日渐攀升的网络犯罪等新型犯罪中的关键作用自不待言，即使在传统犯罪中，网页搜索记录、各类在线通信记录、GPS 定位信息、基站位置查询信息等数据也开始发挥重要的线索和证据功能。[2]一系列新型证据的涌现使得刑事司法活动发现真相的能力大为提升，并至少会在两个层面产生效果：效果之一是有助于降低"疑案"的数量。不枉不纵才是刑事司法的理想境界，放纵犯罪绝不是刑事司法的初衷。疑罪从无的制度设计，一方面体现出人权保障的力度，宁可错放、不可错罚；但另一方面，一定程度上也是人类在发现真相能力不足的情况下，在制度设计层面作出的次优选择。效果之二是推进刑事司法文明的不断进步。在人类历史的漫漫长河中，刑讯逼供等暴力取证方式经历了从合法手段到非法手段的发展过程，刑事司法从早期的野蛮粗暴不断走向文明进步。其间产生巨大助推作用的，除了人权意识的逐渐觉醒之外，还有科技发展所带来的人类认知事物能力的提高。发现真相能力的增强，使得被追诉人可以不再是办案者获知案情的主要来源，办案者的关注点逐渐从言词证据转向实物证据，各种可靠性获得验证的物证科技在法定正当程序的规范之下日渐广泛地应用于刑事司法，对被追诉人口供的依赖可望降低。

---

　　[1]　白银连环奸杀案，又称甘蒙"8·05"系列强奸杀人残害女性案，犯罪人（高承勇）从 1994 ~ 2002 年在甘肃白银和内蒙古包头共实施了 11 起强奸杀人犯罪，但却一直未能排查出此人。2016 年高承勇远房堂叔涉嫌犯罪，警方获得其 DNA 并使用 Y – STR 检测技术，把高承勇所在的家族与二十余年悬而未破的连环杀人案联系到了一起，找到了隐匿 28 年的高承勇。

　　[2]　以典型的传统犯罪行为"故意杀人"为例，在"北大法宝司法案例数据库"收录的万余份故意杀人案判决中，提取各类在线聊天记录（包括微信、微博、QQ、语音）作为证据的有 145 个案件，提取手机短信作为证据的有 205 个案件，另外还有 30 个案件使用了基站位置数据、28 个案件使用了 GPS 数据、3 个案件使用了电脑调取的网页搜索记录。访问时间：2016 年 12 月 29 日。这些是将数据信息用作证据的情况，实践中将数据信息用作办案线索的案件量更大。

目　录
CONTENTS

主题研究

信息社会与刑事司法

荷兰刑事侦查中的电子数据获取
程序制度研究[*]

[荷] J. H. J. Verbaan[**] 著　裴炜[***] 译

一、引言

近些年，随着移动电子设备的使用率大幅提升，经由这些设备进行信息交互所产生的电子数据量也在不断激增。这一趋势在未来毫无疑问会持续加强，而其对于警察的侦查取证活动以及与此紧密联系的刑事诉讼规则产生诸多深远影响。

荷兰侦查机关就获取数据方面形成了许多实践做法，其中许多做法尚未得到具体的法律法规规制。随着社会网络化的不断深入，包括云技术在内的新型技术对于数据的存储和提取都产生了革命性影响。本文以当前荷兰刑事诉讼法律框架为背景，就与数据获取相关的侦查制度进行探索和分析。首先，本文就侦查人员获取电子交互数据和职业活动中形成的数据的要求进行分析；其次，本文进一步探讨侦查人员存储或记录特定数据的目的；再次，本文对电子数据物理载体的扣押制度进行研究；最后，以这三项制度为基础，本文的第四部分将探讨侦查权力行使过程中产生的问题，并着重关注现有规则在数据查封扣押领域面临的挑战。

　＊ 本文系 Verbaan 教授专为本刊所作，在此深表谢忱。

　＊＊ J. H. J. （Joost） Verbaan，现任荷兰伊拉斯姆斯大学法学院助理教授，研究领域主要为刑事实体法和刑事程序法。Verbaan 教授是伊拉斯姆斯大学刑罚研究中心执行主任，同时担任鹿特丹法院兼职审判员。Verbaan 教授曾担任荷兰《刑法》起草委员会委员，也曾担任包括阿鲁巴、库拉索、圣马丁和荷兰加勒比等荷兰属地区《刑事诉讼法》和《刑法》起草委员会秘书。

　＊＊＊ 裴炜，北京航空航天大学法学院副教授，荷兰伊拉斯姆斯大学法学博士。

二、电子交互数据和职业数据的提取[1]

在刑事侦查过程中，侦查人员通常有多种途径获取数据，其中最常用的方法是行使特殊侦查权。2000 年荷兰通过的《特殊侦查权法》首次引入特殊侦查权。[2]在此之前，任何侦查权力的行使必须以存在具体的犯罪嫌疑人为前提。《特殊侦查权法》的出台使得即便不存在具体犯罪嫌疑人，侦查人员也可以在以下两种情形中行使侦查权：一种情形是已经有犯罪行为发生[3]；另一种情形是根据已有事实或当前环境，有合理理由怀疑某一犯罪组织计划或正在实施《特殊侦查权法》第 67 条第 1 款所列之严重犯罪。就后一种情形而言，这些犯罪必须在其本质上或与其他犯罪相比构成对法律与社会秩序的严重违反。[4]

在本世纪初期，获取电子数据尚未成为侦查活动的重点，相关法律规定的冲突并不明显，因此，即便立法规定了特殊侦查权，相关规定也并未触及数据获取行为。但是，在过去几年中，这一情况逐渐发生转变，与之相适应地，规则上的空白也逐渐被填补起来。

（一）涉及交互数据获取行为的立法

在荷兰，最先涉及数据获取侦查行为的立法是《交互数据获取法》[5]，其中第 126n 条至第 126nb 条补充了荷兰《刑事诉讼法》第 126u 条至第 126ub 条的规定，授权侦查机关在特定情况下获取通讯服务的用户信息以及该用户的交互数据。根据《刑事诉讼法》第 126na 条和第 126ua 条的规定，侦查人员还可获取与通讯服务特定用户的其他相关信息。具体而言，这些信息包括通讯服务用户的姓名、地址、邮编、城市、编号、类型等信息。

之所以制定第 126na 条，其目的在于确保《刑事诉讼法》第 126n

---

〔1〕　Par. 126na – 126ni CPC. 这里的"职业数据"（professional data）是指非以个人原因由私人形成、收集和处理的数据。——译者注

〔2〕　Wet BOB, Act of 1999, Stb. 1999, 245, entered into force on the first of February 2000 (Stb. 2000, 32)。

〔3〕　这些犯罪行为仅限于荷兰《刑法》规定的违警罪以外的犯罪。——译者注

〔4〕　参见《刑事诉讼法》第 126 条。

〔5〕　Wet Vorderen verkeersgegevens, Act of 2006, Stb. 2006, 300, entered into force on the first of September 2007 (Stb. 2006, 301)。

条和第 126u 条的有效执行。基于相同的目的，《刑事诉讼法》新增了第 126nb 条。根据该条文之规定，侦查机关可以通过使用《电子通讯法》规定的设备来识别某一电子通讯服务用户的号码。[1]

（二）涉及一般数据获取行为的立法

在《交互数据获取法》出台不久之后，立法者便认为有必要将数据侦查权进一步适用于其他数据类型。当时的立法意见认为，获取数据的权力不应当仅针对通讯服务用户，也不应当仅限于获取通讯服务用户的相关通讯数据。相反地，这种权力应当适用于所有非为私人目的并由私人处理的职业数据。除此之外，立法者也希望在司法实务中尽量避免就侦查人员获取数据是否基于相关权利人自愿而产生争议。[2]

荷兰 2006 年通过的《数据获取法》正是基于以上考量而制定[3]，该法第 126nc 条至第 126ni 条进一步补充了《刑事诉讼法》第 126uc 条至第 126ui 条，其中最为重要的是《刑事诉讼法》第 126nd 条以及《刑事诉讼法》第 126ud 条。根据该条规定，公诉机关为刑事侦查之目的，在合理认为某人可以接触到特定数据的情况下，可以要求该人提交该特定数据。[4]

需要说明的是：《刑事诉讼法》第 126nd 条以及第 126ud 条原则上不适用于个人的宗教或人生信仰、种族、政治观点、健康状况、性生活或者商业组织成员身份等敏感信息。但是，如果所涉犯罪基于其本质或者与犯罪嫌疑人所被指控实施的其他犯罪一起构成对法律与秩序的严重违反的，公诉机关凭借审查法官的书面授权仍可获取该敏感数据。

《刑事诉讼法》第 126ne 条还授权侦查人员对数据获取要求作出之后产生的数据予以提取。在紧急情况下，该机关可以要求相关义务方在进行数据处理之后立即提供该数据。

根据《刑事诉讼法》的相关规定，除获取数据以外，如果侦查人员合理认为某人掌握该法规定的特定数据的加密技术，还可以要求该人

---

〔1〕 Telecommunicatiewet, Act of 1998, Stb. 1998, 610, entered into force of 26 November 1998（Stb. 1998. 664）。这种识别方式被称为"IMSI - catchers"。

〔2〕《个人数据保护法》第 43 条规定了例外情形，即当个人数据不再服务于获取它们时基于国家安全所欲实现的预防、侦破、起诉犯罪的目的时，侦查人员应当停止进一步分析和处理这些数据。

〔3〕 Wet vorderen gegevens, Act Requesting Data, Stb. 2006, 390, entered into force the 6th of December 2005 Stb. 2005, 609.

〔4〕 此时这种数据并不区分是专业或行业数据还是个人数据。——译者注

协助破译该数据，协助的方式既可以是直接破译，也可以是将破译手段告知侦查人员。但是，基于不得强迫自证其罪这一刑事司法基本原则，要求破译数据的命令不适用于犯罪嫌疑人或其他享有免证特权的人。

（三）新旧规定的重合与冲突

除《刑事诉讼法》第 126n 条和第 126na 条规定的数据获取权以外，该法第 126ng 条也授权侦查人员获取通讯服务提供者处理或取得的其他数据。原则上，即便数据存储在服务商的计算机设备或系统中，如果该数据既不服务于又不源自该服务商，则第 126ng 条并不适用于该数据。但是，在所涉犯罪基于其本质或者与犯罪嫌疑人所被指控实施的其他犯罪一起构成对法律与秩序的严重违反的情况下，为侦查犯罪之目的，有必要立即获取源自或服务于犯罪嫌疑人、与犯罪嫌疑人相关、服务于实施犯罪或者与实施该犯罪明显相关的数据的，如果侦查人员合理地认为该服务商可以接触到该数据，则仍可要求该服务商提供该数据。[1]

之所以制定第 126ng 条，主要是因为最初《刑事诉讼法》仅授权侦查人员获取交互数据，之后这项权力才逐渐适用于职业数据。在这一发展过程中，侦查机关已经习惯于行使《刑事诉讼法》第 126n 条至 126nb 条所规定的数据获取权，并且该项权力可以适用于获取通讯服务用户的交互数据。但是，由于初始规则未论及其他类型的数据，对于该项数据获取权能否适用于其他数据这一问题，法律规定上存在空白。《刑事诉讼法》第 126ng 条正是为填补该空缺而创设。

（四）针对恐怖主义犯罪的特殊侦查权

为对抗和打击恐怖主义袭击，特殊侦查权在近些年呈现出逐渐扩张的趋势。荷兰《刑事诉讼法》针对恐怖主义犯罪[2]的特殊侦查权进行了单章规定[3]，授权侦查机关基于恐怖主义犯罪的线索行使特殊侦查权。[4]《刑事诉讼法》这些新内容如今已经在恐怖犯罪[5]案件中适用，

---

〔1〕　参见《刑事诉讼法》第 126ug 条第 2 款。

〔2〕　"恐怖主义"犯罪的定义规定在荷兰《刑法》第 83 条和第 83a 条。

〔3〕　Act of 2006, Stb 2006, 580, entered into force on the first of February 2007, Stb. 2006, 731.

〔4〕　参见《刑事诉讼法》第 VB 章"恐怖主义犯罪侦查的特殊权力"以及第 VC 章"恐怖主义犯罪侦查中的平民协助"（第 126za 至 126zu 条）。

〔5〕　刑事犯罪的术语定义于《荷兰刑法》第 83 条与第 83a 条之中。

该项权力并非旨在抓获犯罪嫌疑人并使之接受审判，而是为了预防恐怖袭击并维护社会公众的安全。特殊侦查权的行使仍需满足一般侦查权的行使要件，否则将构成《刑事诉讼法》规定的权力滥用。

除行使特殊侦查权以外，荷兰侦查机关还可以通过其他方式获取数据，这些方式主要规定在为提取数据和扣押数据载体而进行的搜查活动中。下文中，我们将对此类搜查活动的相关程序性规定进行详细分析。

三、为记录数据之目进行的搜查[1]

侦查机关可以在刑事诉讼程序伊始便要求获取数据，该项权力的行使可以早于对某人形成明确的怀疑，并且可以以保密的形式进行。本部分主要关注的是秘密侦查以外的、针对具体犯罪嫌疑人行使的数据获取权。原则上，当以提取数据为目的进行搜查时，该搜查行为需符合行使一般搜查权的前提和基础。[2]在搜查过程中，侦查人员可以扣押相关物品，也可以通过现场搜查计算机等设备，以提取其中存储或处理的数据。

为发现事实真相之目的，侦查机关可以对搜查场所以外的计算机设备进行搜查，并且可以就该设备上发现的所需数据进行提取。[3]侦查机关行使这项权力需要满足特定的条件，通常来说，该项权力仅限于基于搜查地以外设备的相关权利人的同意，在搜查地工作或居住的人可以接触到的该设备上的数据。[4]如前文所述，侦查机关在行使特殊侦查权时有权破译数据，该项权力同样适用于为提取数据而进行的搜查。如果侦查人员合理地认为某人知晓特定计算机设备或系统的安全设置，则可以命令该人提供进入该设备或系统的途径。如果侦查人员要求该人提供相关知识或信息，该人有义务予以配合。[5]这里需要注意的是：此项权力与《刑事诉讼法》第126nh条规定的权力一样，不能违背不得强迫自

---

〔1〕《刑事诉讼法》第125i条至125o条。

〔2〕《刑事诉讼法》第125i条规定："为提取数据之目的而对位于搜查地的数据载体进行搜查时，该数据搜查行为应当获得审查法官、检察官、助理检察官和侦察官员的授权，该授权均应符合第96b条、第96c条第1、2、3款、第97条第1至4款、第11条第1、2款规定的条件。"这些条文用于规制侦查官员或其他特殊人员的扣押活动。

〔3〕《刑事诉讼法》第125j条第1款。

〔4〕《刑事诉讼法》第125j条第2款。

〔5〕《刑事诉讼法》第125k条第1款。

证其罪原则。[1]

（一）职业特权和数据搜查

从不得强迫自证其罪的基本原则延伸出去，免证特权不仅适用于权利人输入的数据，还适用于其他代表该人行为并承担相应保密义务的人输入的数据。侦查机关基于权利人的同意可以搜查和提取数据，但这些侦查行为不能违反神职人员保密特权、职业特权或者公务特权。[2]

从荷兰最高法院的判例可以看出，原则上，职业特权不可侵犯，只有在极个别的情况下，当发现真相的公共利益高于职业特权的法益时，才有可能允许违反职业特权而获取数据。[3]同时，最高法院在其判例中认为，对于是否存在这样的公共利益的判断，只能是个案判断，不宜从立法上进行一般化的规定。[4]

司法实践中，最高法院逐渐发展出一些常用标准用于衡量公共利益，其中主要包括所需数据的性质、数量和背景、刑事案件涉及的利益、经许可获得数据的可能性、数据涉及该专业人员的程度、通过其他方式获取该数据的可能性以及数据所涉及的利益等。[5]在具体的侦查活动中，如果某项侦查行为已经或者即将违反某人享有的职业特权，侦查人员应当咨询审查法官并获得其许可。但是，这种违反《刑事诉讼法》规定的职业特权的做法目前在荷兰备受争议。[6]

（二）对公共电子通讯网络或服务中记录的数据的搜查

侦查机关对公共电子通讯网络或服务中记录的数据的搜查活动同样存在争议。侦查机关为提取数据搜查公共电子通讯网络或服务时，如果搜查到的数据既不服务于该网络或电子通讯服务，又并非源自该网络或服务，但是该数据明显来自犯罪嫌疑人、为其服务或与其相关，服务于犯罪行为的实施或者与犯罪行为明确相关的，此时检察官有权决定是

---

〔1〕《刑事诉讼法》第 125k 条第 3 款。

〔2〕《刑事诉讼法》第 1251 条。

〔3〕 ECLI：NL：HR：1985：AC9066 en ECLI：NL：HR：1986：AC3769.

〔4〕 参见 ECLI：NL：HR：1999：ZD7280，ECLI：NL：HR：2005：AT4418 and ECLI：NL：HR：2004：AO5070.

〔5〕 ECLI：NL：HR：2009：BG5979 and ECLI：NL：HR：2012：BU6088.

〔6〕 参见 discussiestuk professioneel verschoningsrecht ex artikel 218 Sv（有关《刑事诉讼法》前第 218 条中执业特权的讨论文件）。

否对该数据进行审查和提取。

公诉机关在作出决定之前，应当已经申请并获得一名审查法官的书面授权，申请和授权程序应当符合《刑事诉讼法》第126ng条第2~4款的规定。但是，对于从公共电子服务或网络所在地扣押的设备中所提取的数据，如果该数据既不服务于又并非来自于犯罪嫌疑人，法律对于该如何处理该数据并没有明确规定。[1]

（三）数据的存储和销毁

一般来说，当侦查活动中搜查并提取的数据不再服务于特定侦查活动时，该数据应当予以销毁。但是，基于侦查活动的其他目的，侦查机关可以推迟销毁数据；在特定情形下，这些数据甚至可以用于服务其他侦查活动。[2]此时，数据要直到其他侦查活动终止之后才能销毁。同时，按照《警察数据法》的相关规定，公诉机关为评价特定人员在严重犯罪中的参与程度之目的，有权决定暂不销毁数据。[3]

（四）告知相关权利人的义务

侦查机关为提取数据而进行搜查时，如果该项搜查活动确实导致数据的提取或冻结，该侦查机关应当向相关权利人告知该侦查行为，并告知被记录或冻结的数据的情况。只有当有合理情形导致无法告知时，侦查机关才可以不予告知。[4]荷兰《刑事诉讼法》第125m条对特定权力机关积极履行告知义务进行了明确规定。

立法者对告知义务的例外情形设置了严格的程序性保障。[5]根据搜查行为的授权主体不同，公诉机关或审查治安官有权为侦查之目的，免除侦查机关的告知义务。除此之外，司法实务也发展出一些经验性做法，例如，如果被告知人本人是案件的犯罪嫌疑人，并且该人已经通过案卷信息得知该侦查行为和数据内容，侦查机关无需另行告知。

---

〔1〕《刑事诉讼法》第1251a条。
〔2〕 参见《刑事诉讼法》第125n条和第125u条。
〔3〕 更多具体规定参见《警察数据法》第10条第（a）项和第（b）项。
〔4〕 参见《刑事诉讼法》第125m条第1款。
〔5〕 参见《刑事诉讼法》第125m条第2款。

四、对电子数据载体的扣押和征用[1]

荷兰现行立法中规定的扣押措施主要针对的是有形物体，因此难以直接适用于计算机数据或数据文件。但是，侦查机关仍然可以通过其他方式获取数据，例如，可以要求特定主体提供数据，或者对于属于有形实物的数据载体可以予以扣押。扣押和征用特定物品旨在推进刑事诉讼的顺利进行。[2]这项权力的行使主体有很多。

根据荷兰《刑法》第36e章的相关规定，凡是可以揭发真相或者证实非法收益的物品均可以被扣押。[3]除此之外，任何可以被命令征用或撤出流通的物品均可适用扣押规则。[4]侦查机关为获取数据载体，可以扣押特定物品，并在占有该物品之后对该物品中存储的数据进行搜查。法律规定了一系列辅助性权力以实现数据载体的顺利扣押。当然，物品权利人也可以向侦查机关主动提供该物品。

（一）对于数据载体的侦查活动

一般来说，扣押电子数据载体或其他计算机设备主要旨在发现案件真相。此项权力的行使具有一个前提，即侦查人员认为存储在该载体或设备上的数据有助于推进案件侦查活动。在特殊情况下，为没收或销毁数据载体之目的，侦查人员也有可能对电子数据载体或设备进行扣押，比较典型的例子是该载体内包含诸如未满18周岁的未成年人的色情图片等非法内容，或者包含大量的第三人信用卡信息或其他非法图片。

《刑事诉讼法》第95条和第96条对包括正副检察官在内的侦查人员的扣押或征用权进行了规定，《刑事诉讼法》第104条则涉及审查法官的相关权力。同时，检察总长办公室（Attorney-General's Office）[5]也通过起草相关指令规范扣押和征用权的行使。[6]

---

〔1〕《刑事诉讼法》第95条至第110条。

〔2〕参见《刑事诉讼法》第134条第1款。

〔3〕参见《刑事诉讼法》第94条第1款。

〔4〕参见《刑事诉讼法》第94条第2款。

〔5〕在荷兰，检察总长办公室负责管理公诉活动，也负责全国的刑事侦查和起诉政策的制定。

〔6〕Designation Confiscation and Seizure（Article 94 CPC）（2014A006），lastly amended on the first of July 2014, Stcrt. 2014, 18598.

（二）为扣押之目的而行使的辅助性权力

为确保扣押权和征用的顺利进行，《刑事诉讼法》规定了一系列辅助性权力，用以确保侦查人员对特定物品的实际占有。这些辅助性权力主要包括：①为扣押特定物品之目的进入某地的权力；[1]②如果合理地认为某人占有扣押对象的，命令该人交出该物的权力；[2]③为扣押特定物品之目的搜查某地的权力[3]，该权力基于审查法官的授权可以扩展至住所。[4]这里需要说明的是：这些辅助性权力不能与扣押权本身混为一谈，《刑事诉讼法》第94条对扣押权的行使进行了单独规定。

侦查人员只能在两种情形下行使《刑事诉讼法》第94条规定的一般扣押权以及其相关的辅助性权力：一种是犯罪嫌疑人是当场被抓住的现行犯；另一种是犯罪嫌疑人被指控实施了《刑事诉讼法》第67条第1款规定的严重犯罪。[5]原则上，只要物品本身有助于实现《刑事诉讼法》第94条规定的目的，侦查人员就可以扣押该物品。此时，侦查人员应当对扣押行为的合法性基础进行证实，即扣押行为必须有助于查明案件真相，或者有助于明确犯罪嫌疑人所犯罪行。根据《刑事诉讼法》第94条的规定，侦查人员也可以在其他情形行使扣押权，例如为收缴非法强制或药物或者其他非法获得的物品；此时，该侦察人员无需证明扣押行为与被侦查的犯罪之间的直接联系。

（三）扣押告知和返还扣押物

侦查人员扣押或征用物品时，应当出具扣押通知以及送达证[6]，并尽快将这些令状提交给被扣押或征用物品的人。[7]在告知过程中，侦查人员可以询问物品被扣押的人是否放弃他对该物享有的相关权利。原则上，当被扣押的物品不再服务于刑事诉讼特定目的时，侦查人员就应

---

〔1〕《刑事诉讼法》第96条和第110条。

〔2〕《刑事诉讼法》第96a条第1款，第100条、第105条、第114条。

〔3〕《刑事诉讼法》第96b条、第96c条、第97条和第110条。

〔4〕《刑事诉讼法》第97条第2款。

〔5〕该条文涉及的犯罪主要包括最低刑为4年有期徒刑的犯罪，但是其他犯罪即便量刑基准较低，也有可能被认定为严重犯罪。

〔6〕《刑事诉讼法》第94条第3款。

〔7〕According to article 94, third paragraph, jo. Article 116 in combination with Designation Seizure (Artikel 94 Wvsv) (2014A006) article II. 2, laatstelijk gewijzigd per 1 juli 2014, Stcrt. 2014, 18598.

当将该物品归还给相关权利人。[1]此项原则存在两种例外情形：一种是经过诉讼程序证明被扣押的物品将被没收；另一种是相关权利人明确表示弃权。[2]

（四）销毁或移除电子数据载体或计算机设备中的数据

现行荷兰《刑事诉讼法》以及安全与司法部出台的《征用与扣押条例》均未对扣押物品中包含的数据的删除、移除或禁用作出任何规定。这意味着目前司法实务在这些事项上尚无法可依。同时，立法对于搜查电子数据载体或设备的行为同样规定得不够明确。由于规则上存在漏洞，对被扣押物品相关权利的干预是否必然构成侵权这一问题，目前在荷兰仍然存在争议。

司法实务中，是否扣押数据载体的决定由公诉机关或审查法官根据搜查活动的一般规则和惯例作出，该决定主要取决于以下三个因素：一是犯罪的嫌疑程度，二是侦查活动的规模，三是扣押行为涉及的权力机关。原则上，凡是存储在相关载体或设备上的数据均可以被搜查，但该数据基于职业特权不应当被披露的除外。[3]

荷兰最高法院就数据扣押或搜查的最近判例是在 2007 年作出，但是与之相关的重要判例可以追溯到 1994 年。[4]最近，阿纳姆—吕伐登高等法院（High Court Arnhem-Leeuwarden）的一个案例涉及针对智能手机的侦查行为。[5]该高等法院认为，侦查人员针对智能手机的扣押和搜查不仅针对交互数据，其也会涉及智能手机使用者的个人信息，法官难以在权力行使之前对该侦查行为的必要性和合比例性作出判断，因此，如果侦查人员要行使数据扣押或搜查权，该权力必须以立法上有明确规定为前提。

---

〔1〕《刑事诉讼法》第 116 条第 1 款。

〔2〕《刑事诉讼法》第 116 条第 2 款。

〔3〕 See, inter alia, the report carried out for the WODC (Scientific Research and Documentation Centre of the Ministry of Security and Justice, "Onderzoek aan in beslag genomen elektronische gegevensdragers en geautomatiseerde werken ten behoeve van de opsporing en vervolging van strafbare feiten", p. 51 ~ 68.

〔4〕 See HR 20 February 2007, ECLI：NL：HR：2007：AZ3564, NJ 2008, 113 with annotation T. M. Schalken under NJ 2008, 115 and HR 29 March 1994, ECLI：NL：HR：1994：AD2076, NJ 1994, 537, with annotation T. M. Schalken under NJ 1994, 577.

〔5〕 Hof Arnhem - Leeuwarden 22 April 2015, ECLI：NL：GHARL：2015：2954, www. sr - updates. nl, SR 2015 - 0215, with annotation mr. P. C. Verloop.

基于此，阿纳姆—吕伐登高等法院认为，《刑事诉讼法》第94条未能对其规定的权力设置前置审查机制，因此无法认为该规定明确了侦查权的权力界限，进而构成对《欧洲人权公约》第8条的违反，于是排除了从证据中所获数据。[1]

在阿姆斯特丹高等法院审理的一个相关案件中，被告同样主张侦查人员对其智能手机的调查不仅涉及交互数据，还涉及他的个人数据，因此侵犯了他所享有的《欧洲人权公约》第8条规定的权利。[2]阿姆斯特丹高等法院通过援引最高法院判决，认为只要为寻求真相之目的，侦查行为的对象不仅限于普通物品，还包括存储数据的数据载体，而后者则包括智能手机在内。[3]基于此，该高等法院认为《刑事诉讼法》第94条的规定为扣押数据载体并进行进一步搜查提供了充分的法律依据，并最终驳回了被告的主张。

这里需要提及阿姆斯特丹高等法院作出的另一个判例。[4]在该案件中，被告的智能手机被侦查人员扣押，此后侦查人员对该手机上装载的WhatsApp即时通讯软件中的数据进行了提取。该被告通过引用阿纳姆—吕伐登高等法院的判决[5]，认为《刑事诉讼法》第94条未能为扣押之后的进一步搜查行为提供充分的法律依据，因此要求法院排除该电子数据证据。[6]阿姆斯特丹高等法院采用了与上一案件相同的观点，即认为只要为寻求真相之目的，《刑事诉讼法》第94条的规定自然适用于扣押之后的搜查行为，并再次驳回了被告的主张。

通过以上案例可以看出，就《刑事诉讼法》第94条是否足以为扣押后的数据搜查行为提供充足的法律依据这一问题，司法实务中并未形成统一的意见。当然，我们可以认为，明晰这一问题的任务应当由立法者而非司法人员来执行。但是在荷兰，通过法官而非立法者来处理棘手的法律争议并非罕见。[7]具体到《刑事诉讼法》第94条的情形，目前

---

〔1〕 尽管如此，最高法院认为根据余下的其他证据也足以定罪。

〔2〕 High Courts Amsterdam 17 September 2015, ECLI：NL：GHAMS：2015：4348

〔3〕 Referring to the earlier mentioned HR 29 March 1994, ECLI：NL：HR：1994：AD2076, NJ 1994, 537, with annotation T. M. Schalken under NJ 1994, 577.

〔4〕 This decision was made by different members of the High Court than the earlier mentioned decision of 17 September 2015, ECLI：NL：GHAMS：2015：4348.

〔5〕 ECLI：NL：GHARL：2015：2954.

〔6〕 High Court Amsterdam 13 November 2015, ECLI：NL：GHAMS：2015：5007.

〔7〕 例如是否立法允许安乐死、《刑事诉讼法》第195b条规定的"严重犯罪"的具体含义、通过分析人体细胞提取DNA信息、警察讯问环节的律师在场等问题。

最新提出的计算机犯罪相关法案并未就其效力是否延及数据搜查作出回应[1]，因此可以预见到的是这一问题恐怕最终仍将由最高法院通过司法裁判来解决。

五、结论

本文就刑事诉讼程序中侦查机关针对电子数据可能采取的侦查措施进行了探讨。通过本文分析可以看出，就物品扣押以及对于数据载体或计算机网络中存储的数据进行调查而言，当前《刑事诉讼法》尚未制定明确且具体的规则。与之形成鲜明对比的是，在数据载体或计算机网络中进行在线数据搜查时，相关法律规定要完善得多。

从上文中讨论的司法判例可以看出，就《刑事诉讼法》第94条是否足以支持物品扣押之后的数据搜查行为，地方法院的观点受到《欧洲人权法院》第8条以及技术发展等因素的影响，而这些观点并不一致。有些法院认为，寻求真相的目的使得针对扣押行为的立法授权自然而然地适用于后期数据搜查行为，但其他法院则未必认同。明显的是，立法似乎也并不打算在近期解决这一问题。

在大多数的案件中，扣押数据载体的决定由公诉机关或审查法官作出，而作出扣押决定主要是因为一般来说，搜查某地通常意味着可以对位于该地的相关物品进行扣押。由此形成的一项侦查活动中的常用原则是：除享有职业保密特权的情形外，侦查人员可以搜查与案件相关的物品中存储的所有数据。然而结合《欧洲人权公约》第8条的相关规定，当前荷兰有关物品扣押的法律规定能否为后期的数据搜查行为提供充分的法律依据，对于这一问题有赖于最高法院作出更为具体的规定。这种基于技术发展由司法主体而非立法者明确法律规定的做法，在一定程度上可能减损刑事司法相关权力的民主合法性。最高法院为程序便宜之目的对法律规则进行明晰的做法，很容易超出其遵守和适用法律的义务。更合理的做法是：由具有独立视角的立法机关对相关权力的范围进行判断并制定相应的规则。

明确规则对于司法实务至关重要。当前法律法规对于规制电子数据

---

[1] Proposed Bill Computer crime Ⅲ, （Wetvoorstel Computercriminaliteit Ⅲ）, Parlementary Papers, Kst. 2015～2016, 34 372, nr. 2, p. 1～12 as well as the Memorandum, Kst. 2015～2016, 34 372, nr. 3.

的侦查行为存在诸多漏洞，而这些漏洞已经直接导致司法裁判中的混乱。当然，明确规则可以通过多种途径实现，但最为合理的做法是修改《刑事诉讼法》的现有规则。

附：英文原文

Obtaining of Electronic Data in the Netherlands

J. H. J. Verbaan*

1. Introduction

In recent years the use of mobile devices had grown tremendously. The same applies to transmission of data through these devices. The use of data will very likely increase in the coming years. This development also has implications for the way police investigations are and will be carried out and thus also on the criminal procedure regulations as a whole.

In the Netherlands the process of obtaining data by investigative authorities has several varieties. These varieties are not all regulated in full detail, nor will this be possible due to continuing developments within cyberspace, such as storing data in the cloud. In this paper an account will be given of the legal powers that are laid down in the *Dutch Criminal Procedure Code* (hereafter: CPC). The possibilities to obtain data are divided into three different methods. In the second paragraph the demand of telecommunication data and professional obtained data will be described. In the third paragraph, the search for the purpose of recording data will be set out. In the following paragraph the confiscation of items containing electronic data is subject of the description.

---

* Mr. J. H. J. (Joost) Verbaan is an assistant-professor at the Erasmus School of Law of the Erasmus University Rotterdam. He teaches Criminal Law and Criminal Procedure law. He is Managing Director of the ECPS. He is a deputy judge at the Court of Rotterdam. Mr. Verbaan has worked in the legal advisory board of the Committee drafting a new Criminal Code. He served the secretary of the Committee to draft a new Criminal (Procedure) Code for Aruba, Sint Maarten and Curacao and the BES – territories.

Following the outset of the methods, the problems occurring with the exercise of the powers will be addressed. Finally this paper will address the problems currently occurring in the field of data confiscation. After that the conclusions will be drawn.

2. The demand of telecommunication data and professional obtained data [1]

Investigative authorities have several ways of obtaining data in a criminal investigation procedure. One of the most common methods is the use of special investigative powers. Special investigative powers came into force in the Dutch legislation in the year 2000. [2] The main reason they are considered special, has to deal with the fact that prior to these regulations the Dutch regulations did not allow the use of investigative powers without the presence of a specific suspect. When the Act "BOB" (de Wet BOB), came into force, the use of investigative powers became permitted when a crime had occurred or when facts or circumstances gave rise to reasonable suspicion that serious offences as defined in paragraph 67 first section, are being planned or committed by an organized group, which serious offences in view of their nature or the relation to other serious offences that are being planned or committed by an organized group constitute a serious breach of law and order. [3] However with the introduction of the special investigative powers obtaining data was not yet regulated. In the beginning of this century the investigative forces were not struggling with obtaining data in any form. Mostly due to the fact that the use of data was not common.

2.1　The Act Requesting Traffic Data

This changed when the Act Requesting Traffic Data came into force. [4]

---

[1]　Par. 126na – 126ni / 126ua – 126ui CPC.

[2]　Wet BOB, Act of 1999, Stb. 1999, 245, entered into force on the first of February 2000 (Stb. 2000, 32).

[3]　See, inter alia, par. 126o CPC.

[4]　Wet Vorderen verkeersgegevens, Act of 2006, Stb. 2006, 300, entered into force on the first of September 2007 (Stb. 2006, 301).

This act amended the Criminal Procedure Code by inserting articles 126n-126 nb as well as articles 126u-126ub CCP. These articles created the possibility for the investigative forces to obtain information regarding a user of communication service and the communication traffic data pertaining to that user. Information in relation to the user of a communication service could be requested as well, according to article 126na respectively article 126ua CCP. More specific these articles provided the investigative authorities the right to require communication services to provide the investigation with the name, the address, the postal code, the city, the number and type of service of the user of communication service. This article was introduced in order to make sure the enforcement of article 126n respectively article 126u could be effective. For the same reason article 126nb respectively 126ub CCP has been introduced, which allows the investigation forces to use machinery, referred to in *the Telecommunictations Act* [1], to identify a number by which the user of a telecommunication service can be identified, so called IMSI – catchers.

2.2　The Act Requesting Data

Shortly after the introduction of the powers to request communication traffic data the urge was felt to create further reaching powers for the investigation regarding the request of data. It was thought that the possibilities of requesting data should not be limited to data of a user of a communication service and the communication traffic data pertaining to that user. The request should be able to entail all data processed professionally. Besides that the legislator also wanted to prevent discussions in court on whether or not data or material containing data, was handed voluntary to investigative authorities. [2] In order to avoid these discussions and in order to regulate the further stretching powers,

---

〔1〕 Telecommunicatiewet, Act of 1998, Stb. 1998, 610, entered into force of 26 November 1998 (Stb. 1998, 664).

〔2〕 Under article 43 of the Act Protection of Personal Data an exception is provided that allows a controller to exclude article 9, section 1, which states that personal data shall not be further processed in a way incompatible with the purposes for which they have been obtained, and hand over data to investigative authorities in order to prevent, detect, and prosecute criminal offence, in the interest of State security.

the Act Requesting Data was adopted. [1]

With this act the articles 126nc-126ni respectively 126uc-126ui were introduced into the *Dutch Criminal Procedure Code*. The central part of the Act is shaped by article 126nd (respectively 126ud) CPC which allows the public prosecution in the interest of the investigation to request a person, who may be reasonably presumed to have access to specific stored or recorded data, to provide this data. It needs to be mentioned that this request can not relate to all personal data. Sensitive data, such as a person's religion or life principles, race, political persuasion, health, sex life or membership of a trade union is excluded from the request mentioned in article 126nd (126ud) CPC. It can however be obtained in case there has been a serious offence, which in view of its nature or the relation to other serious offences committed by the suspect constitutes a serious breach of law and order and after written authorization of a examining magistrate has been obtained. The articles even have a provision to obtain data which is still to be created after the time of the request, and in urgent situations can even be provided immediately after the data has been processed. [2] Besides the possibility to obtain data the articles also contain a provision that obliges persons, who may be reasonably presumed to have knowledge of the manner of encryption of the data referred to in this act to assist in decrypting the data by either undoing the encryption, or providing this knowledge. Due to the right against self-incrimination this order can not be given to the suspect or to persons with a privilege to decline to give evidence.

2.3 Overlap with the prior regulations

Rather remarkable is the provision of article 126ng (126ug) CPC which deals with data processed or obtained by the provider of a communication service insofar as the request relates to data other than which may be requested under application of sections 126n and 126na CPC. This request may not relate to data stored in the computerized device or system of the provider and which is not intended for this provider or does not originate from this provider,

---

[1] Wet vorderen gegevens, Act Requesting Data, Stb. 2006, 390, entered into force the 6th of December 2005 (Stb. 2005, 609).

[2] This possibility is laid down in article 126ne (126ue) CPC.

unless the retrieval of this data is urgently required in the interest of investigation in a case of suspicion of a serious offence, which serious offence in view of its nature or the relation to other serious offences committed by the suspect constitutes a serious breach of law and order, request the provision of the data referred to in subsection one, final sentence, from the provider which may be reasonably presumed to have access to said data, insofar as said data evidently originates from the suspect, is intended for him or relates to him or served for commission of the criminal offence, or the criminal offence was evidently committed in relation to said data. [1]

The reasons behind this article originate amongst others, in the fact that the power to request traffic data was inserted into the criminal procedure law earlier than the power to request data in general from persons who process data for professional use. The investigative authorities had gotten used to the powers regulated in the articles 126n-126nb (126u-126ub) CPC and it was decided to maintain the articles on the request of traffic data from communication services relating to users of those communication services. This however, left a gap in legislation for other data that is processed by communication services and thus article 126ng was born.

2.4   Special Investigative Powers for investigation and detection of terrorist offences

In the aftermath of the terrorists' attacks and the war on terrorism, the special investigative powers were expanded. The Part Special Investigative Powers for investigation and detection of terrorist offences was added to *the Criminal Procedure Code*. [2] The new provisions created the possibility to use special investigative powers on the grounds of indications of a terrorist offence. [3] These new parts of *the Criminal Procedure Code* which can al-

---

[1] See article 126ng (respectively 126ug) paragraph 2 CPC.

[2] Act of 2006, Stb 2006, 580, entered into force on the first of February 2007, Stb. 2006, 731.

[3] As regulated in Part VB. "Special Powers for the Investigation of Terrorist Offences" as well as Part VC. "Civilian Assistance in the Investigation of Terrorist Offences" (articles 126za – 126zu CPC).

ready be implemented in case of indications of a terrorist offence[1], no longer serve the purpose of bringing a suspect to justice and have him tried by a judge. The aim of these powers is to prevent terrorist attacks from occurring and keep members of society save. Therefore these powers are easier to implement, however the grounds for "regular" criminal investigative powers still held to be met. If not this constitutes abuse of powers, prohibited by *Dutch Criminal Procedure Code*.

Besides the special investigative powers, investigative authorities in the Netherlands have other options of obtaining data. These options are regulated in the search for the purpose of recording data as well as the confiscation of items containing data. The following paragraph will deal with the power to search for the purpose of recording data.

3. The search for the purpose of recording data[2]

Investigative authorities can request data at an early stage of the criminal case proceedings. These powers can be imposed before are specific suspicion of person(s) has come to light and can be used surreptitious. The powers that are discussed in this paragraph are powers that are not used secretive and are only used against one or more specific suspects. The power to search for the purpose of recording data can be mobilized on the same grounds and reasons as a regular search of premises. [3] During this search the investigative officers do not necessarily seize material but search computerized equipment to record data, processed or stored on that equipment.

The power to search a computerized device stretches further than the device that is found on the premises where the search was held, if the search of

---

[1] The term criminal offence is defined in article 83 combined with article 83a of the Dutch Criminal Code.

[2] Articles 125i – 125o CPC.

[3] Article 125i CPC reads: "The power to search a place for the purpose of recoding data stored or recorded in a data carrier at this place shall be conferred on the examining magistrate, the public prosecutor, the assistant public prosecutor and the investigating officer under the same conditions as referred to in article 96b, 96c (1), (2) and (3), 97 (1) to (4) inclusive, and 110 (1) and (2)". These articles regulate seizure by investigative officers or special persons.

the former device is reasonably required to reveal the truth. If such data is found on devices located elsewhere, this data may be recorded. [1] This kind of search on computerized devices located elsewhere, is limited to the data on those devices which a person, who normally works or resides at the place where the search is being conducted, has access to from that place with the consent of the person entitled to use the computerized device or system else-where. [2] Just as it is possible to break encryption in case of special investigative powers this form of search to record data has a possibility to break encryption by ordering persons, who may be reasonably believed to have knowledge of the security system of a computerized device or system, to provide access to the computerized devices or systems present or parts thereof. The person ordered to do so must comply with this order, if requested, by providing the knowledge about the security system. [3] Just like the regulation of 126nh CPC, this order, due to rights not to incriminate oneself, order can not be given to suspects or persons with a privilege to decline to give evidence. [4]

3.1 The professional privilege and the search of data

The exception for persons with the privilege to decline to give evidence also extents to the data they entered or data that was entered on their behalf if the duty of secrecy extends to the mentioned data. The data can be searched and recorded with theirconsent, however this can only be done if the clerical secrecy, professional privilege, or official secrecy is not violated. [5] According-ing to case law of the Supreme Court of the Netherlands, the professional privilege can as a principle not be violated.

Only the very rare circumstance where the interest of finding the truth prevails over the interest served with the professional privilege, a breach

---

[1] Article 125j, first paragraph, CPC.

[2] Article 125j, second paragraph reads: The search shall be limited to the extent that the persons, who normally work or reside at the place where the search is being conducted, have access thereto from that place with the consent of the person entitled to use the computerized device or system.

[3] Article 125k, first paragraph, CPC.

[4] Article 125k, third paragraph, CPC.

[5] Article 125l CPC.

of the privilege can be allowed and will thus not be deemed as an infringement. [1]

The Supreme Court also held that the question whether or not such an interest is present in a certain case can not be defined in a general regulation. [2] There are however relevant factors that, weighed in coherence, can justify the breach of a professional privilege such as the nature, size, and context of the required data, the interest of the criminal case, possible permission to hand over the data, the extent to which the required data involve the professional himself, the possibility to obtain the requested data through a different manner as well as the interest of the data required. [3] However in practice, if a breach of professional privilege has been made or is to be made during the investigation an examining magistrate has to be consulted and for approval. This codification of the breach of professional privilege in the Criminal Procedure is disputed in the Netherlands. [4]

3.2　The search of data recorded at the premises of a public telecommunication network or a public telecommunication service

In line with the problems concerning professional privilege, are problems of data recorded at the premises of a public telecommunication network or a public telecommunication service. If during a search to record data at the premises of public telecommunication network or a public telecommunication service, data is found that is not intended for or originated from said network or service, the public prosecutor shall only be authorized to determine that this data will be inspected and recorded, insofar as said data evidently originates from the suspect is intended for him or relates to him or served for commission of the criminal offence, or the criminal offence was evidently committed in relation to that data.

Prior to his decision in cases concerning this issue, the public prosecutor

---

[1]　ECLI: NL: HR: 1985: AC9066 en ECLI: NL: HR: 1986: AC3769.

[2]　See, inter alia, ECLI: NL: HR: 1999: ZD7280, ECLI: NL: HR: 2005: AT4418 and ECLI: NL: HR: 2004: AO5070.

[3]　ECLI: NL: HR: 2009: BG5979 and ECLI: NL: HR: 2012: BU6088.

[4]　See, inter alia, discussiestuk professioneel verschoningsrecht ex artikel 218 Sv, discussion paper professional privilige ex article 218 CPC.

should already be in possession of a written authorization from an examining magistrate, granted on the application of the prosecutor. Similar to the earlier mentioned article 126ng, paragraph two and four, CCP. The law does however, not, regulate the situation in which equipment containing data, that did not originate from or was intended for him (the suspect), has been seized at the service provide. [1]

3.3　Storage and destruction of data gathered during a search for the purpose of recording data

Data recorded in an investigation needs to be destroyed when it becomes clear that they are in no interest of the investigation.

With regard to other purposes of investigation destruction of data can be postponed and the same data can even be used in the interest of other investigations. [2] In that case the data only needs to be destroyed after the other investigations have been completed. Besides that the public prosecutor has the option not to destroy data but to process data for the purpose of obtaining insight into the involvement of persons in serious offences and acts, as referred to in *the Police Data Act* (Wet Politiegegevens) . [3]

3.4　Duty to notify persons concerned

If a search for the purpose of recording data has led to the actual recording or disabling of data, the persons concerned shall be notified of this recording or disablement as well as of the nature of data recorded or disabled. This notification shall not be given if it is not reasonably possible to do so. [4] This obligation is also called the duty to notify. The duty to notify mentioned in article 125m CPC subjects the Dutch authorities to take positive steps to fulfill

---

[1]　Article 125la CPC.

[2]　As follows from article 125n CPC.

[3]　More specific the acts are mentioned in article 10, first paragraph under (a) and (b), of the Police Data Act.

[4]　See article 125m, first paragraph, CPC.

this obligation. [1] Exceptions to this obligation do exist [2], however, the legislator surrounded these exceptions with adequate safeguards. The powers to make an exception has been given to the public prosecutor or an examining magistrate (depending on the question under whose authority the search has been carried out) and the exception can only be granted if the interest of the research so dictates. The duty to notify can also be neglected if the person concerned is the suspect and learns of the recording of data and of the nature of the recorded data through the inclusion of this information in the case documents. The latter exception is, however, more of a practical nature.

4. Confiscation of items containing electronic data. [3]

Under Dutch legislation it is impossible to confiscate computer data or data files. Data are not considered to be an object, and only objects can be confiscated as such. However data can be requested by investigative authorities. On the other hand, the data carriers themselves are considered objects and can be seized or confiscated.

Seizure and confiscation of objects means to take or hold an object retained or in possession for the purpose of the criminal proceedings. [4] This power can be exercised by several authorities. All objects that may serve to reveal the truth or demonstrate unlawfully obtained gains, as referred to in section 36e of *the Criminal Code*, shall be liable to seizure. [5]

Besides that, all objects whose confiscation or withdrawal from circulation may be ordered shall be liable to seizure. [6] In order to obtain a data carrier the public authorities can seize or confiscate objects. If objects are

---

[1] See, inter alia, the report carried out for the WODC (Scientific Research and Documentation Centre of the Ministry of Security and Justice, "Onderzoek aan in beslag genomen elektronische gegevensdragers en geautomatiseerde werken ten behoeve van de opsporing en vervolging van strafbare feiten", p. 29.

[2] See article 125m, second paragraph, CPC.

[3] Par. 95 – 110 CPC.

[4] See, article 134, first paragraph, CPC.

[5] See, article 94, first paragraph, CPC.

[6] See, article 94, second paragraph, CPC.

taken into possession, those objects can be subjected to investigation with the purpose of obtaining the data stored on those objects. The objects taken into possession have to be further examined to obtain the stored data. In order to get hold of the objects auxiliary powers may be used.

Besides persons can voluntarily hand over objects to authorities, and these objects can also be kept or held into possession for the purpose of the criminal procedure.

4. 1 Objects containing electronic data may be investigated

The seizure and confiscation of electronic data carriers or computerized devices is generally done for the purpose of truth finding. This concerns cases in which there is a presumption that data is stored on these devices that are of interest for the investigation. Seizure and confiscation can also be performed or continued for the purpose of forfeiture and expropriation of a data carrying device. The latter can for example be done if the data carrying devices contain illegal content, such as pictures of sexual acts of persons, who haven't reached the age of eighteen years, or large amounts of credit card data of third persons as well as other illegal pictures.

The power to seize or confiscate objects is regulated for investigative officers (including (deputy) public prosecutor) in the articles 95 and 96 CPC. The authority to confiscate or seize objects for the examining judge has been laid down in article 104 CPC. The application of the power to seize or confiscate objects has been worked out in detail in the Designation confiscation and seizure drafted by the Attorney – General's office. [1]

4. 2 Auxiliary powers to enable seizure

As mentioned *the Criminal Procedure Code* offers auxiliary powers to enable the authorities to confiscate or seize objects. These powers can be exercised in order to get actual possession of the object. Auxiliary powers are: entering any place for the purpose of seizing objects liable for seizure [2], to or-

---

[1] Designation Confiscation and Seizure (Article 94 CPC) (2014A006), lastly amended on the first of July 2014, Stcrt. 2014, 18598.

[2] Articles 96 and 110 CPC.

der a person, who must reasonably be believed to be the holder of an object liable to seizure. To surrender said object for the purpose of seizure [1] and searching a place for objects liable to seizure (including houses if the examining magistrate gave reasoned authorization thereto) [2]. [3]

These auxiliary powers should not be confused with the powers to seize the object itself. The seizure itself takes place under the powers to seize according to article 94 CPC (that means not on the auxiliary powers itself) .

The general powers of seizure (article 96 CPC) as well as the auxiliary powers to enforce this, can only be invoked by investigative officers where the suspect is caught red-handed in the commission of a criminal offence or where he is suspected of having committed a serious offence as defined in section 67, first pargapraph CPC. [4] Almost all objects are by their nature feasible for seizure as long as the seizure serves the criminal procedural purpose mentioned in article 94 CPC. The authority that seizes an object needs to verify the grounds. If not seizure is not possible. It should be emphasized that seizure thus must serve the truth finding or clarification of the crime of which a person is suspected. Seizure with a view to the other grounds mentioned in article 94 CPC does not need such an immediate link to the investigated crime.

4. 3　Notification of seizure and return of seized objects

When objects are seized or confiscated the investigative officer files a notification of seizure as well as a writ of receive. [5] This writ should as a rule be handed over to the person from whom the objects were seized and has to be filed as soon as possible. [6] The person subjected to seizure is asked whether or not he wants to waive his rights to the objects. If the objects are not forfei-

---

　[1]　Articles 96a, first paragraph, 100, 105 and 114 CPC.

　[2]　Article 97, second paragraph, CPC.

　[3]　Articles 96b, 96c, 97 and 110 CPC.

　[4]　This article in principle mentions offences that carry a statutory term of imprisonment of at least four years, but also mentions a large number of crime punishable with a less high sanction but still considered as serious offence.

　[5]　According to article 94, third paragraph, CPC.

　[6]　According to article 94, third paragraph, jo. Article 116 in combination with Designation Seizure (Artikel 94 Wvsv) (2014A006) article II. 2, laatstelijk gewijzigd per 1 juli 2014, Stcrt. 2014, 18598.

ted the objects in principle have to be given back to the person who was subjected to the seizure unless it becomes clear during the procedure that the object(s) will be forfeited or the person subjected to seizure has waived his rights to the objects. [1] As a principle objects have to be returned to the persons subjected to the seizure as soon as the seizure doesn't serve criminal procedural purposes. [2]

4.4 Destruction or removal of (parts of) the seized data stored on electronic data carriers or computerized devices

The Criminal Procedure Code nor the Confiscation and Seizure (Article 94 CPC) (2014A006) contain regulations on deleting, removing or making data on seized objects inaccessible. This means that the removal, removing or making data inaccessible prior to returning the objects on which the data is stored, is done without regulation. The same goes, as mentioned earlier, for the investigation on data stored on those objects. The facts that regulation is absent, does not by definition imply that the breach of rights by investigating objects on the data present, is an infringement of those rights. In Dutch legislation, however the question has been a matter of dispute.

In practice decisions to confiscate there data carriers are made by the Public Prosecutor or the examining judge in view of the facts that items are generally confiscated while the premises are being searched. The outcome of this decision is strongly depended on the suspicion of the offence and the scope of the inquiry, and also of the authorities involved in such confiscation. The main principle here is that an assumption is made that all data present on the relevant items may be investigated, except for any data that comes under the professional right of non-disclosure. [3]

The last ruling of the Dutch Supreme Courts on this matter took place in

---

[1] See article 116, second paragraph, CPC.

[2] As follows from article 116, first paragraph, CPC.

[3] See, inter alia, the report carried out for the WODC (Scientific Research and Documentation Centre of the Ministry of Security and Justice, "Onderzoek aan in beslag genomen elektronische gegevensdragers en geautomatiseerde werken ten behoeve van de opsporing en vervolging van strafbare feiten", p. 51~68.

2007 whereas the more important ruling dates back to 1994. [1] More recently the High Court Arnhem-Leeuwarden ruled on the investigation of a "smartphone". [2] The High Court ruled that the seizure and investigation of a "smartphone" on the grounds of article 94 CPC formed a breach of the right to a private life as protected by article 8 of the ECHR as well as article 10 of the Dutch Constitution. The High Court held that the power to such a breach should be foreseeable and prescribed by law, due to the fact that through the use of this power access is granted to both traffic data and private information of the user of the smartphone, without the possibility to judge the proportionality and necessity prior to the use of this power.

The High Court Arnhem-Leeuwarden ruled with a view to the absence of preliminary assessment the power laid down in article 94 CPC is too general to state that this kind of investigation is foreseeable and prescribed by law and thus not in accordance with the second paragraph of article 8 ECHR and excluded the data obtained from evidence. [3]

In a case at the High Court of Amsterdam the defense claimed that investigation of a "smartphone" has led to an infringement of the rights protected by article 8 ECHR. [4] It was argued that because of the fact that besides traffic data private data was obtained thus creating an infringement. The High Court, with a referral to the Supreme Court, however, dismissed the claim made by the defense and argued that for the purposeof truth finding, objects may be investigated including objects containing data. [5] The High Court in Amsterdam held that this rule is applicable "smartphones" as well. Article 94 CPC is thus, according to the Amsterdam High Court, a sufficiently clear ground for the seizure and following investigation upon the seized object.

---

〔1〕 See HR 20 February 2007, ECLI: NL: HR: 2007: AZ3564, NJ 2008, 113 with annotation T. M. Schalkenunder NJ 2008, 115 and HR 29 March 1994, ECLI: NL: HR: 1994: AD2076, NJ 1994, 537, with annotation T. M. Schalken under NJ 1994, 577.

〔2〕 Hof Arnhem – Leeuwarden 22 April 2015, ECLI: NL: GHARL: 2015: 2954, www. sr – updates. nl, SR 2015 – 0215, with annotation mr. P. C. Verloop.

〔3〕 Despite its judgement the High Court could that the remaining evidence was conclusive enough to convict the suspect in this case.

〔4〕 High Courts Amsterdam 17 September 2015, ECLI: NL: GHAMS: 2015: 4348

〔5〕 Referring to the earlier mentioned HR 29 March 1994, ECLI: NL: HR: 1994: AD2076, NJ 1994, 537, with annotation T. M. Schalken under NJ 1994, 577.

Finally another decisions by the High Court of Amsterdam needs to be addressed. [1] In this case the defense made similar claims as the earlier mentioned case, also referring to the verdict of the High Court Arnhem-Leeuwarden [2]. [3] Because article 94 CPC didn't offer satisfying grounds for further investigation, the defense argued that, data, in this particular case WhatsApp-messages, obtained by investigating the "smartphone" should be excluded as evidence.

The High Court overruled the argument made by the defense, stating that all objects useful in truth finding can be seized and, for the purpose of truth finding, be investigated for obtaining data for the criminal procedure. The High Court thus does not consider "smartphones" applicable for exclusion to this rule.

These rulings do not really offer clarification in the debate whether or not article 94 CPC offers sufficient grounds to investigate seized object for data stored on these object. One can, however argue, that the outcome of this debate should not be decided by the rulings of courts, high courts and even the Supreme Court.

The outcome of the debate on the scope of article 94 CPC with regard to objects containing data, should primarily be decided by the legislator.

It is, however, in the Netherlands, not uncommon to lay the outcome of difficult judicial debates in the hand of the judges. [4] This will most likely also be the case in the question on the scope of article 94 CPC. This assumption appears to be confirmed by the latest proposed bill on computer crimes which does not mention the scope of article 94 CPC neither makes statement on the

---

[1] This decision was made by different members of the High Court than the earlier mentioned decision of 17 September 2015, ECLI: NL: GHAMS: 2015: 4348.

[2] ECLI: NL: GHARL: 2015: 2954.

[3] High Court Amsterdam 13 November 2015, ECLI: NL: GHAMS: 2015: 5007.

[4] E. g. the debate on legalizing euthanasia as well as the scope of the term serious offence mentioned in article 195b CPC, regulating the possibility to investigating human cell material to establish a DNA – profile and the possibility to have a lawyer present during interrogation by police (ECLI: NL: HR: 2015: 3608.

investigation of objects containing data. [1]It will thus, very likely, be up to the Supreme Court to make a decision on the scope of article 94 CPC with regard to the investigation of object containing data.

5. Conclusion

This papers focused on the legal options for investigative authorities in with a regard to the investigation of data in criminal proceeding. The legal framework for the confiscation of items and the subsequent police investigation of electronic data carriers and computerized works makes it clear that *the Code of Criminal Procedure* contains very few specific regulations relating to the investigating of confiscated electronic data carriers or computerized works, as opposed to investigations carried out on data carriers and computerized works during an on-site search carried out in order to establish data: the law does contain specific provisions in respect of the latter.

From the legal precedents discussed, it emerges that the lower courts differ in their opinions on whether the provisions governing the confiscation of items, including article 94 of the CPC, still constitute a sufficiently foreseeable basis to enable investigating officers to compile information stored on a confiscated smart phone, partly in view of the provisions in article 8 ECHR while also taking technological developments into account. The interpretation of these provisions, insofar as they relate to the confiscation of items for the purpose of carrying out additional investigations to gain access to the data they contain in the interests of establishing the truth, is not unanimous. There is still no specific legislation relating to this particular field to date.

In most cases the decisions to confiscate there data carriers is made by the Public Prosecutor or the examining judge in view of the facts that items are generally confiscated while the premises are being searched. The main principle here is that an assumption is made that all data present on the relevant items may be investigated, except for any data that comes under the profession-

---

[1] Proposed Bill Computer crime III (Wetvoorstel Computercriminaliteit III), Parlementary Papers, Kst. 2015 – 2016, 34 372, nr. 2, p. 1 – 12 as well as the Memorandum, Kst. 2015 – 2016, 34 372, nr. 3.

al right of non-disclosure. It is up to the Dutch Supreme Court to provide a more definite answer to the question of whether the provisions relating to the confiscation of items (including article 94 CPC partly in conjunction with the stipulations in article 8 ECHR) constitute a sufficiently foreseeable basis for investigating officers to compile data stored on a confiscated smart phone. In such an event, the explanation of the scope of certain powers as stated in the law, which is not specified further in the relevant legislation, will be left to the judiciary. This might contribute to the weakening of a democratic legitimation of the explanation of the scope of powers relating to criminal procedure in view of technological developments. In cases where procedural facilities are deemed necessary, this will easily exceed the Supreme Court's law-formative duties. It seems desirable for the legislator to adopt an independent viewpoint on the scope of the relevant powers, and to initiate further statutory regulations if desired.

In practice, it is of great importance that a more unambiguous rules are prescribed. The present legislation and regulations are insufficiently clear with respect to a number of points, and it has emerged that they give rise to questions in practice. In cases where clarification of legislation and regulations is required, it is important that this clarification can be achieved in various ways. Amendments to *the Code of Criminal Procedure* could provide answers to that.

高科技时代警察技术侦查权的
立法与司法规制

郑曦*

一、高科技时代对技术侦查的要求及其风险

科技的发展给社会生活方式带来了全新的变化，也使得犯罪形态不断更新换代。例如，随着现代科技的发展，新的媒体形态（包括网络媒体、手机媒体、数字电视等）迅猛发展，这些新媒体利用数字技术、网络技术，通过互联网等渠道和电脑、手机等终端，向用户提供信息和娱乐服务的传播形态，促进了信息传播，但也带来新的法律问题，其中，利用网络电信手段进行诈骗、敲诈勒索等犯罪花样翻新、屡禁不绝。据河北省公安厅刑侦局发布的信息显示，最新型的网络电信诈骗、敲诈勒索方式就达 46 种之多，包括：利用任意显号软件诈骗，网络购买火车票或打折机票，假冒汇款或催还借款名义进行诈骗，虚构绑架事实的诈骗，发布敲诈勒索的信息实施诈骗，假冒司法机关诈骗，邮寄包裹威胁诈骗，网络购物诈骗，利用合成照片敲诈勒索，假冒网络交易平台诈骗，冒充黑社会实施敲诈，冒充赌场人员实施敲诈，等等。[1] 这些诈骗和敲诈勒索犯罪行为，由于其是利用网络电信进行的，有的在国外、境外建立诈骗网络平台或利用境外服务器架设诈骗和敲诈勒索网站，运用网络电话技术任意设置虚拟号、设置电脑模拟语音提示等高科技技术实

---

* 郑曦，北京外国语大学法学院副教授，法学博士，美国加州大学伯克利分校访问学者。本文系四川省高校人文社会科学重点研究基地四川警察执法研究中心重点项目"警察暂时性人身限制权的依法运用（项目编号：JCZFZD1502）"成果。

[1] "河北警方公布最新 46 种电信骗术：请小心防范"，载新华网 http://news. xinhuanet. com/info/2013 – 06/14/c_ 132454385. htm （2016 – 05 – 08）。

施电话诈骗和敲诈勒索，追查起来十分困难，而且骗术花样繁多、手段不断翻新，甚至呈产业化发展、企业化运作的态势，不仅严重侵害公民的合法权益，甚至危害社会公共安全。除了网络电信诈骗等新型犯罪行为之外，传统型的犯罪也随着科技的发展不断"技术升级""产业升级"，例如，在传统的毒品犯罪中使用高科技手段的情形屡见不鲜。

犯罪的"高科技化"给警察权的行使提出了难题，运用传统手段预防和打击犯罪行为常常使得警察[1]陷入力所不逮的窘境，于是"魔高一尺、道高一丈"，各国均以立法的方式允许警察使用高科技手段执法、进行技术侦查。例如，美国于 1968 年通过《综合犯罪控制与街道安全法》(*Omnibus Crime Control and Safe Streets Act of 1968*)，允许包括"监听与电子监控"[2]在内的新型侦查手段在包括贪腐犯罪等案件中的使用；英国 1985 年通过《通讯拦截法》(*The Interception of Communication Act* 1985)，允许警察在法定情形下对公民的通讯进行截收；1992年，德国制定通过了《对抗有组织犯罪及毒品犯罪法》，其中规定了众多新型的技术侦查措施，这些规定成为 1998 年德国刑事诉讼法增修的重要内容。[3]这些规定还影响了联合国相关公约，如《联合国反腐败公约》第 50 条第 1 款罗列了 3 种特殊侦查手段，规定"为有效地打击腐败，各缔约国均应当在其本国法律制度基本原则许可的范围内并根据本国法律规定的条件在其力所能及的情况下采取必要措施，允许其主管机关在其领域内酌情使用控制下交付和在其认为适当时使用诸如电子或者其他监视形式和特工行动等其他特殊侦查手段，并允许法庭采信由这些手段产生的证据"，其中就包括电子或其他形式的监视，但其开放性文本表达方式意味着其罗列性规定不排斥其他高科技侦查手段的适用。《联合国打击跨国有组织犯罪公约》第 20 条第 1 款也有类似的规定："各缔约国均应在其本国法律基本原则许可的情况下，视可能并根据本国法律所规定的条件采取必要措施，允许其主管当局在其境内适当使用控制下交付并在其认为适当的情况下使用其他特殊侦查手段，如电子或其他形式的监视和特工行动，以有效地打击有组织犯罪。"使用大量先

---

〔1〕 本文"警察"概念泛指有侦查权的主体，不限于公安机关侦查人员。

〔2〕 美国法中所言之"监听 (surveillance)"范围极广，既包括电话窃听、人工监视、录像监视等传统监听手段，也包括电子通讯追踪、声影监控、GPS 定位、计算机技术监控、红外线监视、热成像监视等方式。

〔3〕 艾明："论德国对技术侦查措施的法律规制"，载陈兴良主编：《刑事法评论（第 35 卷）》，北京大学出版社 2015 年版，第 238 页。

进的仪器与工具是警察技术侦查手段区别于传统警察权行使方式的重要特征，其中常见的仪器与工具包括电子同步设备、访问控制设备、数据保存和恢复设备、图影成像设备、加密解密系统、卫星定位系统、网络跟踪设备、数据库等。这些科技手段的运用，大大提升了警察应对犯罪的能力。

我国对于警察运用技术侦查手段也经历了从默认到明示规定的过程。在相当长一段时间内，尽管包括监听监视等在内的科技手段一直为警察所使用，"涉及严重的暴力犯罪案件、涉黑涉恶案件和重大贩毒案件，我们基本上都可以采用技术侦查手段"[1]，但在法律条文尤其是国家层级的法律中难觅相关规定，直至 1993 年通过的《国家安全法》第10 条规定"国家安全机关因侦察危害国家安全行为的需要，根据国家有关规定，经过严格的批准手续，可以采取技术侦察措施"，1995 年通过的《人民警察法》第 16 条规定："公安机关因侦查犯罪的需要，根据国家有关规定，经过严格的批准手续，可以采取技术侦察措施"，警察技术侦查才走上明面。2012 年的《刑事诉讼法》修改对于警察技术侦查制度有重大意义，修改后的《刑事诉讼法》第 148 条规定："公安机关在立案后，对于危害国家安全犯罪、恐怖活动犯罪、黑社会性质的组织犯罪、重大毒品犯罪或者其他严重危害社会的犯罪案件，根据侦查犯罪的需要，经过严格的批准手续，可以采取技术侦查措施。人民检察院在立案后，对于重大的贪污、贿赂犯罪案件以及利用职权实施的严重侵犯公民人身权利的重大犯罪案件，根据侦查犯罪的需要，经过严格的批准手续，可以采取技术侦查措施，按照规定交有关机关执行。追捕被通缉或者批准、决定逮捕的在逃的犯罪嫌疑人、被告人，经过批准，可以采取追捕所必需的技术侦查措施。"从而明确了适用技术侦查的案件类型和审批程序。事实上，在实践中，警察使用科技手段的情形并不限于刑事侦查中对技术侦查措施的采用，治安执法中也常见科技手段的运用，因此，使用科技手段实际上已经成为警察权行使的常态。

然而警察技术侦查是一把双刃剑，虽可以预防和打击犯罪，但也可能有被滥用的风险，其中最值得关注的就是违法运用技术侦查手段可能对普通公民的权利造成侵犯，尤其可能侵犯公民的隐私权。事实上，此类事件并不鲜见，例如湖南岳阳市公安局民警顾某即曾利用技术侦查手

---

[1] 张洋："聚焦刑事诉讼法修改：技术侦查从幕后走向台前"，载《人民日报》2011年 10 月 12 日，第 18 版。

段非法拘禁并试图性侵受害女子[1]，引发民众对技术侦查滥用风险的热烈讨论。如果滥用技术侦查手段的主体由普通民警换为高阶官员，则此种风险导致的后果则可能被进一步放大。原山西省太原市公安局长李亚力为包庇其子醉驾和袭警的犯罪行为，动用技术侦查手段对办案交警的手机以实施短信关键字搜索过滤的方式进行监控。[2]原四川省雅安市委书记徐孟加因有人举报其经济问题，为打击报复举报人，也曾违法动用技术侦查手段，最终查处发帖举报人并违规对其进行处分。[3]根据王立军案的刑事判决书所载，王立军任重庆市公安局长期间也曾"滥用职权，非法对多人使用技术侦查措施，严重侵犯了公民的合法权益，破坏了社会主义法制"[4]。出现此种滥用技术侦查手段、侵犯公民权利的情形，与我国当前技术侦查手段相关制度的不完善有着密切的关系。目前以《刑事诉讼法》为代表的法律文本中，对于技术侦查手段的规定较为笼统粗疏，缺乏对技术侦查手段适用的启动条件、运用方式等的细化规定，对于技术侦查的实施主体缺乏外部监督和制约。同时过于强调对公安等侦查机关的授权，而对于相应的公民权利保护重视不足，公安部《公安机关办理刑事案件程序规定》和最高检《人民检察院刑事诉讼规则（试行）》虽对相关制度加以补充和细化，但仍未改变此种重授权、轻保护的特征。为避免技术侦查合法化当真"被一些部门日益滥用，严重侵犯公民人身权隐私权"[5]，必须从立法和司法两个方面着手，对现有的技术侦查制度做一番法治化改造。

二、警察技术侦查权的立法规制

欲对警察的技术侦查权进行法治化改造，在立法层面上，应对其适用对象和适用程序作出更加详细具体的规定。对技术侦查措施作更详细

---

〔1〕 "湖南警察欲性侵女子遭停职用技术定位受害者"，载人民政协网 http://www.rmzxb.com.cn/c/2015-10-13/595720.shtml（2016-5-11）。

〔2〕 参见刘敏："太原公安局长李亚力涉嫌滥权被双规"，载《大河报》2012年12月11日，第16A版。

〔3〕 参见"雅安落马书记徐孟加曾用技侦手段查出发帖举报人"，载《法治新报》2013年12月13日，第3版。

〔4〕 李斌、杨维汉："王立军一审被判十五年，当庭表示不上诉"，载《检察日报》2012年9月25日，第1版。

〔5〕 参见陈有西："刑诉法修订的若干重要问题"，载《学习时报》2011年9月19日。

具体的规定，符合强制措施法定主义原则的精神，即作为具有强制性的可以不顾当事人意志实施的强制措施，必须遵循法定主义。我国法律承认强制措施法定主义原则的精神，而技术侦查涉及对公民权利的强制，应当被认定为一种强制措施，适用强制措施法定主义原则。根据这一原则，技术侦查措施必须经过法律授权，对于这点，我国包括《刑事诉讼法》在内的一系列法律已有规定，然而该原则要求相关规则应当具体细化，成为具有可以实际操作且能平衡打击犯罪与保障人权之精神的合理规定，我国目前对此的规定仍有可完善之处。

（一）技术侦查适用对象的限制

在可以适用技术侦查的案件类型方面，《刑事诉讼法》第 148 条规定，公安机关对危害国家安全犯罪、恐怖活动犯罪、黑社会性质的组织犯罪、重大毒品犯罪或者其他严重危害社会的犯罪案件，检察机关对重大的贪污、贿赂犯罪案件以及利用职权实施的严重侵犯公民人身权利的重大犯罪案件，可以采取技术侦查措施。最高检《人民检察院刑事诉讼规则（试行）》（以下简称《规则》）第 263 条将"重大"解释为"涉案数额在 10 万元以上、采取其他方法难以收集证据"。公安部《公安机关办理刑事案件程序规定》（以下简称《规定》）第 254 条则以列举的方式，在《刑事诉讼法》罗列的四类案件之外，将"其他严重危害社会的犯罪案件"的范围扩大为严重暴力犯罪案件、集团性系列性跨区域性重大犯罪案件、利用电信计算机网络寄递渠道等实施的重大犯罪案件、计算机网络实施的重大犯罪案件、可能判处 7 年以上有期徒刑的严重危害社会犯罪案件。在解释《刑事诉讼法》所言"重大"或"严重"的含义方面，公安部《规定》"列举类罪 + 规定刑期"的方式较最高检《规则》"犯罪要素（数额）+ 具体罪名"[1]的方式合理。最高检《规则》以"10 万元"作为判断是否"重大"的标准，源自原《刑法》第383 条关于贪污贿赂案"10 万元"的情节判断标准，然而此种标准必然会因为经济的发展而被调整。2015 年通过的《刑法修正案（九）》即放弃了"10 万元"的刚性标准而改采"数额 + 情节"的综合标准，2016 年 4 月 18 日最高人民法院、最高人民检察院联合发布的《关于办理贪污贿赂刑事案件适用法律若干问题的解释》又将"数额较大""数

---

[1] 王东："技术侦查的法律规制"，载《中国法学》2014 年第 5 期。

额巨大""数额特别巨大"的数额标准线分别规定为 3 万元、20 万元、300 万元。由此可见，以数额判断是否适用技术侦查措施存在标准不稳定的问题，不利于贯彻强制措施法定主义原则。公安部《规定》以法定刑期为标准的方式相对稳定，但目前该《规定》的问题在于过度扩张《刑事诉讼法》兜底性列举的"其他严重危害社会的犯罪案件"之范围，仍有限缩的空间。

在可以适用技术侦查措施的相对人的问题上，《刑事诉讼法》与最高检《规则》均无明确规定，唯有公安部《规定》第 255 条规定"技术侦查措施的适用对象是犯罪嫌疑人、被告人以及与犯罪活动直接关联的人员"。何为"与犯罪活动直接关联的人员"？所谓"直接关联"，首先应当排除犯罪嫌疑人、被告人的亲属、朋友，决不能对这些人适用技术侦查措施，而应从诉讼参与人中寻找"与犯罪活动直接关联的人员"。根据刑事诉讼理论，刑事诉讼参与人的概念下只有"当事人"与"其他诉讼参与人"的区分，公诉案件中，当事人包括犯罪嫌疑人或被告人、被害人，其他诉讼参与人主要是辩护人、诉讼代理人、证人、鉴定人、翻译人员等，并无"与犯罪活动直接关联的人员"这一概念。在这些人中，倘若允许对辩护人或诉讼代理人适用技术侦查措施，将严重威胁辩护与代理这一刑事诉讼的基础性制度，而对鉴定人、翻译人员也无太大适用技术侦查措施的空间，因此，"与犯罪活动直接关联的人员"主要涉及的是被害人、证人这两类人。在具体适用时，对于犯罪嫌疑人、被告人可以强制适用技术侦查，但对于被害人和除"污点证人"[1]之外的证人则不应强制适用技术侦查。

（二）技术侦查适用方式的规定

第一，在可采用的技术侦查类型方面应当予以适当规定。从世界各主要国家的司法实践来看，按照技术运用的方式，警察执法中所运用的科技手段大致可以分为信息采集、数码证据处理、电子通讯追踪、声影监控、定位与追踪等。[2]中国学者将技术侦查具体细化为电子侦听、电

---

〔1〕 污点证人，是指具有犯罪污点且知道案件情况，在诉讼中向司法机关提供实质性配合和帮助，由司法机关确定，赋予其一定程度的司法豁免权，指证其他犯罪人犯罪事实的人。彭新林："中国特色腐败犯罪污点证人作证豁免制度构建要论"，载《法治研究》2014 年第 11 期。

〔2〕 See Technology Working Group for Investigative Uses of High Technology, Investigative uses of technology: devices, tools, and techniques, U. S. Department of Justice Office of Justice Program, 2007, p. vii.

信监控、电子监控、邮件检查、密搜密取、外线侦查、网络侦查 7
种。[1]但我国法律对于技术侦查的类型并无任何明确规定，这样固然可
以避免"在技侦手段不断迅猛发展的情况下，在法律中列举技侦手段的
结果势必是定期应当修改法律增加授权侦查机关采取新的技侦手段，这
样的法律条文永远滞后于现代科技的发展"[2]，但也为警察随意扩大技
术侦查的外延、滥用相关措施埋下了隐患。因此，笔者认为，根据强制
措施法定主义原则的精神，仍然应对技术侦查措施的具体类型作适当的
列举性规定，以限制公权力滥用之风险。

第二，技术侦查在启动方面应有明确的标准，尤其是证明标准方面
的要求。在美国，由于技术侦查措施的使用往往被视为构成宪法第四修
正案所规制的搜查扣押行为[3]，因此，按照第四修改案的要求，警察
启动技术侦查时必须符合"合理性（reasonableness）"的要求，且需符
合"合理根据（probable cause）"的标准。我国法律没有规定启动技术
侦查时证明标准方面的要求，仅规定针对符合适用技术侦查措施的案
件，立案后即可以使用。那么根据《刑事诉讼法》第110条的规定，在
这些案件中，只需要公安机关或检察机关认为有犯罪事实且需要追究刑
事责任，即可以使用技术侦查措施。在启动技术侦查问题上套用立案时
极低的证明标准，对于公检等侦查机关而言毫无制约力度。笔者认为，
应当参考美国"合理根据"的证明标准，明确规定启动技术侦查时的
证明标准，从而避免技术侦查权的随意行使。

第三，对于技术侦查的期限应有细化的规定。技术侦查涉及对公民
权利的侵犯，因此必须遵循比例原则的要求，在期限上也以实际必要为
标准加以规定。法国的电讯截留期限最长是 4 个月，意大利法规定的每
次窃听时间不得超过 15 日，德国针对监视电讯签发的令状最多规定 3
个月的期限，荷兰窃听命令的有效期最多为 4 个星期。[4]美国琼斯案
中，联邦调查局和华盛顿特区警察超过令状规定的期限进行了长达 28
天的 GPS 追踪，哥伦比亚特区上诉法院判定警方超期追踪侵犯了被告
人的宪法权利，所得到的追诉证据不可采纳，最终联邦最高法院也肯定

---

[1] 程雷："论检察机关的技术侦查权"，载《政法论丛》2011 年第 5 期。
[2] 程雷："检察机关技术侦查权相关问题研究"，载《中国刑事法杂志》2012 年第 10
期。
[3] *Katz v. United States*, 389 U. S. 347（1967）.
[4] 参见胡铭："英法德荷意技术侦查的程序性控制"，载《环球法律评论》2013 年第
4 期。

了这一判决。[1]我国法律对于各种技术侦查措施的期限尚无明确规定，笔者认为，宜由公安部和最高检以技术侦查具体规定的方式作出明确规定，从而避免无限制、不必要地长时间滥用技术侦查手段。

第四，检察机关决定实施的技术侦查不必交由公安机关执行。《刑事诉讼法》第148条第2款规定："人民检察院在立案后，对于重大的贪污、贿赂犯罪案件以及利用职权实施的严重侵犯公民人身权利的重大犯罪案件，根据侦查犯罪的需要，经过严格的批准手续，可以采取技术侦查措施，按照规定交有关机关执行。"这一规定导致检察机关技术侦查权在决定权与执行权上的分离，将这部分的执行权交由以公安机关为代表的其他侦查机关，对于检察机关自侦案件而言，既不利于打击犯罪，对于保障人权也没有任何好处。立法者这样的选择并非出于分权的理念，这点在公安机关技术侦查决定权与执行权合一的问题上可见一斑，而是担心检察机关没有直接实施技术侦查的能力。事实上，担心检察机关无力实施技术侦查而剥夺其执行权完全没有必要，许多检察机关都有专门的技术侦查人员和设备，实施一般的技术侦查措施完全不成问题。[2]倘若担心检察机关不足以实施更高科技的手段，则可以考虑允许其在必要时履行必要手续委托其他机关执行即可，大可不必完全剥夺其执行权。

三、警察技术侦查权的司法规制

对警察技术侦查的司法规制，应从事前事后两方面着手：事前奉行令状主义，由中立无偏倚的法官对其进行审批，事后由法官审查其技术侦查行为的合法性并排除违法技术侦查取得的证据，从而实现对技术侦查权的有效制约和监督。由于"允许以强制性措施侵犯公民的权利时，关键是一方面必须对国家权力的强制权明确地予以划分和限制，另一方面必须由法院对强制性措施进行审查，使公民由此享受到有效的法律保障"[3]，因此这样在事前事后均由法官对技术侦查措施合法性进行审查

---

〔1〕 *United States v. Jones*, 132 S. Ct. 945 (2012).

〔2〕 2008年笔者曾赴西部某省的一个基层检察院进行调研，当时就发现该院设有专门的技术侦查部门，配备了大量从德国进口的先进设备，能够满足电子监听监视、硬盘复原、手机监控、GPS定位、红线扫描、热成像等一系列技术侦查手段的要求。

〔3〕 ［德］约阿希姆·赫尔曼："《德国刑事诉讼法典》中译本引言"，载《德国刑事诉讼法典》，李昌珂译，中国政法大学出版社1995年版，第6页。

的规制方式，符合现代法治下司法控制的原则。

（一）事前审批：令状制度

刑事侦查中的令状制度是指：侦查行为尤其是强制性侦查的实施，必须经过中立的法官的批准和授权，由法官判断认为有实施此侦查行为的必要后签发令状方可施行。令状主义是普通法国家的基本制度，典型地体现在美国联邦宪法第四修正案中："公民的人身、住宅、文件和财产不受无理的搜查和扣押的权利不得侵犯。除非依合理根据、且以宣誓或代誓宣言保证、并详细说明搜查地点和扣押的人或物外，不得签发令状。"[1] 令状制度的基本价值在于通过中立法官的审查，避免侦查机关滥用强制性侦查手段，从而防止公民的权利受到过度和不必要的侵犯。技术侦查涉及对公民隐私权和其他权利的强制侵犯，显然属于强制性侦查手段，应当通过令状制度加以规制。

针对技术侦查适用令状制度，有三方面的要求：①有权签发令状的必须是中立无偏倚的官署，从现代政府的分权方式看，法官在整个政府体系中扮演相对中立的角色，因此由其签发令状较为合适，这也是世界上实行令状制度的国家和地区的基本做法。②对警察等侦查人员而言，其必须向有权签发令状的法官提供足够的理由方能取得令状。如前文所述，技术侦查在启动方面应有明确的标准，尤其是证明标准方面的要求。例如，如果法律规定启动技术侦查要求达到使用技术侦查措施的"合理根据"，则申请令状的警察应向法官证明此种"合理根据"之存在，由法官依此作出是否签发令状的判断。③就令状的具体内容而言，必须明确规定其授权本次采取技术侦查措施的类型、对象、期限、方式等内容。美国的令状要求"详细说明搜查地点和扣押的人或物"，这是因为只有具体规定实施细则的令状才能对警察和其他侦查人员起到限制权力的作用。否则，允许法官签发"空白令状"不但不能防止技术侦查权的滥用，甚至可能为滥用权力的行为"背书"，成为反法治的工具。

---

〔1〕 美国联邦宪法第四修正案原文为："The right of the people to be secure in their persons, houses, papers, and effects, against unreasonable searches and seizures, shall not be violated, and no Warrants shall issue, but upon probable cause, supported by Oath or affirmation, and particularly describing the place to be searched, and the persons or things to be seized." 对此存在各种版本的翻译。笔者的译文主要强调的是"合理性条款"与"令状条款"的分离。

我国的法律体系中并无令状制度存在，侦查机关实施的逮捕等涉及人身自由权利剥夺的强制措施也非由中立法官审查其合法性。侦查机关对令状制度抱有质疑和排斥的态度，担心对技术侦查措施实施令状审查缩小了侦查机关的权力，并且不利于侦查效率。事实上，对侦查机关权力的限缩也同时意味着其责任的减轻，对于侦查机关及警察个人而言，只要其严格按照令状所授权的范围执行技术侦查，则其行为即被推定为合法，因此"令状对于侦查机关而言是一种对抗无理争讼的有效护身符"[1]，尤其在法治化进程不断推进、司法追责制度日益完善的时代下更是如此。至于担心侦查效率受影响，可以通过设置专门的令状审查值班法官的方式加以解决，并无太大的难度，例如，美国一些警察局的楼中就有法官办公室，申请令状无非上下楼一趟，并不比由警察机关负责人签署命令耗费时间。当然，在我国目前的体制下，实施令状制度尚有很大难度，于是有学者认为可以效仿现有的审查批捕制度，将技术侦查的审查权交由检察机关行使。这样的观点固然符合"相对合理主义"[2]的要求，但是由于检察机关具有强烈的追诉倾向，其中立性值得怀疑，因此，由中立法官签发令状仍应成为努力的方向。但不论是将技术侦查的审查权交由检察机关行使，还是奉行令状主义制度由中立法官进行审查，基本的共识是不宜由侦查机关尤其是公安机关自行决定技术侦查措施的启动，因为这样的自行启动方式放弃了外部审查，不利于确保技术侦查的合法性，也不利于保障相关公民的权利。

（二）事后审查：证据排除

除了事前以令状方式由法官对技术侦查进行审批之外，事后审查也是司法控制的重要内容。法官对技术侦查行为合法性的事后审查，主要体现在审查技术侦查所取得的证据是否具有可采性方面，从而排除违法技术侦查所取得的证据。以证据排除规则为路径由法官对技术侦查措施的合法性进行事后审查是许多法治国家的共同做法。《意大利刑事诉讼法典》第 271 条规定："如果窃听是在法律允许的情况以外进行的或者

---

〔1〕 孙长永、高峰："刑事侦查中的司法令状制度探析"，载《广东社会科学》2006 年第 2 期。

〔2〕 龙宗智教授提出的司法"相对合理主义"是指中国的司法改革采取条件论的、渐进性的、改良的方式，即"不求最好、只求较好"。参见龙宗智：《相对合理主义》，中国政法大学出版社 1999 年版，第 3 页。

未遵守第267条和第268条第1款和第3款的规定，产生于上述窃听活动中的材料不得加以使用。"[1]在美国，前文所述的琼斯案中，哥伦比亚特区巡回上诉法院即是因为警察实施技术侦查违法而排除了由此得到的证据，这一判决也得到了联邦最高法院的支持而具有重大的判例价值。[2]

在我国，相比于事前审查的令状制度，以证据排除规则为基础的事后审查也显然更具有可操作性，实施难度也小得多。我国《刑事诉讼法》第152条针对包括技术侦查措施在内的特殊侦查规定："依照本节规定采取侦查措施收集的材料在刑事诉讼中可以作为证据使用……"第54条又规定："收集物证、书证不符合法定程序，可能严重影响司法公正的，应当予以补正或者作出合理解释；不能补正或者作出合理解释的，对该证据应当予以排除。"从这两个法条来看，以证据排除规则为路径由法官在事后对技术侦查合法性进行审查并作出相应评价是有法可依的。尽管我国对排除非法实物证据设置了较高的门槛，实物证据只有同时满足"不符合法定程序"和"可能严重影响司法公正的"，而且无法进行"补正"或"作出合理解释"时才会被排除，但毕竟法律已经有了相应的规定。

既然将证据排除规则适用于技术侦查措施是法律的明确规定，则当前实施证据排除加强事后审查无非在立法方面降低准用门槛，在实践中加大排除力度。相比二者，由司法机关严格掌握证据排除规则加大排除力度较之修改法律更具有可行性，相应的成本较低、效果也较为直接。目前法律规定的排除非法实物证据的四个要求中，"可能严重影响司法公正的"最为语焉不详，最可能成为限制排除规则实施的障碍。最高人民法院《关于适用〈中华人民共和国刑事诉讼法〉的解释》第95条第2款规定："认定刑事诉讼法第54条规定的'可能严重影响司法公正'，应当综合考虑收集物证、书证违反法定程序以及所造成后果的严重程度等情况。"这样的规定提供了一种理解路径，即以"违反法定程序"作为认定"严重影响司法公正"的必要条件。但如果欲再严格证据排除的适用，笔者认为可以进一步规定将"违反法定程序"视为满足"严重影响司法公正"的充分条件，适用于技术侦查措施的事后审查中就可以有效规制侦查机关的技术侦查权。

---

〔1〕 黄风译：《意大利刑事诉讼法典》，中国政法大学出版社1994年版，第92页。

〔2〕 *United States* v. *Jones*，132 S. Ct. 945（2012）．

手机定位技术与隐私权的保护

——以美国刑事诉讼为背景

程衍*

手机通讯在当今社会生活中扮演了举足轻重的角色，也逐渐成为人与人之间交流的最主要媒介之一。手机的方便快捷使得信息交流及时而流畅，但如果被用于犯罪领域也同样使其更具危险性和隐秘性。与此同时，犯罪侦查技术也并非裹足不前，公安机关利用高科技的信息截取手段，能够轻松获得犯罪分子手机中储存的通讯信息，大大提升了案件侦破的效率，同时也能够将大量犯罪扼杀于摇篮之中。

但是手机通讯信息涉及个人隐私，隐私权是社会公民最基本的人权之一，侦查机关当然不能为了查明犯罪而不择手段地肆意侵犯公民的隐私权。美国的"棱镜门"事件让我们警醒，公权力对于个人隐私权的践踏就发生在我们个人身边，一个拨错的电话就有可能使我们成为被监控的对象。[1]因此，对于截取个人通讯信息的侦查手段的运用，在各国都受到法律限制。

在美国，其中一种最为熟知的信息截取技术是要求通讯的服务运营商，向有关部门提供特定移动设备的相关数据。据此，就能够对通讯设备进行追踪，进而定位携带通讯设备的个人。关于这样一种追踪技术的运用是否违反美国宪法第四修正案[2]，各法院针对不同的情况也有着不同的结论。

---

* 程衍，中国政法大学诉讼法学博士研究生，美国加州大学戴维斯分校法学院访问学者。

[1] 参见胡铭："技术侦查：模糊授权抑或严格规制——以《人民检察院刑事诉讼规则》第 263 条为中心"，载《清华法学》2013 年第 6 期。

[2] 参见易延友："公民宪法权利的刑事诉讼程序保护与非法证据排除规则——以美国联邦宪法第四修正案为中心展开"，载《清华法学》2011 年第 4 期。

除此之外，还有另外一种被称为 "站点模拟"（cell site simulators）的技术手段近些年被广泛运用。在通讯截取方面，其表现得更为方便和快捷，但是由于最近几年才被运用，所以并没有法院判决对其进行规制，在美国刑事诉讼学界则有很多学者呼吁应对其施以更加严格的限制条件。[1]

我国 2012 年《刑事诉讼法》增加了有关技术侦查的规定，但是相关的法律条文比较粗糙，关于技术侦查的范围、实施手段和程序限制，法律都没有明确的规定，这也造成了其在司法实践中可执行性不强。"他山之石，可以攻玉"，借鉴其他先进国家关于技术侦查的规定可以使我国司法改革事半功倍。

一、手机定位技术在美国刑事诉讼中的运用

（一）技术原理

手机的功能运行是通过向周围的信号塔传输信号而完成的。通过感知信号的强弱，手机能够自主选择离其最近而信号最强的信号塔，以完成最高质量的信息通讯。每一部手机都一个移动识别码（手机号码），这样就可以被他人呼叫。与此同时，移动通讯商给每部手机分配唯一的电子序列号。有了这两种号码，手机就可以通过附近的信号塔与外界产生联系。当手机随着机主移动时，会自动根据其所处位置而寻找距离最近的信号塔，因此，每当我们拨打或者接通电话时，就相当于将具体位置暴露给了通讯运营商。运营商通常会为顾客保存这些信息数据，但是多大限度的保存和保存多长时间都是由各运营商自由决定的。

（二）通讯截取技术的专门法规制

《联邦刑事诉讼法》第 41 条[2]规定，侦查机关运用技术手段追踪通讯设备应当以获得法院令状为前提，并且法院签发令状（warrant）的前提为侦查机关能够证明犯罪确有可能发生（probable cause）。除此之外，《通讯储存法》（*Stored Communications Act*）和《信号记录法》

---

[1] See Henry Bernstein, "The Need for Fourth Amendment Protection from Government Use of Cell Site Simulators", 56 *Santa Clara L. Rev.* 177 (2016).

[2] Fed. R. Crim. P. 41 (e) (2) (C).

（*Pen/Trap Statute*）也对技术追踪有具体的规定，但是这两部法律对于侦查机关证明标准的要求比《联邦刑事诉讼法》要低得多，其中规定除非侦查机关运用通讯技术追踪某一具体的个人，否则其并不需要向法庭申请令状。实践中造成了侦查机关运用这两部法律规避《联邦刑事诉讼法》的情况：

1. 《通讯储存法》（*Stored Communications Act*）[1]

依据该法，如果侦查机关能够提供确实的证据证明某一通讯用户的通讯信息和正在进行的犯罪侦查有一定的关联性，就有权要求通讯服务商向其提供关于该用户的信息记录。这里的通信记录仅包括过去发生的信息数据，而不包括实时监听。

基于其对于法条的理解，侦查机关将前文提到的手机位置追踪定义为一种信息记录，因此，在进行此类技术侦查之前，只需向法庭提出一些情况证据，用以证明通讯内容与犯罪有关即可。这是一个客观的标准，也就是说，只要侦查机关能提出一些真实的证据，哪怕证明力比较低，也同样可以获得法院所签发的令状。而《联邦刑事诉讼法》所规定的证明犯罪确有可能发生的标准（probable cause），是一个主观的标准，其需要有足够的证据说服法官确有发生犯罪的可能性，其比客观的标准要更难以达到。

2. 《信号记录法》（*Pen/Trap Statute*）

1979 年在史密斯诉马里兰州[2]（*Smith v. Maryland*）一案中，最高法院作出判决认为，手机用户所拨打出的电话号码并不受隐私权的保护。针对这一判决，国会通过了《信号记录法》（*Pen/Trap Statute*）。根据该法，只要侦查机关能够证明其所需要截获的通讯信息有可能对正在进行的犯罪调查有所帮助，即可获得批准。在这里，侦查机关需要做的只是向法庭说明情况，甚至都不用举证证明，是比之前的客观标准更低的要求。

（三）宪法修正案对手机定位技术的规制

除了上述两部法律，对于手机用户位置信息的获取也受到美国宪法第四修正案的调整。宪法第四修正案保护公民人身、住宅和财产不受非

---

[1]　18 U. S. C. & 2703 – 12.

[2]　Smith v. Maryland, 442 U. S. 735, 745 – 46（1979）.

法搜查和扣押。[1]而个人通讯信息作为隐私权的一部分，当然受到第四修正案的保护。但是何种技术侦查行为能算作对于隐私权的侵犯，隐私权保护的界限又在何处，宪法并没有给予明确的规定。最高法院则在其司法判决中，对于宪法的隐私权保护作出了更加明确的解释。

1. 第三人规则（Third Party Doctrine）

最高法院在美国诉米勒（*United States v. Miller*）一案中表明：如果犯罪嫌疑人主动将某些信息透露给侦查机关的第三方，那么这些信息不属于隐私的范围，因而不受第四修正案的保护。[2]米勒作为一个存款人，对于他向银行主动提供的个人信息不享有隐私权。这一规则的理论基础是：主动将个人信息提供给第三方的当事人，应当承担第三方将信息透露给侦查机关的风险。

基于这一理论基础，最高法院在史密斯诉马里兰州（*Smith v. Maryland*）一案中表明，手机用户在拨打电话时被视为主动将播出的电话号码传递给了电讯公司，因此，如果侦查机关向电讯公司调取该电话号码，并不算对于隐私权的侵犯。

2. *Knotts/Karo* 案

虽然最高法院在史密斯案中表明，犯罪嫌疑人对其主动拨打的电话号码不能主张隐私权保护。但是对于侦查机关用高科技追踪手段追踪犯罪嫌疑人位置，最高法院显得很谨慎。在 1983 年，最高法院在 *United States v. Knotts*[3]中表明，在公共场所，侦查机关可以运用技术手段对犯罪嫌疑人所驾驶的汽车进行追踪，而犯罪嫌疑人的位置信息不受隐私权的保护。一年之后，最高法院在 *Karo* 案中对于汽车追踪作了进一步的规定，如果侦查机关运用追踪设备定位处在私人住宅范围内的汽车，则是对于被追踪人隐私权的侵犯，被宪法第四修正案所禁止。[4]

因此，依据最高法院的判决，侦查机关可以利用技术手段追踪处于公共场所的人或物品而不需要获得令状。但是如果某一人或物处于私人领域，那么侦查机关必须依据法律而向法院申请令状。[5]但是，对于利用技术手段对手机用户进行定位这一侦查手段，实践中很难依据上述公

---

[1] U. S. Const. amend. IV.

[2] *United States v. Miller*, 425 U. S. 435, 442 – 443 (1976).

[3] *United States v. Knotts*, 460 U. S. 276, 281 (1983).

[4] *United States v. Karo*, 468 U. S. 705, 714 – 15 (1984).

[5] *Silverman v. United State*, 465 U. S. 505, 511 – 12 (1961).

共或私人场所的区别来进行划分。

3. 隐私合理期待原则

另外一个与手机位置信息截取有关的原则被称为"隐私合理期待原则"（Reasonable Expectation of Privacy），这一原则强调，如果人们主观上相信其某些个人信息是受隐私权保护的，并且经法院判断，其主观确信也是客观合理的，那么这些信息就会受到隐私权的保护。

这一原则由最高法院在 *Katz v. United States*[1]一案的判决中所确认。在 Katz 案中，侦查机关在电话亭中安装了窃听器，监听了犯罪嫌疑人有关犯罪的通话信息。最高法院认为，在电话亭里的通话内容受隐私权的保护，因为电话亭是一个密闭的空间，在里面通话的人会合理地期待自己的通话受到隐私的保护。由此我们可知，对于特定的通讯信息，如果信息持有人对其有合理的隐私期待，那么其就应当受宪法第四修正案的保护。

之后最高法院在 *Kyllo* 案[2]的判决中，进一步细化了这一原则。在这一案中，侦查机关用特殊的热量感应装置探测出了被告人私人住宅内的热量异常，进而得出结论：被告人在自己家中种植大麻，而正基于这一结论法院签发了搜查令。控方提出观点认为，被告人对于其房间内的温度异常并没有合理的隐私期待，因为被告人没有采取任何措施去掩饰这一热量的散发，与此同时，仅仅的热量探测并没有侵犯任何被告人私人生活信息。而最高法院并没有采信这种观点，其作出的判决表明：如果侦查机关运用在日常生活中不常使用的特殊技术去搜集个人生活信息，那么这就涉及对隐私权的侵犯。也就是说，在这个案件中，合理的隐私期待不是重点，重点在于侦查机关运用了特殊的侦查手段，并且这种侦查手段在日常生活中是不会被用到的。高科技的手段让最高法院对于隐私权的保护更加谨慎。

4. GPS 追踪系统的运用

在 *United States v. Jones* 一案中，侦查机关在 Jones 的汽车上安置了 GPS 追踪系统，本案的关键问题是：对于其进行的追踪是否侵犯隐私权。在 Katz 案的判决中，最高法院裁定，只有被告人对于其个人信息有合理的隐私期待，才能受宪法第四修正案保护。而在 Karo 案的判决中，如果汽车出现在公共场所，那么其是不具有隐私期待的。结合这两

---

〔1〕 *Katz v. United States*, 389 U. S. 347, 361 (1967).

〔2〕 *Kyllo v. United States*, 533 U. S. 27 (2001).

个判例，侦查机关对于 Jones 的追踪是不侵犯其隐私的，因为行驶在公共街道的汽车，任何人都有可能看到，所以汽车驾驶人并不能享有合理的隐私期待。但是最高法院撇开了之前的判例，而在此案中确立了另外一番理论。由于侦查机关在汽车上安装了追踪器，这一安装行为可以被看作对于个人财产权的物理性侵犯，是严格受到宪法保护的，因此，侦查机关的 GPS 追踪行为侵犯了被告人的宪法权利。这一判决一经作出就受到了广泛的质疑，其中一点是：案件中，最高法院过分强调侦查机关安装追踪器这一物理侵权行为，但是现实中随着科技的发展，大多数追踪行为是通过电子通讯等方式完成的，不存在物理上的侵权行为，因此此判决的普遍适用价值并不明显。[1]最高法院大法官 Alito 在其判决意见中表明，本案适用的标准应当定为：侦查机关的追踪手段是不是一个社会理性人能够预期到的。[2]

5. 手机通讯信息的保护

在 *Riley v. California* 一案中，Riley 因为持有危险性武器而被逮捕，同时被扣押了手机。在没有取得令状的前提下，侦查机关运用技术打开了其手机并在里面发现了大量有关犯罪的照片。

最高法院 9 位大法官给出了一致的判决：对于手机的搜查违反了宪法第四修正案。最高法院在判决意见中表明了其对于手机在日常生活中的重要性和普遍性的认可，并且承认通过对于手机储存信息的发掘，能够对机主进行追踪，这是非常严重的侵犯隐私的行为，因此，对于手机信息的调取，需要具备法院签发的令状。这其实也表明了最高法院对于手机追踪的态度：应当以取得令状为前提。

6. Davis 案

United States v. Davis[3]一案是与手机定位技术最直接相关的一起案件。被告人 Davis 因涉嫌多起抢劫罪被起诉，在庭审中由电信通讯商提供的有关犯罪嫌疑人位置信息的证据被公诉人提交于法庭。这些证据证明：就在犯罪发生之时，在所有的犯罪现场都有被告人拨打或者接听电话的记录。但是由于侦查机关在获取这些证据前并没有向法庭申请令状，因此被告人认为侦查机关调取通讯信息的行为侵犯了其宪法权利，

---

〔1〕 See David Gray, "Fighting Cybercrime After *United States* v. *Jones*", 103 J. *CRIM. L. &CRIMINOLOGY* 745（2013）

〔2〕 *United States* v. *Jones*, 132 S. Ct. 945, 961（2012）

〔3〕 *United States* v. *Davis*, 754 F. 3d 1205（11 th Cir. 2014）.

并依此申请将这些证据予以排除。

美国第十一巡回法院作出判决，认为被告人对于其通讯信息有合理的隐私期待。判决中引用了 Jones 案，认为虽然本案中侦查机关获取位置信息的行为没有对被告人的其他权利进行物理性的侵犯，但是 Jones 案中的位置信息是在高速公路，所以并不具有隐私性，而本案中的通话地点均在私人处所，其隐私性是不言而喻的。法庭上，控方主张被告人在案发地点拨打电话是其主动将位置信息暴露给了通讯公司，而根据 *Maryland v. Smith* 一案的判决，主动透露给他人的信息不受隐私权保护。本案中，法官对于该争点持不同意见，虽然被告人拨打电话的行为将其拨打的电话号码提供给了移动通讯商，但是其并没有将自己的位置信息明知而自愿地暴露出来，因此不能仅仅基于一个电话而否定对于手机用户的隐私权保护。事实上，大多数手机用户并不知道在其拨打电话的同时，其位置信息就会被通讯公司获取。最终，第十一巡回法庭判定：犯罪嫌疑人对于其位置信息享有隐私权保护，侦查机关在没有获得令状的情况下向通讯公司调取位置信息的侦查行为侵犯了被告人的宪法性权利。

二、信号追踪设备及其法律规制

科技的发展给刑事侦查手段带来了翻天覆地的变化，尽管美国最高法院不停地靠着判例对宪法第四修正案进行解释，以保护公民隐私权不受各种先进侦查设备的侵犯。但是法律的滞后性使其明显追赶不上科技发展的速度。站点模拟装置（Cell Site Simulator）作为一项先进的手机定位科技，现有判例就很难对其进行有效的调控。

（一）站点模拟装置的定义和工作原理

正如前文所提到的，手机通过搜索附近信号最强的信号塔以收发信号，电信公司将这一切记录下来，如若侦查机关需要则向其提供。站点模拟装置通过发出极强的模拟信号，使得手机将其当成附近最强的信号塔并发生连接。一旦发生连接，那么站点模拟装置就可以接受手机发出的识别信号，以判定其位置。

站点模拟装置的功能十分强大，不仅可以精确地提供手机的位置信息，还可以获取手机中的数据（如通话号码等）。除此之外，该装置还有截取通话记录的作用，就如同给手机装上了无形的窃听装置。但是毫无疑问，手机窃听是绝对侵犯隐私权的行为，因此并不存在争议，本文不予讨论。

该装置的最大特点是其灵巧而方便携带，侦查机关可以利用汽车或者飞行器携带该装置并对侦查目标进行跟踪。更重要的是，侦查机关通过该设备能够直接获得实时信息，而不需要再向通信公司索取信息。越是先进的技术越能够更加隐蔽并且范围更广地侵犯公民隐私权，而侦查机关却对站点模拟装置的运用讳莫如深，使得该项技术更加神秘。[1]

（二）站点模拟装置的合宪性分析

1. 结合第三人规则的分析

依前文所述，如若犯罪嫌疑人主动将其个人信息透露给第三人，那么其就应当承担此信息被公开的风险。因此，手机用户在主动拨打电话后，就相当于将其通讯信息暴露给了通讯公司，就不得对于这些信息主张隐私权保护。[2]依据这一规则，有法院在判决中表明，犯罪嫌疑人在拨打电话时将其位置信息提供给了通讯商，因此其不得主张隐私权保护。[3]

但是，第三人规则并不能成为侦查机关使用站点模拟装置的合法依据。因为该装置绕过了通讯塔，直接截获用户手机所发出的信号。这其中除了被追查对象和侦查机关之外，并没有通讯公司第三方的参与，因此并不存在当事人主动向第三方提供个人信息的情况。

另外，第三人规则的基础是手机用户主动拨打电话号码而将位置信息暴露。被侦查人主动拨打电话在先，通讯公司是被动地接受了手机用户的信号传输。但是站点模拟装置则不同，它模拟了手机信号塔发出的信号，而使得目标手机与其发生数据联系。被追踪的对象只要打开了手机，在没有进行任何操作的情况下，其手机位置信息就会被该装置获取，因此，站点模拟装置是在积极主动地获取他人信息。单是打开手机，并不能被看成向第三方透露个人位置信息的行为，因此，第三人规则并不能成为站点模拟装置合法性的基础。

---

[1] See Henry Bernstein, "The Need for Fourth Amendment Protection from Government Use of Cell Site Simulators", 56 *Santa Clara L. Rev.* 177（2016）.

[2] See James Risen & Eric Lichtblau, "Bush Lets U. S. Spy on Callers" Without Courts, *N. Y. TIMES*, Dec. 16, 2005.

[3] *United States v. Skinner*, 690 F. 3d at 778.

况且在网络科技高度发达的今天，我们无时无刻不在向第三方提供自己的信息，例如网上注册会员、网上汇款或者网上购物等。[1]如果仅仅因为拨打了一个电话或者填写了一份网上订单，就失去了要求法院保护其隐私权不受侵犯的权利，这显然是极为不合理的。

2. 结合 *Knotts/Karo* 案的分析

美国最高法院在 *Knotts/Karo* 案的判决意见中表明，如果侦查机关没用对被追踪对象的任何权利进行物理上的侵犯，例如在汽车上安装追踪器等，那么在特定公共领域对其进行跟踪是合法而不需要令状的。据此，很多站点模拟装置的支持者认为，既然该装置并没有物理上的侵权行为，那么由其获得的有关被追踪人在公共场所的位置信息是完全合法的。但是这一观点也受到了广泛的质疑。

（1）在 *Knotts/Karo* 案中涉及的追踪器比较低端，也就是说，其精确性是相对较低的。而站点模拟装置的精确度非常高，并且随着科技的进一步发展，其精确度会更高，如果被追踪人能被非常精确地定位，那必定会涉及对其私人生活领域的侵犯。[2]

（2）站点模拟装置的工作原理是发现追踪手机而强迫手机与其建立数据联系，这同样具有很强的侵犯性，虽然不存在物理上的接触，但是其侵犯程度完全等同于安装追踪器。除此之外，追踪设备仅是追踪位置，而站点模拟装置除了暴露位置以外，还会将手机用户的个人信息一并获取，相比之下，其侵权程度是相当高的。

3. 结合隐私合理期待原则的分析

在 *Katz v. United States* 一案中，最高法院创制了隐私权的合理期待这一标准。如果当事人认为其个人信息受隐私权保护，而这一期待是能够被社会普遍认可的，那么侦查机关的侦查行为必以获得令状为前提。随后，在 *Kyllo v. United States* 一案中，最高法院进一步明确了，侦查机关运用高科技热量探测仪来探测被告人家中温度的变化，是侵犯隐私权的行为，因为运用高科技手段探知个人隐私，超出了社会民众对于隐私侵犯的接受范围，从另一个角度说明了宪法对于隐私权的保护范围。Kyllo 案有着重要的借鉴意义，因为站点模拟装置同样是现实生活中很少涉及的高科技设备，所以它的运用当然应当在令状的许可条件下。

---

〔1〕 See Ken Strutin, "Social Media and the Vanishing Points of Ethical and Constitutional Boundaries", 31 *PACE L. REV.* 228, 299 (2011).

〔2〕 See Curtiss, supra note 5, at 173.

但是有观点提出，现代社会手机的运用越来越普遍，而且手机定位服务也广泛地在各种软件中被运用[1]。因此，手机定位信息的大量暴露，已经被社会民主所普遍认识，进而对于手机位置信息，人们并没有合理的隐私期待。但是这一观点并不能成立，虽然人们对运用手机进行定位服务有着一定的认识，但这并不表明侦查机关被允许利用相关信息对其进行追踪。除此之外，普通民众并不能预期到该装置如何运作，并且侦查机关会在这么精确的范围内掌握其位置信息。因此，民众对于站点模拟装置的运用并没有完全的认识，进而对其相关信息有着合理的隐私期待。

对于该问题，Riley v. California 一案的判决则更有说服力。最高法院认为，对于被扣押的手机，侦查机关必须在获取令状以后才能够通过技术手段获取其中的信息。其中一个主要原因是：因为手机中包含了定位信息，而这些信息能够将机主的行动以最精确的方式暴露给侦查机关。[2]在 Riley v. California 一案中，被逮捕的当事人享有最低限度的宪法权利，而在这种情况下，法院仍然确认了对其手机定位信息的隐私权保护，那么更不用说被站点模拟装置强行获取位置信息的当事人了，因此，站点模拟装置使用必以令状的获得为前提。

4. 关于站点模拟装置运用的其他担忧

站点模拟装置是非常灵巧的便携式装置，而且造价不高，因此其极有可能被侦查机关秘密而且广泛地使用。关于传统的手机定位方式，侦查机关需要到通讯公司索取目标手机的位置信息，如此，通讯公司作为第三方可以对侦查起到一定的监督作用。而新的科学技术使得侦查机关能够以最低廉的成本和最简便的形势获得更加精确的定位信息，侦查人员甚至坐在办公室里就能获取周围所有人的手机定位，这是非常可怕的。该装置将自己伪装成信号发射塔，因此，在其所在的一定区域内，所有手机都被迫与其发生了联系。有报道显示，侦查机关会将该装置置于飞行器上按照一定的航线飞行，进而搜集大量的位置信息。虽然警方回应其已经将非侦查目标人员的信息删除，但是警方这种缺乏透明度、缺乏监管的侦查行为，是对公民隐私权的巨大威胁。[3]

---

〔1〕 例如经常被使用的手机导航功能。

〔2〕 Riley v. California, 134 S. Ct. 2473 (2014).

〔3〕 See Jason Krause, Prying Eyes: Unlikely Allies Are Collaborating in a Push to Require Warrants for Law Enforcement Access to Digital Communications, AM. BAR ASS'N J. (2013).

具体法律规则的缺失对站点模拟装置的监管造成了极大的困难。尽管如前文所述，当事人可以主张此类侦查行为因为侵犯隐私权而违宪，但是依据判例侦查机关可以依据"合理信赖的例外"（Good Faith Exctption）原则进行反驳。在 *United States v. Davis* 一案中，最高法院认为，侦查机关在没有获得令状的前提下，获得被告人手机位置信息的侦查行为，侵犯了其隐私权。但是法庭并不排除由此而获得证据，因为侦查机关在当时合理的依据《通讯储存法》（*Stored Communications Act*）而进行侦查行为，所以依据"合理信赖的例外"原则，对其获得的证据不予排除。[1]据此，运用站点模拟装置而获得的数据同样可以基于合理信赖原则而予以保留，这也会助长侦查机关对于普通民众的隐私权侵犯。

三、美国判例的思考及对我国的启示

（一）美国判例的思考

美国最高法院通过判例明确了，侦查机关向通讯公司调取手机位置信息需要以获得令状为前提，而获得令状的证明标准则为"确有可能"（probable cause）。相比之下，站点模拟装置的运行更具有强迫性，强迫周围手机与其发生联系；更加精确，能把手机用户的定位精确到几米范围内；搜索范围更加广泛而不确定，该装置所搜集的信息并不仅仅是目标手机，而是一定范围内所有与其建立联系的手机。这些特性决定了站点模拟装置比传统的手机定位手段更具有隐私侵犯性，因而更需要监督。因此，对于该装置的运用，侦查机关必须以获得法院令状为前提，而证明标准也不得低于"确有可能"（probable cause）。

法官的事前监督是确保此种侦查手段不被滥用的有效手段，首先，其能够保证侦查范围，避免非目标手机用户的个人信息被非法搜集和储存，防止更多的手机用户成为不法侦查行为的受害者。其次，确定追踪时间，由于该装置的运用非常的简便快捷，因此，针对同一目标进行几个月甚至更长时间的追踪并不会令侦查机关付出很高的成本。长时间的追踪是对被追踪人隐私权的严重侵犯，因此，对于追踪时间的控制是非常必要的，而法院的事先授权完全可以做到时间的调控。

----

〔1〕 See *United States v. Davis*, 754 F. 3d 1205, 1217 – 18（11 th Cir. 2014）.

有观点指出，令状程序会造成时间的拖延而大大减损侦查机关对抗犯罪的效率。[1]除了强调对于隐私权的保护之外，我们也不得不承认，信号追踪这一侦查手段是快速破获案件和防止危害结果发生的最有效手段之一。[2]在 Riley 一案中，最高法院就侦查效率和公民宪法权利的保护进行了衡量并最终作出判决，除了存在紧急情况以外，任何手机定位的侦查行为必须以法院签发令状为前提。其中紧急情况包括：为了救助处于人身危险当中的被害人；为了防止证据被毁灭；为了追捕在逃的犯罪嫌疑人；等等。如此便可以保证在紧急情况下，繁琐的程序不会妨碍侦查行为的进行，而在正常情况下，只有法院能够监督侦查机关的行为而保护公民的宪法权利。

这一标准应当同样适用于站点模拟装置的运用，既能够保证手机用户的隐私不被随意侵犯，同时也使得侦查机关在紧急情况下不会被令状缚束住手脚而全力应对危机的发生。

科技在不停地发展，而刑事侦查手段也从未停止过变革。在美国，用于规制传统手机定位手段的《通讯储存法》刚出台不久，新的侦查手段就已诞生。相比之下，站点模拟装置更加方便快捷并且能够搜集到更加广泛的信息，在提高了侦查效率的同时，也加剧了对于公民隐私权的侵犯。然而，《通讯储存法》却不能对其进行规制，因为新装备获取通讯信息并不需要通过通讯公司，其完全可以独立完成位置信息搜集工作，而且更精确、更快捷。

没有法律监督的权力就会被滥用，对于侦查机关在何种程度上监视着人们的隐私，我们不得而知。在美国，宪法修正案是对于公民权利保护的最后屏障。结合宪法第四修正案，最高法院在最近 Jones 案和 Riley 案中的判决为我们提供了可以参考的标准，那就是运用站点模拟装置进行手机信息的探听应当以获得法院令状为前提，并且证明标准不得低于"确有可能"（probable cause）。

（二）对我国的启示

为了更好地规范技术侦查在刑事诉讼中的运用，我国 2012 年《刑事诉讼法》中首次将技术侦查纳入其调整范围内。但是《刑事诉讼法》

---

〔1〕 See Riley v. California, 134 S. Ct. 2473, 2493 (2014).

〔2〕 See In re United States for Order for Prospective Cell Site Location Info., 460 F. Supp. 2D 448, 452 (S. D. N. Y. 2006).

关于技术侦查的规定过于笼统，因此在实践中很难发挥指导作用[1]，这也是饱受学界诟病的地方。但是，美国近些年在科学技术与刑事诉讼中所遇到的困境，是值得我们借鉴和吸收的。科技总是以人们无法预计的速度在发展，今天最领先的科技也许到了明天就会被更先进的技术所淘汰。为了规范侦查机关与通讯服务商的合作，以保护公民通讯信息不被泄漏，美国国会通过了《信息储存法》。但是不久之后，站点模拟装置的出现使得侦查机关能够独立地以更加方便和快捷的方式获取嫌疑人的通讯信息，而其与移动通讯商的合作也不再被需要。立法者并没有预见到如此迅速的技术革新，而《信息储存法》也随着落后的科技而不再被社会所需要，如此造成了对立法资源的极大浪费。

通过立法可以对技术侦查作出完整的定义，但是随着科技的发展，新的侦查手段总会超出现有的认知而游离于法律定义之外。立法的速度永远赶不上科技发展的节奏，与其疲于修改法律，不如在成文法中作出概括性的规定，而由司法解释将其后的科技发展囊括到现有法律的框架之下，这是最有效、最经济的调整方式。

因此，《刑事诉讼法》应当为技术侦查设置一个框架，这个框架不能太具体，这样才能给司法解释留有充分的发挥空间以应对科技的发展。与此同时，框架的设置也不能太模糊，应给予司法解释一定的指导方向。但是，我国《刑事诉讼法》在"技术侦查措施"这一章节中仅出现了"技术侦查措施"这一名词，而对于其内涵和外延都没有作任何解释，并不能为司法实践作出任何方向性的指导。因此，我国《刑事诉讼法》需要建立一个关于技术侦查措施的框架，而这一框架的构建可以借鉴美国的司法经验。

结合前文所论及的 *Katz* v. *United States* 一案和 *Kyllo* v. *United States* 一案，技术侦查应当包括两方面特点：①侦查机关运用了在人们社会生活中不会涉及的科学技术；②侦查手段的运用侵犯了公民的隐私权或其他合法权利，并且在这里对于隐私权的判断应当以人们对于隐私权的合理预期为标准。如此司法机关能够以司法解释这一灵活的方式对技术侦查进行调控，立法机关则不需要因为科技的发展而不得不修改法律而浪费司法资源。

---

[1] 参见许志："我国新刑事诉讼法关于技术侦查立法的缺陷及完善"，载《社会科学家》2014 年第 4 期。

大数据时代刑事司法领域隐私理论的困境

——以刑事侦查取证为视角

王拓　王晋彦*

2016 年 10 月 1 日，最高人民法院、最高人民检察院、公安部三家联合发布的《关于办理刑事案件收集提取和审查判断电子数据若干问题的规定》正式实施。两高一部联合发布的该项规定成为刑事司法领域自《刑事诉讼法》修订以来，第一个关于电子数据的专门性规定，也是最为具体的电子证据规则。与此同时，在网络安全法立法大潮之下，公民的隐私（尤其是信息隐私）受到了前所未有的关注，随着近年来我国信息化侦查手段的进一步发展，再加之两高一部颁布的刑事案件电子证据的取证制度造成的轰动影响，公权力（尤其是在刑事案件中的侦查权力）对公民的隐私干涉边界所在就成了亟待解决的议题，而其中较为基础与根本的问题，就是在科学水平与信息技术不断发展的当下，刑事司法领域对隐私保护的内涵理解及其变化。

从隐私权的产生来看，其常被认为是一种人格权意义上的民事权利，隐私保护也常体现于侵权行为的责任承担与救济上。在刑事司法领域，隐私保护更有其重要意义，有研究指出，人们关于政府权力对隐私权可能产生侵犯的担忧在刑事领域明显高于民事领域。[1] 国家的刑事诉讼活动，尤其是侦查活动，是体现国家强制力的重要方式，这种强制力因其主体的强大而有着滥用的潜在可能，特别是在强制性的侦查行为中，公民的私人生活领域易受到侦查机关的威胁，而诸如公民的生命健康、人身自由、住宅财产、个人信息等内容正是构成隐私权的基本要

* 王拓，法学博士，中国科学院大学经济与管理学院博士后流动站研究人员，北京市人民检察院公诉处检察官。王晋彦，北京航空航天大学法学院诉讼法学硕士研究生。

素，因此，强调隐私保护，规范国家与警察行为，是刑事司法制度不可或缺的内容。

一、英美刑事司法对隐私保护的理解

（一）基于"自由"的隐私保护

1890 年《哈佛法律评论》杂志上刊载了布兰代斯（Brandeis）和沃伦（Wallen）撰写的著名论文《隐私权》（*Right to Privacy*），最早提出了隐私权的概念，将其界定为"个人独处的权利（right to be let alone)"[1]，旨在在个人名誉领域抵抗新闻媒体对于个人私生活的侵扰。之后，A. 威斯汀（A. Westin）称隐私权是"不受旁人干涉搅扰的权利"，"在一个限定的私人活动范围内，不受他人和群体的拘束"。[2]

隐私权在美国的起源与新闻媒体行业的发展息息相关，传播技术的发展使得人们的私生活极大地曝光在普罗大众的窥私欲之中，而文明的发展带来人们对个人生活的高度敏感，因此，原有的基于诽谤的违法保护就不足以救济人民的精神利益，公民能够决定是否将属于自己的东西公之于众的权利构成了最早的隐私权。在隐私权发展过程中，其保护范围逐渐扩大到保护购买和使用避孕用品、堕胎权、私下自愿的同性行为。尤其当布兰代斯大法官在奥姆斯特德案件[3]的反对意见中提出，不受干扰的权利决定了政府对于个人自由的侵犯是对隐私的窥探，隐私保护被纳入以自由为核心的美国联邦宪法第四修正案中。

在这种隐私理论的发展过程中，隐私的语义进行了自我分层：一是个人对特定事项进行选择的自由；二是个人对个人信息的控制的自由；三是个人免受政府侵扰的自由。作为基本宪法权利的隐私权关注的重点已经从最初的社会生活权利转变为联邦宪法第四修正案所保护的防止政府权力恣意侵入与搜查。

在个人主义和自由思想的影响下，人们对于政府的职能定位发生了变化，普遍认为应当建立起权力有限的政府机构，有限政府观念带来了

---

〔1〕［美］路易斯·D. 布兰代斯等：《隐私权》，宦胜奎译，北京大学出版社 2014 年版，第 17 页。

〔2〕刘泽刚："公共场所隐私权的悖论"，载《现代法学》2008 年第 3 期。

〔3〕 *Olmstead v. United States*, 277U. S. 438，478（1928）.

"政治国家不得介入私人领域"的要求，公民在私人领域与隐私范围内享有支配权不受国家干涉且在国家权力意欲侵犯时进行抗辩的权利，但由于隐私根植于对自由的追求，基于自由意志而置于公共领域与内容公开的隐私就无法受到保护。[1]

(二) 合理的隐私期待理论及其流变

不同于欧洲大陆的客观保护机制，无论是美国的双叉标准，还是加拿大的综合一切情状，英美法系刑事司法对隐私的保护是建立在抽象性的主观标准上的。

传统的普通法中，隐私利益的期待合理性的判断依据主要是财产利益的归属，财产利益反映了社会对个人按照自己意愿在特定领域为某种行为的明确的认可，并因此应当在决定个人对隐私的期待是否合理时予以考虑。[2]从 19 世纪末开始，在美国联邦最高法院积极能动的司法干预下，赋予人民不受政府不合理的搜查和扣押的联邦宪法第四修正案保护利益的重心，由财产逐渐转向隐私。[3]与之相应地，就被搜查利益保护的界定，也由原有的财产法的判断转移到隐私保护的判断上，而隐私的范围的界定也从最初的仍带有财产法范围界定的色彩发展为其特有理念。

美国联邦宪法第四修正案的实质在于强调公民享有不受政府任意干涉的权利，但其并未明确"搜查"行为的界定，在美国最高法院的阐释下，通过财产法的概念来确定政府搜查的权力范围，即只有存在对公民财产的侵犯、对场所的物理性侵入，才构成违宪审查意义上的搜查。[4]因此，早期的联邦宪法第四修正案侧重于保护公民的财产利益，如果缺乏财产法意义上的非法侵入，政府干预公民的生活就不构成违宪审查意义上的搜查，故而不受到联邦宪法第四修正案的保护。

1886 年 *Boyd v. United States* [5]案孕育了美国联邦宪法第四修正案保护隐私利益的萌芽，在该案中，大法官 Bradley 认定检察官签发的强制被告提交可能证明其有罪的发票的程序违反联邦宪法第四修正案，将

---

〔1〕 杨开湘："公民隐私权在侦查行为中的界限"，载《华东政法大学学报》2006 年第6 期。

〔2〕 *Rakasv v. Illinois*, 99 S. CT. 435 (1978).

〔3〕 向燕："从财产到隐私——美国宪法第四修正案保护重心之变迁"，载《北大法律评论》编委会编：《北大法律评论（第 10 卷·第 1 辑）》，北京大学出版社 2009 年版。

〔4〕 *Katz v. United States*, 389 U. S. 347 (1967).

〔5〕 *Boyd v. United States*, 116 U. S. 616 (1886).

联邦宪法第四修正案与联邦宪法第五修正案相联系，得以将联邦宪法第四修正案的保护范围延伸到财产利益之外，解释为"人身安全、人身自由和私人财产等诸多不可废止的权利"。

1982 年，在 *Olmstead v. United States* [1]一案中，美国联邦最高法院裁决政府对被告电话的窃听行为因为不涉及"对被告房屋的进入"且"电话交谈的内容不是联邦宪法第四修正案保护的财产利益"，故而不构成搜查。通过这一判决，最高法院将联邦宪法第四修正案的搜查界定为"对人身或不动产的物理性侵入"。在此案之后，联邦最高法院在多个判例中引用"constitutional protected area"的表述将受到联邦宪法第四修正案的保护范围界定为"对宪法保护范围的物理性侵入。

但在本案中，大法官布兰代斯就本案提出的"搜查限于有形物"发表了不同意见，认为宪法规定的"the right to be let alone"是内容广泛的权利，无论政府使用的手段如何，政府对于个人隐私的不当侵害都是对联邦宪法第四修正案的违反。该意见发表后，最高法院对联邦宪法第四修正案所保护的隐私利益逐渐呈重视态度。而到 1967 年的 *Katz v. United States* [2]一案中，美国联邦最高法院推翻了之前财产权为核心的保护理念所确立的物理入侵理论，使得隐私成为联邦宪法第四修正案所保护的首要利益。美国联邦最高法院认为，美国联邦宪法第四修正案所保护的是公民，而非某个地方，联邦宪法第四修正案的适用范围不应取决于是否产生了对某特定空间的物理入侵，而是应当考虑是否侵犯了公民的"合理隐私期待"，具体判断标准为：该人是否已经表现出对其隐私的期待、是否采取积极举措保护其隐私利益，以及该期待是否属于社会认可的合理范围内的双叉标准。

在合理隐私期待所采取主观隐私期待标准中，公共暴露理论较为重要的一个排除性要件，即个人明知暴露于公众的地方，即使他对此仍持有隐私期待，社会也不再认为该期待合理。[3]在公共暴露理论发展的基础上，美国联邦最高法院又在 *United States v. Miller* [4]案件中提出了"风险承担理论"来对"合理的隐私期待"这一概念进行修正。风险承

---

〔1〕　 *Olmstead v. United States*, 277 U. S. 438, 478（1928）.

〔2〕　 *Katz v. United States*, 389 U. S. 347（1967）.

〔3〕　向燕："美国最高法院'隐私的合理期待'标准之介评"，载《中国刑事法杂志》2008 年第 5 期。

〔4〕　 *United States v. Miller*, 307 U. S. 174（1939）.

担理论又称第三人理论，沿用了公共暴露理论的推理，即如果个人自愿向商业记录的特定第三人披露了某些信息，那其应当承担第三人向警方透露的风险[1]，将对有限特定主体的披露等同于向公众披露，进一步提高了对公民隐私期待的要求。

二、欧陆刑事司法对隐私保护的理解

（一）基于"个人尊严"的隐私保护

与基于自由价值追求的隐私保护不同，欧洲大陆刑事诉讼对于隐私保护的核心是"个人尊严"，它将隐私与个人在社会环境中的地位、名誉、内心自主、自我决定等方面相联系，其主要目的在于防范外界对个人公共尊严的否定。

大陆法系由于欧洲大陆对于荣誉和尊严的文化传统，使得其将隐私的保护构建在个人在公众前的人格之上，而不是内容的私密性，个人拥有不受限制的对个体的自决权利。因此，大陆法系中对于隐私保护与是否已经公开无关，即便公民基于其自由意志将诸如健康、性、收入等隐私内容有限公开，也不必然丧失其对于隐私的要求。人可以处分其自由，但关系着个人隐私的尊严不可放弃。[2]

基于这一文化理念所产生的法律体系与判例在法国产生了个人形象权[3]，意为即便与个人有关的隐私事项不被公开的利益被其自身所放弃，但如果该隐私事项涉及个人尊严，应当基于个人利益与道德目的进行保护。[4]在德国，隐私权是一般人格权的具体内容，是指个体范畴和私生活范围的权利，意味着人的自由与自决，以规制不适当公开为保护的核心内容，赋予个人在公开场合保护自己隐私的权利。[5]

---

〔1〕 向燕："第三人理论与美国刑事诉讼中的通讯隐私保护"，载《国家检察官学院学报》2008 年第 5 期。

〔2〕 屠振宇：《宪法隐私权研究——一项未列举基本权利的理论论证》，法律出版社 2008 年版，第 45 页。

〔3〕 See James Q. Whitman, The Two Western Culture of Privacy: Dignity versus Liberty, 113 *Yale L. J.* 1151, 1172 (2004).

〔4〕 向燕：《搜查与隐私保护》，中国政法大学 2009 年博士学位论文。

〔5〕 朱晓峰："比较法视野下隐私保护机制的分歧与效果：以中德比较为例"，载《兰州学刊》2016 年第 10 期。

隐私的主要内容由空间隐私、人身隐私和信息隐私等构成。信息隐私的概念建立在信息自决权的基础上，意为个人信息原则上归其所有，个人对信息的交流具有自主掌控的能力，其本人可基于社会需要和利益相关披露某些信息，但其信息不可被刺探和在其不知情的情况下非法获取。

大陆法系将隐私视为人所享有的基本利益，是人所受到作为人的尊重待遇的重要内容，其常常表现于人的人身或其所占有的空间和享有的财产上，但这并不意味着人身、空间、财产和信息是隐私唯一的表现形式，也不意味着人身、空间、财产和信息本身就是隐私：以人身、空间、财产和信息为载体的隐私保护，其核心不在于载体本身，而在于其背后的人格尊严。[1]

尽管英美法系与大陆法系在隐私保护的价值追求上存在着文化的差异，但刑事司法领域中，隐私权仍然在价值上实现了统一，隐私权构建了公民与国家权力间的屏障，是公民对国家权力的抗辩事由。隐私权是刑事诉讼保障人权目的的体现，国家必须保护公民在私人生活中的隐私权。刑事诉讼活动是国家惩治犯罪保障人权的合法行为，但其势必会触及公民的私人空间，因此，在公共利益、社会利益与个人隐私的平衡与博弈间，隐私利益必须体现出基本人权对国家权力的限制，国家权力侵害公民隐私必须符合比例原则与正当程序，非经合法程序获取的公民隐私应受到非法证据排除规则的保护。

（二）"领域类型"的隐私保护机制与"阶层理论"

欧洲大陆国家的刑事诉讼中，将个人尊严视为隐私保护的基石，具体的隐私保护方法也必然与个人尊严相联系，通过将社会生活中的诸多事务与现象和个人尊严相匹配，解构为不同价值的隐私事项，予以不同程度和层次的制度化保护。广义的隐私由个人生活安宁权、个人生活信息保密权、个人通讯保密权、个人信息使用权所构成。[2]

欧洲大陆刑事司法领域的隐私保护制度，是保护标准建立在客观事物的判断之上的，因此，此种制度的前提就是对私人领域和社会生活进行区分，公共领域中，个人的发展要严格受到法律、社会规则和道德规范的限制，而私人生活领域中，个人可以不受限制与不受监督地发展自

---

[1]　张红："指纹隐私保护：公、私法二元维度"，载《法学评论》2015 年第 1 期。
[2]　汤啸天："网络空间的个人数据与隐私权保护"，载《政法论坛》2000 年第 1 期。

我个性。[1]

具体而言，欧洲大陆的客观保护方法，有领域划分与阶层理论的不同模式。简言之，领域划分的方式就是把整体的隐私领域划分为不同的具有普遍共识的微小领域。此种领域由于其为公众所熟知且边界相对明确，而建立起了一套有效的保护模式。[2]作为一种组合式的保护策略，领域类型的界定方法借助对隐私保护领域划分的合理解释，在界定隐私利益的主要领域的同时，为其之后的发展留下空间：一方面，客观领域本身取决于既有制度的明文界定；另一方面，对于客观领域的扩大解释能够在出现侵犯隐私新情况时适应隐私权的延展性。

根据《世界人权宣言》第 12 条、《公民权利和政治权利公约》第 17 条[3]、《欧洲人权公约》第 8 条和相关国家的国内宪法、刑事诉讼法的相关规定，隐私保护的客观领域可大致划分为私生活、家庭、住宅和通讯四个方面。[4]而所谓私生活，根据欧洲人权法院的相关判例，主要涵盖私人的个性发展、私人信息、私人空间、性生活等方面，且其外延仍在不断的扩展当中。[5]

除去领域划分的立法模式，德国联邦法院通过一系列裁判确立了权利范围理论（即阶层理论），即通过刑事诉讼中的被追诉人因侦查行为侵犯的隐私层级来决定是否适用非法证据排除规则。简言之，德国联邦法院将以人性尊严为核心的隐私利益划分为三种层次，赋予不同程度的保护：①受到绝对保护的核心阶层，即法院决定禁止任何侵犯核心隐私的行为，而无需考虑比例原则。此层次的隐私判断主要依赖于其内容的私人性质与他人领域和社会利益对内容类型和程度的尊重。②私人阶

---

〔1〕 任剑涛："论公共领域与私人领域的均衡态势"，载《山东大学学报（哲学社会科学版）》2011 年第 4 期。

〔2〕 周东："大数据时代下的个人信息与隐私——基于域外法的比较研究"，载《研究生法学》2015 年第 5 期。

〔3〕 任何人的私生活、家庭或通信不受任意或非法之干预，其荣誉和名誉不受非法之侵害。卢建平：《国际人权该公约与中国刑事法律的完善》，中国人民公安大学出版社 2010 年版，第 617～618 页。

〔4〕《欧洲人权公约》第 8 条规定：人人享有其私人和家庭生活、住所和通信受到尊重的权利。公权机构不得干涉上述权利的行使，但是依照法律及在民主社会中为了国家安全、公共安全或国家的经济福利的利益，为了预防混乱或犯罪、为了保护民众健康或道德风尚，以及为了保护他人的权利与自由的必要而进行干预者，不在此限。

〔5〕 叶宁：《刑事诉讼中干预基本权利的限度——权衡模式下的考察》，西南政法大学 2014 年博士学位论文。

层，法院需对基本权利进行干预、进行比例原则的审查，只有存在压倒性的公共利益，才可以使用侵犯处于核心领域之外的隐私权利的证据。在合乎比例原则的基础上，作为基本权利的隐私并不必然导致证据的排除，个人利益需要忍受公共利益导向的政府行为，只有对隐私的干预程度超出必要范围才会导致证据排除。③社会阶层，在此范围内，不会存在因侵犯隐私权利而导致证据排除的可能。

德国联邦宪法法院通过司法裁判所确立的阶层理论，并不是一个具有高度抽象与普遍适用的规范体系，一个事实状态被归于何种层次，并不取决于社会意义和社会关系，而是在具体个案中通过对隐私所呈现的方式与内容进行个别判断。

此处需要说明的是：欧洲社会中的隐私概念随着信息社会与信息技术的发展，在个人尊严的基础上产生了隐私权与个人信息权的割裂与分化。此处的个人信息权不仅是个人信息隐私的独立化，其更多的是基于网络数据和个人信息而产生的权利束，其中包含了以个人自决为核心的个人信息隐私的保护，但也在非刑事领域中确定了公民在数字社会中的若干权利。随着欧盟《一般数据保护条例》等法规的完善，个人信息与自决和《欧洲人权公约》第 8 条所确立的隐私权共同构成了广义上的隐私保护。

三、大数据带来的隐私困境

（一）刑事侦查中的云储存技术与镶嵌论

大数据是近年来信息收集、储存、处理、传播技术的发展所塑造的新的数据处理模式的时代新名词。所谓大数据，是指随着可作为处理对象的数据外延不断扩大，依靠物联网、云计算等新的数据收集、传输和处理模式的一种新型数据挖掘和应用模式。[1]大数据的特点可被概括为 4V，即大数量（volume）、多类型（variety）、高处理速度（velocity）、低价值（value）密度。[2]大数据时代，刑事侦查取证更重视个人的信息，一方面，随着网络社会的发展，犯罪的科技化含量逐渐提升，基于打击犯罪的现实需求，侦查方式的科技含量需要进一步提升，网络环境

---

〔1〕　王忠：《大数据时代个人数据隐私规制》，社会科学文献出版社 2014 年版，第 6 页。
〔2〕　刘铭："大数据反恐应用中的法律问题分析"，载《河北法学》2015 年第 2 期。

中蕴含的大量与案件或犯罪嫌疑人有关的碎片化的信息将通过大数据技术转化为能有助案件侦破的证据材料[1]；另一方面，技术的发展使得其更为容易获取，在很大程度上节省侦查的成本，提高侦查效率[2]，侦查机关面对如此高效率与高效能的侦查方式，没有理由弃之不用。

刑事侦查中对大数据的运用，必然涉及云储存技术与信息协同效应。云储存技术是大数据的静态模式，是基于云计算概念发展的一种通过集群应用、网格技术或分布式文件系统等功能，将网络中大量的各种不同类型的存储设备通过应用软件集合起来协同工作，共同对外提供数据存储和业务访问功能的储存系统。云计算的数据基础就在于其系统中所储存的由用户上传的数据资料。刑事侦查中，侦查机关对涉案电子数据或被追诉人信息的获取，很大程度上就是通过对云储存系统中的信息利用。由此所引发的关键性的动摇原有隐私保护理论的问题就是用户上传到云储存系统的数据所有权归谁所有——是服务提供商还是用户？如果归服务提供商所有，用户是否享有对该数据的合理隐私期待；如果归属于用户，服务提供商在刑事侦查中负有何种程度的提供义务。

镶嵌论的信息协同效应则是大数据的动态模式，其内涵可归纳为一种信息收集的基本模式：某些彼此不同的信息，尽管各自对其拥有者而言只有有限的用处或毫无用处，但若与其他信息相结合，便具有了更多的重要性。将这些信息结合起来，有助于阐明其间的内在关联，并能够在我们分析问题时产生协同效应，最终得到信息拼版的价值要高于其组成部分各自价值的总和。[3]由于信息科技时代的到来，信息协同效应在剖析案件事实问题时的作用日益凸显，它可将散布于互联网的信息碎片整合成对于案件侦破与被追诉人有重要意义的证据材料。这是原有的隐私保护体系所无法预料的，信息协同效应使本不属于隐私保护范围内的信息成为极具私密价值的隐私内容。

（二）领域划分与阶层理论的模糊

前文已述，欧洲大陆国家的刑事诉讼中普遍采取的领域划分和阶层理论的隐私保护模式是一种自下而上的界定方法，其通过归纳隐私权在

---

〔1〕 王守宽："侦查信息化若干问题探讨"，载《北京人民警察学院学报》2007 年第 5 期。

〔2〕 牛纪刚："浅谈公安刑侦工作信息化"，载《公安研究》2000 年第 1 期。

〔3〕 初殿清："镶嵌论视野下的 GPS 证据的可采性"，载《政法论坛》2013 年第 3 期。

社会生活中的适用，依靠人们在社会生活中的制度性常识来确定隐私的具体领域和层次归属。这种实用主义的进路在司法实务中具有重要意义，但也会带来一些问题。[1]

领域划分的隐私保护采取了一种拼凑式的保护模式，其并未对隐私的保护进行制度性的整合，因此，在客观上，领域划分的保护模式存在着交叉重叠和割裂的状态，大数据的技术更加剧了这一问题的缺陷。大数据技术使得信息的碎片与片段组成了对公民个人隐私具有重要意义的信息组合，其很难在传统意义上归属于任何一种客观领域，此种方式的隐私保护难免失灵。

阶层理论的适用，主要依赖于个案的认定，当然，司法中的个案裁判在法律的适用与发展中扮演着重要的角色，但个案裁判很大程度上拘泥于个案事实，其法律效力缺乏普适性与稳定性。在大数据的发展下，此种缺陷更不能幸免于难，公民的个人人格在信息社会中很大程度上都可以通过数字个人来表现。但大数据的技术特征就是不再依赖于独立的信息，而是通过运算零碎的信息得出与个人隐私相关程度甚高的数据结果，换言之，大数据技术可以使得众多属于社会领域与私人领域的信息在刑事侦查中起到与核心领域价值相当的实际效果。因此，阶层理论中依赖对信息重要程度的判断方式就不再有效。

（三）隐私期待理论体系的不足

通过上述对合理隐私期待理论的阐述，可以看出，在以判例制度与经验主义为特征的英美法系中，双叉标准指导下的合理隐私期待理论能够灵活解决不同科技水平与不同司法政策下的隐私保护问题，但需要承认其在一定程度上存在缺陷。首先，该标准的主观因素过于弹性，缺乏规范性与稳定性，因此在适用时，主要依靠客观标准。而"社会是否愿意承认个人期待合理"的客观标准由于其发展的"公众暴露"[2]"第三

---

〔1〕 向燕："刑事侦查中隐私权领域的界定"，载《比较法研究》2011 年第 1 期。

〔2〕 公共暴露理论较为重要的一个排除性要件，即在明知暴露于公众的地方，个人的主观隐私期待的合理性不受社会的承认。

人理论"[1]等排除理论而饱受诟病。[2]其次，合理隐私期待以全有或全无的形式，忽视了隐私利益中最为关键的一点：个人对其信息隐私的控制权。[3]更为重要的是：合理隐私期待理论中，美国联邦最高法院通过诺茨案的判决，使得隐私缺失了人格权维度，即公众匿名权。[4]

　　隐私合理期待的理论流变及发展的相关例外随着大数据技术带来的变革，缺陷暴露得更加明显。云储存与镶嵌论对隐私保护的挑战使得合理隐私期待理论在信息化背景下的适用难度增大。信息化侦查语境下，侦查机关通过网络从服务商处获得当事人相关违法证据逐渐普遍化，Facebook 的创办人扎克伯格提出隐私权系一种过时的观念，只要使用者将个人资料送上了云端服务，便失去了对数据和信息的主控权，而应当在其平台上被公开分享。[5]该观念在法律界一定程度受到了支持，认为网络作为开放的公众平台，用户对其存放在网络上的信息不享有隐私期待。但随着云计算与大数据技术的发展，网络应用逐渐从公众平台转为私人空间，用户对其网络隐私的期待日益增强。[6]在信息化社会，大量商业网络利用通用网络业务应用来获取用户的互联网踪迹加以分析，按照用户的不同需求为其提供共享的软硬件资源与信息，由于云计算系统运算和处理的关键在于大量的数据，其自然就产生了大量数据存储的需求，而在云计算基础上，又产生了云储存或云空间的概念，用户大量的

---

〔1〕 第三人理论亦称风险承担理论，意为个人向承担商业记录的个人与机构的信息披露意味着其需要承担该信息向警方透露的风险。

〔2〕 公众暴露理论的成立将隐私因第三方不当行为而披露等同于个人希望披露，且将披露的可能性等同于必然性；第三人理论将个人对第三方的披露永远视为自愿披露，且将对第三方的披露视为公开的披露。

〔3〕 信息隐私讨论中，分为秘密说与控制说。美国联邦最高法院采取的秘密说，将隐私视为不被他人所知晓的信息，以个人保有隐私的选择权限制了个人的社会生活空间，使得当人面临这样的选择时已经丧失了其自治权。而控制说学说中的隐私应当包含个人对信息控制力的内涵。

〔4〕 *United States v. Knots*, 460 U. S. 276 (1983) . 公众匿名权指的是在公众场合，尤其是涉及政府的情况下，一个人遵守其应遵守的行为准则时，其可以不被注意，成为不可分辨的人群的一部分，其反映了隐私的人格权维度，即保证个人自由定义自我。

〔5〕 "Facebook 创办人：保护用户隐私已过时"，载网易科技网，http: //tech. 163. com/10/0112/07/5SQGURKF000915BF. html，访问时间：2016 年 3 月 8 日。

〔6〕 在信息化社会，大量商业网络利用通用网络业务应用来获取用户的互联网踪迹加以分析，按照用户的不同需求为其提供共享的软硬件资源与信息，由于云计算系统运算和处理的关键在于大量的数据，其自然就产生了大量数据存储的需求，而在云计算的基础上，又产生了云储存或云空间的概念，用户大量的个人数据都存放在服务商远程网络的服务器中，用户希望其储存在云端的信息受到与其存储在自己计算机中的信息同等的法律保护。

个人数据都存放在服务商远程网络的服务器中，用户希望其储存在云端的信息受到与其存储在自己计算机中的信息同等的法律保护。因而这便成了"合理隐私期待"理论适用上的难题，原有的公众暴露理论排除合理的隐私期待之所以具有合理性，在于尽管电信公司、银行等所存储的记录可被执法机关调取，但更多的诸如信件、相片等更为私密的文件仍会储存在办公室或者家中，仍然在"不受不当搜查"的保护范围中，但在网络社会，信件、电子邮件、文字文件、购物记录、财务记录、病历等个人信息逐渐转为线上承载模式，公民个人在信息化社会的数字痕迹变得极易获取，因此，如果政府可以在当事人不知情的情况下向服务商索取这类信息，公民隐私保护状况将更加恶化。

云计算加剧了司法实践对第三人理论的质疑。在第三人理论形成之初，美国就对此种隐私保护观念产生了某种疑虑，马歇尔大法官在 *Smith v. Maryland*[1]案的反对意见中提到："隐私权非抽象物品，个人所享有的隐私权也非全有或全无的选择，个人基于日常生活需要向银行或电话公司揭露信息，但不代表其应负担该信息会因其他因素被揭露的风险，且若仅有选择不使用电话才能避免个人信息隐私权被侵害而要求个人必须承担此风险，这并不合理。"网络技术的变革凸显了第三人理论的内在缺陷，商业服务第三方可以且经常不经公民知情和同意将其所保管的公民相关记录披露给政府，而无论政府所要求的披露是否正当，甚至无论政府是否要求。更为重要的是，此种披露不会留下任何记录与痕迹，当事人无法得到任何的救济。[2]网络隐私和信息安全的保障是网络良性发展的基石。[3]越来越多的信息在社会或商业层面与他人分享，如果没有恰当的隐私保护机制，以隐私换取便利的网络社会发展势必受到制约。

四、结论

科技的巨大变革带来了刑事司法实践与隐私保护理论的巨大变革，

---

[1]　*Smith v. Maryland*, 442 U. S. 735（1979）.

[2]　肖斌团、杨会永："美国云计算技术下网络调查的隐私司法保护研究"，载《法律适用》2013年第3期。

[3]　肖斌团、杨会永："美国云计算技术下网络调查的隐私司法保护研究"，载《法律适用》2013年第3期。

如何结合域外隐私保护理论经验与我国的实际情况，形成含有大数据时代科技特征的隐私保护模式就成了需要解决的问题。

尽管隐私保护理论，尤其是刑事司法领域中的隐私理论研讨，在我国并未得到长足的发展。但可以预见，随着现代科技的发展与人们对权利的日渐重视，隐私保护理论将有其发展空间。相比英美法系所采取的主观标准的隐私保护，欧洲大陆刑事诉讼中的客观特征保护比较适合我国的司法现状。因此，我国建立刑事司法领域的隐私保护制度，可借鉴欧洲大陆的模式，通过立法或者指导性案例来明确刑事司法中何种内容属于个人隐私，继而与相关制度结合进行保护。但面对科技的发展，列举式的隐私保护容易挂一漏万，因此，在隐私理论的发展中，更要参考英美法系的合理隐私期待与相关的例外规则，为隐私保护的立法与指导性案例提供一个框架性标准，构建一套在保障人权、控制国家公权力概念指导下的隐私保护具体制度。此制度所涉宏大，在刑事司法机关权力、被追诉人权利保障、相关主体如服务提供者的配套权利义务三个方向都需发力，这里，笔者仅就隐私保护构建的框架提出几点初步建议：

第一，明确刑事司法机关在侦查中的权限范围，建立与技术侦查措施和非法证据排除规则相衔接的隐私保护机制，从侦查机关对公民信息隐私的获取、使用、保存等不同阶段对侦查机关权力进行规范。

第二，规范服务提供商的信息管理与提供行为。明确数据信息的敏感程度与权利归属，明确服务提供商对用户数据与信息的使用权限，明确服务提供商在刑事侦查中对国家侦查机关负有的配合义务，发挥法律规范在用户服务使用与服务提供商配合公权力方面的指引作用。

第三，完善公民的隐私权利保护模式，形成一套涵盖传统隐私与科技隐私、保护民事侵权与抵抗公权力侵犯的标准统一、行之有效的隐私保护体系，保障公民在依法治国的方略下有尊严地生活，在每一个案件中感受到司法的阳光正义。

论文

论规范的本质*

[奥地利] 彼得·科勒**著　李广德***译

一、规范的概念：历史与一般特征

（一）规范的概念史

当前，"规范（norm）"术语被广泛用于学术话语中，尤其是在法学、社会科学以及哲学中，也存在于日常用语中。然而，这一做法的流行并不久远。虽然"规范"这个词（一般以单数形式）的出现始于古罗马时代，后被使用在不同的语境中，但据我所知，至少就德国人而言，这一术语产生现在意义上的普遍用法仅是 18 世纪的事。它出现在德国文献中的最早渊源是 1740 年出版的《文理综合通用大词典》（*Great Comprehensive Universal Dictionary of All Sciences and Arts*），其定义"规范"为："一项指定的（prescribed）规则，或者是人人必须认真遵循、不得抵触的法律。"[1]

然而直到 19 世纪中叶，规范的概念才在学术话语——无论是法理学（jurisprudence）还是哲学中——扮演着重要的角色。而在此之前，

＊ 原文标题为 On the Nature Of Norms，载于国际法哲学期刊 *Ratio Juris* 第 27 卷（2014 年）第 2 期（Volume 27, Issue 2），第 155～175 页。

＊＊ 彼得·科勒（Peter Koller），奥地利格拉茨大学（Karl Franzens University of Graz）法律哲学、法社会学和法律信息学学院教授。

＊＊＊ 李广德，清华大学法学院博士研究生，主要研究领域为法理学、司法原理与司法制度和卫生法。

[1] Hofmann, H., and W. H. Schrader. 1984. Norm. In Historisches Woörterbuch der Philosophie. Eds. J. Ritterand K. Gruender, vol. 6: 906 - 20. Darmstadt: Wissenschaftliche Buchgesellschaft.

许多其他的术语被使用着，如"规则（rule）""法律（law）""规训（precept）""命令（command）"，尤其是"诫命（imperative）"这个词，通常被当作一个所有道德和法律指南（guidelines）的一般性术语（比如康德[1]）。"命令"之所以被广泛使用可被解释为：权威的命令（authoritative commands）为规范人类行为提供了一个简单而熟悉的模式，这一模式基于一个这样的假设：道德和法律的指导是最高权力意志的表达，或是上帝的意志表达（如普遍道德），或是君主的意志表达（如制定法）。然而，这种观点随着对命令模式的深入探究而开始丧失它的可信度（plausibility）。这一深入探究认为，命令模式无法和自动可接受的道德指南的本质相兼容，亦无法恰当地覆盖广泛的法律秩序。因此，一个更加抽象和灵活的概念亟须提出，而"规范"因为它的模糊性含义似乎就成了这一合适的术语。

规范的概念，虽其含义不断变化并且经常和命令性规则（imperatives）混用，仍自 19 世纪中叶开始在德国法学和哲学文献中变得越来越流行，并最终在 20 世纪之交变得十分普遍。一个最显著的例子就是卡尔·宾丁（Karl Binding）的著作《规范与违规》[2]（*Norms and their Infringment*），尽管作者是以一种反常的方式使用这个概念的。事实上，他认为规范不是表达对特定犯罪行为施以惩罚威胁的刑法规则，而是被隐含地假定的禁令，这些禁令一经违反便施以惩罚以示威慑。然而随后不久，其他学者如鲁道夫·冯·耶林（Rudolph von Jhering）和威廉·冯特（Wilhelm Wundt）在更大范围意义上使用"规范"这一术语以覆盖所有法律与道德的要求与禁令。[3]

1900 年前后，规范的概念已经如此常见，以至于许多学者认为它适合作为法的定义。例如，埃伦斯特·鲁道夫·比尔林（Ernst Rudolf Bierling）把法的特征概括为一个可接受的规范体系，把法理解为"期望得到别人执行的意志表达"[4]。格奥尔格·耶利内克（Georg Jellinek）是另一位把法律当作规范体系的有影响力的法律思想家。但他采用的是一种不同的方式，即与宗教、道德和风俗习惯相比，法律是一个

---

〔1〕 Kant, I. 1970. Grundlegung zur Metaphysik der Sitten. Stuttgart: Reclam（1st ed. 1785.）.

〔2〕 Binding, K. 1872. Die Normen und ihre Übertretung, vol. 1. Leipzig: Engelmann.

〔3〕 Jhering, R. 1884. Der Zweck im Recht, vol. 1. 2nd ed. Leipzig: Breitkopf & Härtel（1 st ed. 1878.）; Wundt, W. 1912. Ethik. Eine Untersuchung der Tatsachen und Gesetze des sittlichen-Lebens, 3 vols. 4th ed. Stuttgart: Enke（1st ed. 1886.）.

〔4〕 Bierling, E. R. 1894. Juristische Prinzipienlehre, vol. 1. Tübingen: Mohr.

规范个人外部行为、同时来自一个可接受的外在权威并由外部力量所执行的规范体系。[1]甚至是以强烈反对占主流地位的国家中心论（state - centred）来理解法律的欧根·欧立希（Eugen Ehrlich），他描述作为规范体系（normative system）的法律秩序由三层次组成：第一层次是"行动规范"（Handlungsnormen），产生于各种各样的社会事实；第二层次是"决策规范"（Entscheidungsnormen），来自特定个案的司法裁判；第三层次是"干预规范"（Eingriffsnormen），通过它国家得以控制社会生活。[2]

与此同时，"规范"这一术语在社会科学中亦变得流行起来，尤其是在社会学和人类学中。在 20 世纪之初，这两者已发展成为独立的学科。在这些学科中，该术语主要被用来表达社会交往的约定规则，而这之前一般使用"实在道德（positive morality）""道德（morals）""习惯（custom）"。[3]在我看来，尽管开始的时候，实践哲学和伦理学对采用规范这个概念较为犹豫，但现在在这些领域却十分常见。

规范这个概念在法学话语（legal discourse）中，至少在德语国家中得以传播的一个决定性因素，毋庸置疑是受汉斯·凯尔森（Hans Kelsen）的巨大影响，他认为规范是法律思维的基础。在他看来，规范这个概念不仅对于人类行为的各类标准（尤其是法律和道德规则）是一个适配的一般性术语（generic term）；还是一种适用于"应然（ought）"这一自治领域（autonomous realm）的基本思维。他认为"应然"应该严格区别于事实领域，即"实然（is）"。尽管后者这种观点并未受到广泛认同，甚至招致尖锐的批评，但这刺激了对规范概念的持续讨论，反过来又促进了它的声名远播与广泛使用。[4]

接下来，我试图论述规范的本质问题，更确切地讲是规范的建构（conceived）问题，这旨在理解存在于各种规范性秩序（normative orders）内，尤其是出现在法律和传统道德语境中的规范对于人类行为的指导作用。在此目标的指引下，我将按照如下进程进行：首先，我将概述我所集中关注的实际存在的规范所具有的一些基本特征，并明确对这

---

[1] Jellinek, G. 1976. *Allgemeine Staatslehre*, Reprint of the 3rd ed. (1913), KronbergamTaunus: Athenaeum (1st ed. 1900.).

[2] Ehrlich, E. 1913. *Grundlegung der Soziologie des Rechts*, Berlin: Duncker & Humblot

[3] 参见 Lautmann, R. 1971. *Wert und Norm*, Begriffsanalysen für die Soziologie. 2nd ed. Opladen: Westdeutscher (1st ed. 1969.).

[4] 参见 Somló, F. 1927. *Juristische Grundlehre*, 2nd ed., Leipzig: Meiner (1st ed. 1917.).

些规范的恰当定义所应满足的基本要求；其次，我将讨论到凯尔森的规范思想，并发现他的思想中的重大缺陷；最后再审视赫尔伯特·哈特（Herbert Hart）的规范概念，并结合我自身的立场进行总结。

（二）社会规范的一般特征

今天被广泛使用的"规范"这一术语，涵盖许多种实体（entities），但他们之间只有一个共同点：即规范在某种程度上为特定人必须为（ought to behave）、应当为（should behave）、可以为（may behave）提供行为指导。这些指导不仅包括有约束力的有效社会规则和秩序，如具有强制力支持的法律规则和靠社会约束力形成的习惯规则（conventional rules），还包括各种各样社会交往中的效力较弱的指令（directives），如游戏规则、礼仪标准、有关谨慎和效率的建议，甚至非常私密的个人决定，如个人道德准则、对美好生活的概念以及政治信仰。考虑到在本文语境下去探讨"规范"的所有这些客体既无可能也无必要，因此，那些随意的、个别的指引，我将不予考虑，而仅仅聚焦于社会规范，这些社会规范实际存在于现实社会中，因为他们被认为在特定的集体范围内，无论在一个社会群体、一个社会圈、一个文化圈，还是整个人类范围内都有效。这些规范，我把它称之为"实在的社会规范（actual social norms）"，主要包括两类：一类是实证法律秩序（positive legal orders），另一类是有效社会契约（binding social conventions）规范，尤其是传统道德（conventional morality）规范。

总体上来说，实在的社会规范包含两大特征，这两者在他们各自的概念分析中难以协调：一方面，他们是真实实体（real entities），存在于现实社会中，必须以某种经验事实或者过程来证明自己；另一方面，他们又是理想实体（ideal entities），有着表达规范之目的或要求的命题内容。[1]我首先探讨规范的第二个特征——理想实体，即规范的命题层面（propositional dimension）。

即使实在的规范不总以语言的形式出现，但它原则上必须可以用语言的形式来表达，并且能够通过规范的（prescriptive）或者表达规范的

---

[1] 参见 Ross, A. 1968. *Directives and Norms*, London: Routledge & Kegan Paul, 第 68 页；Weinberger, O. 1986. The Norm as Thought and as Reality. In N. MacCormick and O. Weinberger, An Institutional Theory of Law. New Approaches to Legal Positivism, 31–48. Dordrecht: Reidel (1st ed. In German 1970.).

句子（norm-expressive sentence）表示。这些表达规范的语句不同于陈述事实的描述性语句，这主要表现在两个方面：①在逻辑结构上，他们通常包含规范性质的措词（operator）（如应该、禁止、可以，要求、禁止、允许，有义务、许可）；②在认识论上，不能根据与所指的事实是否符合而认为规范是否正确，而是根据特定的条件（后面讨论）来确定规范有效或者无效。尽管表达规范的语句与规范不是同一回事，但以表达规范的语句来作为规范的措词，尤其是当我们对规范的逻辑——语义性质感兴趣时，规范的语义学表达（linguistic expressions）就显得既适用又无损。在这一点上，我应该指出，社会规范和它们通过表达规范的语句来表述的合理的语义展示，可能也是描述性规范语句（norm-descriptive sentence）的客体，因为在描述性规范语句中，规范即被认为是社会事实。[1]

由于规范是以真实实体而存在的，所以我们常说，当规范有效的时候，他们才实际存在。即使这种说法完全说得通，同时，除非有效性（validity）这个模糊的概念能够得到更合适的诠释，否则它仍然是不明确的。关于有效性，有两种截然不同的解读：①就规范的实在性（actuality）而言，当规范在某一特定社会背景下确实产生作用时，视为有效；②就规范的合法性（legitimacy）而言，当规范按照公认的道德标准（如共同利益和效率）被认为是合理或合法的，视为有效。这两种解读都存在许多问题，在概念上互相脱离：一是认为规范即使不合法也能产生作用；二是认为规范即使没有产生作用也能合法。然而，这并不意味着在规范的实在性和合法性之间不存在偶然的相互依赖性。在本文中，我主要是对关于有效性的第一种解读（即规范的实在性）感兴趣。所以，我们什么时候才可以说规范是实实在在存在于或是作用于现实社会的呢？

很明显，该问题得不出一个容易和简单的答案，因为规范的实在性所需的条件不仅随其制度环境（systemic environment）变化而变化，而且具有很大的争议性。然而法律规范的实际有效性主要依靠其在一套广泛的规范性秩序（comprehensive normative order）下正式的创制、适用

---

〔1〕 参见 von Wright, G. H. 1963. *Norm and Action：A Logical Enquiry*, London：Routledge &Kegan Paul；Ross, A. 1968. Directives and Norms. London：Routledge & Kegan Paul，第 34 页；Weinberger, O. 1991. Law, Institution and Legal Politics：Fundamental Problems of Legal Theory and Social Philosophy. Dordrecht：Kluwer. 第 70 页。

和执行，而譬如道德和风俗习惯等约定规范的实际存在，依赖于非正式的社会实践，这些社会实践建立在被广泛认同的价值原则和价值观上。尽管情况复杂，但我认为仍可列举出规范必须符合的两个最低条件，以此证明它们的实际有效性或存在：①它们必须具备最低效力（minimal efficacy），这是鉴于它们必须对其大多数创制者和受众的实践态度和实践活动产生实际影响（real impact），而不仅仅是个人欲念和希望的表达；②它们必须达到最低认可度（minimal acceptance），这是考虑到它们必须被其大多数创制者和受众理解成有约束力的行动指导（binding guidelines），而不是仅造成偶然影响的无理事实。[1]诚然，这些条件既粗糙又模糊，但也让我们进一步理解了我们正在讨论的规范的一些重要特征。

在考虑了实在的社会规范——包括法律规范和约定规范——的基础上，我将提出这些规范的恰当概念应符合的两个基本要求，即实在性（actuality）要求和规范性（normativity）要求，旨在做进一步深远和细致的分析。相应地，社会规范的准确概念应该提供：①对规范的实际存在的合理解释，这是通过明确其经验性条件得出的，这些条件使规范在现实社会中形成、生效和失效（实在性要求）；②对规范的规范性效力的合理解释，这需要阐明对创制者和受众而言的规范的约束力性质的渊源、延伸范围以及有限性（规范性要求）。

在我看来，这两个要求为社会规范的概念分析提供了一个饱满的框架，能够更好地理解规范的实际存在及其在社会生活中所起的真实实体的作用。但它们仍不足以论述规范概念本身，这需要更高要求的能力来论证一套合法的或合理的社会秩序的规范。即使有人可能认为以上提及的条件，即规范的实际存在需要规范的最低认可度，是以规范创制者和受众心中规范的最低合法性为前提的，但规范的实际存在和最低合法性仍有显著的不同。否则，我们再去仔细探究社会规范，以其合理性、合法性和可接受性得出其实际有效性结论的做法就显得荒唐了。

为实在规范的恰当概念而提出的要求，缩小了我接下来要重点探讨的领域，因为这些要求从一开始就排除了两种方法：一方面，所有法律道德主义（legal moralism）或自然法理论的极端变体（variants），因其

---

〔1〕　参见 Ross, A. 1968. *Directives and Norms*, London：Routledge & Kegan Paul，第 82 页。

与理想道德的一致性或兼容性而束缚了法律规范的有效性[1]，违背了实在性要求；另一方面，所有激进形式的法律和道德现实主义（moral realism），因其试图将实在的社会规范降为纯粹事实（mere facts），尤其指人类的实际行为[2]，这也不符合规范性要求。然而，大多数重要的法律理论，不管其属于实证主义派还是道德派，在某种程度上都反映出它们的缔造者尽其努力满足这两个要求。无论如何，凯尔森、哈特、拉兹、德沃金、阿列克西、哈贝马斯的理论似乎就是这样的。接下来，我将更详细地探究凯尔森的规范概念。

二、凯尔森的规范观：批判性讨论

规范概念在凯尔森倾其一生学术生涯的法律理论"纯粹法学"中起着基础性作用，从他的早期著作《公法理论中的主要问题》（*Hauptprobleme der Staatsrechtslehre*，第一版出版于 1911 年，参见 Kelson，1984[3]）持续到逝世后才出版的《规范的一般理论》（*Allgemeine Theorie der Normen*，1979）。尽管他的思想在基本原理上保持大致相同，但在具体的细节上经历了一些显著的变化。[4]接着，我将依据凯尔森思想的中期阶段的观点，即斯坦利·鲍尔森（Stanley Paulson）周期化（periodisation）中的"经典阶段"（Classical Phase）。这些思想出现在凯尔森最有名的著作中，如拥有两个不同版本的《纯粹法学》（*Reine Rechtslehre*，1934 和 1960）和英语版的学术专著《法与国家的一般理论》（*General Theory of Law and State*，1945）。此外，我将专注于凯尔森的规范概念，暂且搁置他对因果性（causality）和规范性（normativity）的差异、实然与应然之间的差距以及法学方法论（methodology of legal science）所进行的相关哲学思考。[5]

---

[1] 例如 Beyleveld, D. , and R. Brownsword. 1994. *Law as a Moral Judgment*. 2nd ed. Sheffield: Sheffield Academic Press（1st ed. 1986.）.

[2] 主要有 Ross, A. 1958. *On Law and Justice*. London: Stevens; Olivecrona, K. 1971. *Law as Fact*. London: Stevens（1st ed. 1939.）.

[3] Kelsen, H. 1984. Hauptprobleme der Staatsrechtslehre. Reprint of the 2nd ed. (1923). Aalen: Scientia（1st ed. 1911.）.

[4] 参见 Paulson, S. L. 1998. Introduction. In Paulson and Litschewski Paulson 1998, xxii-liii.

[5] 参见 Paulson, S. L. , and B. Litschewski Paulson, eds. 1998. *Normativity and Norms: Critical Perspectives on Kelsenian Themes*. Oxford: Clarendon, 第三部分和第四部分。

（一）规范的意义和结构

凯尔森首先假设每种规范，不论是法律的、道德的，还是其他的规范，表达的意思是某些事应该（ought to）发生，尤指个人或群体应该以特定的方式作为，故根据受众（addressees）或被要求、或被允许、或被授权而以该方式为一定行为，从广义出发，都应该用术语"应然（ought）"来表达。此外，他假设规范中固有的意义通过某一特定人类行为表达，这也就是说，这一意志行为明显受他人行为引导，以便他人都以各自形式按要求、被允许或授权来行动。[1]然而，这种意志行为如果仅表明创制者的主观意图，即希望他人应该或可以以某一特定形式行为，那么即使它用武力震慑违反规范的情形，也不可能成功创造一种有效的或有约束力的规范。相反，为实现有效的规范，意志行为必须表达各自"应然"的客观意义，即规范的受众不仅是实施行为的个人，而且还在毫无相关的第三方看来被认为按要求、允许或授权以特定形式行为，甚至当表达应然的意志行为已不再发生。这样一来，应然的客观意义通过意志行为的初始发生而与意志行为保持独立，于是缔造出对受众具有约束力的有效规范。[2]

甚至连凯尔森的规范方法的第一步也是饱受争议的。尤其是在他的观点中提到，规范必须得有一个不对称的结构，意思是规范的创制者和受众必须是不同的人。此观点不仅排除了表明个人自主服从自己的个人道德标准，也与传统社会规范的特征不相容，而大多数人将传统社会规范作为共同行为（包括自身行为）的具有约束力的指导。此外，它甚至难以适应现代法律制度，现代法律制度中的规则也是能适用于司法当局（legal authorities）的。至少，凯尔森的意志行为说是有误导性的，因为它提出了错误的观点，认为规范总是出自独立的个人用以表达应然的意义，从而忽略了规范也可建立在其创制者和受众对他们社会生活的规范的可接受的态度（enduring attitude）上。最后，凯尔森的规范的

---

[1]　参见 Kelsen, H. 1945. *General Theory of Law and State*. Trans. A. Wedberg. New York: Russell & Russell，第 36 页；Kelsen, H. 1960. *Reine Rechtslehre*. 2nd ed. Vienna: Deuticke，第 4 页。

[2]　Kelsen, H. 1992. *Introduction to the Problems of Legal Theory: A Translation of the First Edition of the Reine Rechtslehre or Pure Theory of Law*. Trans. B. LitschewskiPaulson and S. Paulson. Oxford: Clarendon，第 10 页；Kelsen, H. 1960. *Reine Rechtslehre*. 2nd ed. Vienna: Deuticke，第 7 页

"客观意义"（objective meaning）这个概念十分难以捉摸。一方面，如果有效的规范为了对其受众（然而，也同时包括作者本人）产生约束力而必须在主体间性意义（intersubjective meaning）上分配（shared），在这个意义上来理解，客观意义这个概念完全是可以信服的。但另一方面，不可理解的是，凯尔森使规范具有客观性，而这一客观性完全与规范的创制者和受众一贯实际的意志和态度相分离和独立，以至于凯尔森被迫淡化这站不住脚的客观性，转向暗示法律规范的范围和局限。当有人试图将凯尔森的客观性意义与他的进一步主张联系起来时，他的客观性意义的见解变得更具有迷惑性，而他进一步主张法律规范的客观意义和有效性既不假定许以实质价值观和原则，也不暗示这些规范对受众有道德意义的或其他实质意义的约束力。

总之，接下来我将忽略这些问题，转向凯尔森对实证法律规范和约定规范（尤指那些传统道德）的理解。事实上，凯尔森对两者的区别提出了两个完全不同的标准，这也契合了他对两个相异的法学概念的划分，或者更准确地说来，是人们可以此看待法律秩序的两种观点：静态（static）观点和动态（dynamic）观点。静态观点只聚焦于特定时期法律秩序内的有效规范，结果是这种秩序被构建成处于某一静止中。而动态观点涉及法的创制和适用的持续阶段，因此法律秩序被理解为运动的法律行为制度。然而凯尔森论证道，法的动态概念只是次要的，因为它"回答不了法的本质是什么，以及法用以区分于其他社会规范的标准是什么的问题"。这种动态概念仅能回答某一特定规范是否属于一套有效法律规范制度，以及这一规范为何形成了一特定法律秩序的一部分。[1]我认为这个论点彻底跑了题，因为这既不能证明静态观点的首要性，也与凯尔森动态系统中法的概念不相容，这在随后还将提到。

在凯尔森静态的法律概念的语境中，他倡导的观点是：每种实在法律制度整体上是一种强制秩序，而其特殊的一般规范将正好被理解为制裁性规则，即一种有条件的规则，意思是如果一特定事实发生（条件），一些指定的行为者被要求或获权去实施某一特定的强制行为（结果）。因此，附属在特定条件下的重构的法律规范中的结果是以下情形的强制行动——包括刑罚以及民事和行政强制手段的使用——只有有条

---

〔1〕 Kelsen, H. 1945. *General Theory of Law and State*. Trans. A. Wedberg. New York: Russell & Russell, 第 122 页; Kelsen, H. 1960. *Reine Rechtslehre*. 2nd ed. Vienna: Deuticke, 第 72 页。

件的重大事实才被认定为非法的行为后果。某一行为之所以被视为非法——即不法行为（从该词的最广义理解）——就是（……）因为该行为在重构的法律规范中被设定为导致具体后果的条件，就是因实在的法律制度会对该行为回应以强制行动。[1]

相较之下，正如凯尔森所说，传统道德是指"社会秩序不包含这些制裁；这些制裁只包括在对合规的赞同和越规的不赞同中，而没有体力的使用"。[2]

有很多论据说明凯尔森法律规则的制裁模型（sanction model）大错特错。因为我不想对这一模型做延伸性讨论，我将就此做个简单总结，提出可用于反对该模型的主要客体：①这个模型使我们不明白为阻止个人触犯某一罪行的刑罚威慑和不受欢迎的法律后果的处置措施之间的区别，这些处置措施中包括支付收入税，并不旨在激励人们避免有条件的事态，如赚取收入。②这个模型不太符合一些重要的法律秩序类型，尤其是一些授权规则，使得它们的重构变得非常困难和复杂，甚至不可能。③它完全不能理解宪法规则，赋予有法律效力的法律秩序以最高权威，通过强制方式几乎难以实施，如议会的强力。④这样的制裁方式不能解释基本的法律规则，不能确保人们维持法律关系，制定法规一旦不存在，则法律关系亦不复存在，如婚姻法和公司法。[3]

即使凯尔森对传统道德的叙述远非错误，但也不是正确无瑕。有约束力的传统道德规则通常受社会压力而非有组织的法律强力（legal force）变得有效，这是正确无疑的。但他们绝不使用任何外在武力（physical force）的观点显然不正确。在无政府社会，因其处于法律秩序的原始阶段，主要受传统社会规范的约束作用，也因此人们常常使用

---

〔1〕 Kelsen, H. 1992. *Introduction to the Problems of Legal Theory*：*A Translation of the First Edition of the Reine Rechtslehre or Pure Theory of Law*. Trans. B. LitschewskiPaulson and S. Paulson. Oxford：Clarendon，第 26 页；亦参见：Kelsen, H. 1945. *General Theory of Law and State*. Trans. A. Wedberg. New York：Russell & Russell，第 59 页；Kelsen, H. 1960. *Reine Rechtslehre*. 2nd ed. Vienna：Deuticke，第 64 页。

〔2〕 Kelsen, H. 1960. *Reine Rechtslehre*. 2nd ed. Vienna：Deuticke，第 64 页。

〔3〕 参见 Hart, H. L. A. 1994. *The Concept of Law*. 2nd ed. Oxford：Oxford University Press. (1st ed. 1961.)，第 35 页；Hart, H. L. A. 1994. *The Concept of Law*. 2nd ed. Oxford：Oxford University Press. (1st ed. 1961.)，第 295 页；Weinberger, O. 1973. Introduction：Hans Kelsen as Philosopher. In H. Kelsen, *Essaysin Legal and Moral Philosophy*. Ed. O. Weinberger, ix-xxviii. Dordrech，第 xviii 页；Harris, J. W. 1980. *Legal Philosophies*. London：Butterworths，第 63 页。

强制和暴力的自救方式以达到复仇或获得补偿的目的。即使在现代社会，法律秩序一般禁止使用私人武力（physical force）（正当防卫除外），人们认为，用道德意义上有权利而以武力方式对抗传统道德规则的严重违法情形，有时要以接受法律处罚为代价。

因此，凯尔森静态的法律概念中的法律和道德规范的研究方法彻底失败了，因为该方法假定了规范的有效性但却没能解释为何这些规范实际存在和具有规范性效力。我认为它之所以不可避免地被判定为失败，在于凯尔森静态和动态的法律观点的分离具有误导性，而这两个观点实则不可分割、相互交织。[1]事实上，这一分离与他的法律规则中的制裁模型也是矛盾的，因为这些规则要通过组织力量来施行，还需要正式的法律创制和法律适用程序，这些被视为他动态法律观中的客体。凯尔森规范概念中在开始的部分就出现不连贯的情况，当我们转向他的动态法律观点时，他认为在法律规范和其他社会规范间的区别没有标准。然而，他的法律动态论分析表明，相反面才是正确的，因为它提出了一个比静态观点明显更有内涵的标准。所以，让我们来看凯尔森的动态概念。

（二）规范体系（Normative Systems）的动态概念

凯尔森划分出两种不同类型的规范体系：静态体系和动态体系。他说静态体系的规范是有效的：

> 通过静态体系规范的内容：静态体系规范的内容有着显而易见的品质，就是这种品质保证它们的有效性，或者说：规范之所以有效，是因为它们固有的吸引力。规范的这种特性是从一种具体的基本规范推导而来的，而这一特点的规范又来自一般的规范。一般规范的约束力是不证自明的，或者至少被假设成原本如此。这样的规范有"你不能说谎""你不能行骗""你应该信守承诺"，遵循一般规范中规定的真诚品质。从"你应该爱你的邻居"这一规范，人们可演绎出"你不能伤害你的邻居"，"在你的邻居有需要的时候，你应该帮助他"，等等。[2]

相对而言，动态的规范体系：

---

[1] 参见 Raz, J. 1979. *The Authority of Law: Essays on Law and Morality*. Oxford: Clarendon，第 122 页。

[2] Kelsen, H. 1945. *General Theory of Law and State*. Trans. A. Wedberg. New York: Russell & Russell，第 112 页。

不能通过任何智力活动从基本规范中获取。基本规范仅建立了一特定权威，这反过来也把创制规范的权力授予给其他权威。动态的制度规范不得不通过人们的意志行为被创制，这些人也是被高级的规范授权的。这种授权就是一种委托（delegation）。创制规范的权力从一个权威委托到另一个权威，前者是高级的权威，后者是次级的权威。动态的体系下的基本规范是一种基础规则（fundamental rule），根据这一基础规则创制出动态体系规范。规范构成动态制度的一部分，如果这一规范已被创制，它应是由基本规范决定的。[1]

动态制度中最重要的一个例子是法律，而传统道德则是静态制度中的典型例子。[2]

大体上，我认为规范的静态制度和动态制度的区别是至关重要和富于启发性的。而且我也发现凯尔森对动态体系的分析大致是合理的，尽管我并不认同他随后的关于基本规范（basic norm）的观点，这一点我随后还将讨论到。然而他对静态制度的定性，对我而言，非常不具说服力。因为情况肯定不是他说的那样：传统的社会规范（如传统道德、当地的风俗习惯或礼仪）以最高的规范体系形式出现，而这一最高规范通过一种演绎法衍生出所有的其他规范。例如，传统习俗规范，像文明有礼、举止得体、相互尊重等，只是一套松散的规则，在特定人群内被广泛认可和遵循，而没有形成一种演绎的秩序（deductive order）。一般而言，传统道德规范也大致是这种情形，即使它可能包括一些更抽象的道德原则，如黄金法则（the Golden Rule），指导人们对特殊情形的道德考量，即使道德哲学家做了很多尝试，希望找到最高道德原则，从而所有的其他道德准则都能从中衍生出来，只是至今没有成功。因此，静态制度必须通过另一方式定义，以便涵盖各种不同的约定规范，包括约定规范。总之，我认为，所有这些规范有一个共同点：它们以非正式的形式被某特定社会总体广泛接纳，通过总体中各成员对他人行为作出自发的反应，实现有效性。传统道德规范得以区分于其他规范，是通过它们

---

〔1〕 Kelsen, H. 1945. *General Theory of Law and State*. Trans. A. Wedberg. New York：Russell & Russell，第 113 页。

〔2〕 参见 Kelsen, H. 1992. *Introduction to the Problems of Legal Theory：A Translation of the First Edition of the Reine Rechtslehre or Pure Theory of Law*. Trans. B. LitschewskiPaulson and S. Paulson. Oxford：Clarendon. 第 56 页；Kelsen, H. 1960. *Reine Rechtslehre*. 2nd ed. Vienna：Deuticke，第 198 页。

要求一般的有效性和优越性，从某种意义上说是：个人接受了它们，并认为它们对每个人都具有约束力，而且优先于其他的人类行为标准。于是，凯尔森静态型的规范秩序中的基本规范没有意义可言。那么动态系统呢？

如果凯尔森将法律作为一种动态制度的分析大致是正确的，那么我相信这种说法看上去是可信的，即法律秩序的有效性依靠于一种基本规范（basic norm），而这种基本规范是以一种最高的授权规则（power-conferring）或这样一套连贯规则的形式而存在的，所以其他规范的效力能沿着它们被创制的链条追溯到这样的最高授权规则（然而，这并不意味着法律秩序的效力只建立在它的最高授权规则上，因此，并不需要任何实质的规范性原则）。例如，凯尔森说：

有人也许会问为何某一特定强制行为是合法行为，因而也就属于某一特定法律制度呢？监禁这一强制行为即某人借此夺走另一人的自由。答案是这一行为是由特定的个别规范规定的，即司法判决。假设有人进一步问道：为什么这个别规范是有效的？答案是个别规范是通过刑法典提出来的。并且如果还有人问刑法典效力的基础是什么，就得出了国家宪法的答案，根据宪法条款，刑法典是经过宪法性规定程序由主管当局制定的。

到目前还好，现在谈论凯尔森的决定性步骤：

如果有人接着问宪法效力的基础……就需要谈到较早期的宪法，最终谈到第一部宪法，从历史上来说，第一部宪法被某个篡位者或某个委员会制定，也不妨说是组装。规范的有效性内容取决于第一部宪法的筹建者表达的意志的内容——这是在认知上，法律制度依据这部宪法的基本前提。强制行为在特定条件下和以特定方式被使用，由第一部宪法的筹建者或由被授予合适权力的当局者所决定——一套法律制度中的基本规范的方案制定就是这样的。[1]

因此，在凯尔森看来，基本规范不是考虑中的法律制度的一种实在

〔1〕 Kelsen, H. 1992. *Introduction to the Problems of Legal Theory: A Translation of the First Edition of the Reine Rechtslehre or Pure Theory of Law.* Trans. B. Litschewski Paulson and S. Paulson. Oxford: Clarendon, 第 57 页；参见 Kelsen, H. 1945. *General Theory of Law and State.* Trans. A. Wedberg. New York: Russell & Russell, 第 115 页；Kelsen, H. 1960. *Reine Rechtslehre.* 2nd ed. Vienna: Deuticke, 第 196 页。

规范，而仅仅是一个假设的前提（hypothetical presupposition），意思是该体系中的宪法，尤其是它相关的授权性规则，应该被遵循。因此，对该体系的主体而言有规范性效力。他认为，该前提就是法律制度的规范性渊源，即有效性的来由。[1]然而，因为这种基本规范的思想明显无法解释实在的法律制度的实际存在，凯尔森便认为这一基本规范只可适用于实在的且实际有效的制度："整套法律秩序的效力是单个的秩序规范有效性的必要条件。是必要条件而非充分条件（A condition sine qua non, but not a condition per quam）。全部法律秩序的效力是条件，不是它的构成规范的有效性的来由。"[2]因此，对凯尔森来说，一套法律秩序如果被视为有效，只有"当它的规范大致上是有效的，即实际上被遵循和运用时"。[3]

初看之下，凯尔森关于法的有效性观点似乎称赞了规范概念的两个要求，实在性和规范性要求，但我发现他的观点非常怪诞和难以置信。[4]首先，如果基本规范被设计成唯一想象的假设，完全缺乏任何实质或道德的或可明辨的内容，我便看不到它是如何去解释法律的规范性效力的。其次，一旦规范性制度与这样无意义的基本规范相结合，其效力便不足以使我们区分法律秩序和出自掠夺性政权（predatory regime）的指令，前者的规范对它的受众是有约束力的，而后者虽通过有组织的方式被实施，但只被它的主体认为具有约束力。为了解决这个难题，凯尔森论述道：就没有持久效力的制度而言，基本规范在假设的前提之外，推定掠夺性政权将不能长久存在。[5]然而，这个回答不仅非常含

〔1〕 Kelsen, H. 1992. *Introduction to the Problems of Legal Theory: A Translation of the First Edition of the Reine Rechtslehre or Pure Theory of Law.* Trans. B. Litschewski Paulson and S. Paulson. Oxford: Clarendon, 第 57 页；参见 Kelsen, H. 1945. *General Theory of Law and State.* Trans. A. Wedberg. New York: Russell & Russell, 第 115 页；Kelsen, H. 1960. *Reine Rechtslehre.* 2nd ed. Vienna: Deuticke, 第 196 页。

〔2〕 Kelsen, H. 1945. *General Theory of Law and State.* Trans. A. Wedberg. New York: Russell & Russell, 第 119 页；参见 Kelsen, H. 1960. *Reine Rechtslehre.* 2nd ed. Vienna: Deuticke, 第 215 页。

〔3〕 Kelsen, H. 1945. *General Theory of Law and State.* Trans. A. Wedberg. New York: Russell & Russell, 第 119 页；参见 Kelsen, H. 1960. *Reine Rechtslehre.* 2nd ed. Vienna: Deuticke, 第 215 页。

〔4〕 参见 Stone, J. 1964. *Legal Systems and Lawyers' Reasonings.* London: Stevens & Sons, 第 123 页；Harris, J. W. 1980. *Legal Philosophies.* London: Butterworths, 第 67 页。

〔5〕 参见 Stone, J. 1964. *Legal Systems and Lawyers' Reasonings.* London: Stevens & Sons, 第 123 页；Harris, J. W. 1980. *Legal Philosophies.* London: Butterworths, 第 67 页。

糊，而且从经验主义出发颇具争议性。

我怀疑凯尔森高度不自然的法的有效性概念及其中所有谜题与他整体思想所依据的一个基本假设有关：这个假设是，因为实然和应然间不可逾越的鸿沟，一条有效规范只有参照另一条规范才是正当的或被肯定的。但这个假设是错。许多人认为有约束力的规范也是如此，不是因为这些规范基于或从其他规范衍生而来，而仅是因为它们被这些人承认是有约束力的。所以，他规范的认可性是对那些接受规范本身是其规范性效力的充分理由的人们而言的。[1]如果有人在社会规范概念中洞察了这点，那么他便可得出更多合理的结论，就像哈特的理论所展示的那样。这导致我在本文的总结部分中不得不略述哈特提出的概念和问题，最后概括出我觉得合理的社会规范概念。

三、凯尔森之后：哈特的规范概念及超越

（一）哈特的观点和它的缺陷

哈特的社会规范概念在他的著作《法律的概念》中论述得最为详细，广泛地反映了凯尔森理论的影响。实际上，凯尔森的理论也是哈特最重要的参照物和批判目标。在这里没必要也不可能详细解释这个概念，因此我将有限地揭示哈特的命题，就我看来，这些命题就是与凯尔森思想相比最重要的成就。

第一，哈特提出社会规则的一般模型（general model），比将社会规则固定于个别意志行为更好地解释了社会规则的实际存在和运行。根据这个模型，它以"实践规范理论"而闻名[2]，社会规则有三个突出特征：①"规则的偏差一般被视为失误或过错，是接受批判的，受威胁的偏差会遭遇一致性要求的压力"；②"人们普遍认为准则的偏差为他们提供了一个好理由"来进行批判，因此，这些批判才被视为合法的或正当的；③"除了和社会习惯一样拥有外在的一个方面，社会规则还有

〔1〕　参见 Ross, A. 1968. *Directives and Norms*. London: Routledge & Kegan Paul，第61页。

〔2〕　Raz, J. 1990. *Practical Reason and Norms*. 2nd ed. Princeton, NJ: Princeton University Press. (1st ed. 1975.)，第50页；Hart, H. L. A. 1994. *The Concept of Law*. 2nd ed. Oxford: Oxford University Press (1st ed. 1961.)，第254页。

'内在的'一个方面"〔1〕，这个模型不仅避免了如何将规范性意志行为的主观意义转化成客观意义这个具有误导性的难题，也暗示了社会规范的一个重要元素，即内在方面。这使我进入下个命题。

第二，哈特提出了规则的两个方面的巨大区别：外在方面和内在方面。外在方面是指某些人认为他们自己"只是社会规则的观察员，但并不接受它们"。然而规则的内在方面是"接受和使用规则作为行动指南的群体"成员的理解。〔2〕相应地，从外在方面来看，社会规则被观察员仅当作单纯的经验为主的事实，这些事实通过对其他人特定的管制来彰显自身的存在，然而就是这些其他人接受并使用了这些规则，因此反倒从内在层面理解了这些规则。相比之下，从内在方面来看，实在的社会规范不仅是经验事实，而且是规范性准则，因为它们的参与者的认同和使用。因此，有人也许会谈到观察员看社会规范的视角是与参与者的视角相反的，正如我所想。凯尔森思想中没有出现这个显著区别，但当我们审视基于特定人群整体的广泛接受和运用的约定规范，这一区别的重要性立即变得明显起来。这些人中的大多数以参与者的视角将规范看作社会交往的约束性指南，并且迫于对他人行为的自发反应所产生的非正式社会压力，使得这些规范变得有效。但是，这不意味着他们总会遵循这些规范。如果有人以观察员的视角看待这种社会实践，它的规范就会作为经验事实出现，并可参照参与者的规范性承诺而通过折中的方式进行描述和解释，无需诉求于自己的规范性信念。就法律秩序而言，情况要复杂得多，但正如哈特所展示的，两种视角的区别可用来揭示它们的有效性和作用的条件。

第三，哈特解释法律规范比凯尔森的制裁模型更加符合法律结构，只需区分两类规则：首要规则和次要规则，或者，我更想说成，行为规则（rules of conduct）和授权规则（power-conferring rules）。这个解释有其优势，因为它可以丝毫不逊地避免制裁模型的错综复杂，即使哈特对这些规则的不同定义造成一些细微的迷惑，这个我暂且不多说。〔3〕

---

〔1〕　Raz, J. 1990. *Practical Reason and Norms*. 2nd ed. Princeton, NJ: Princeton University Press（1st ed. 1975.），第 50 页；Hart, H. L. A. 1994. *The Concept of Law*. 2nd ed. Oxford: Oxford University Press（1st ed. 1961.），第 254 页。

〔2〕　Hart, H. L. A. 1994. *The Concept of Law*. 2nd ed. Oxford: Oxford University Press（1st ed. 1961.），第 86 页。

〔3〕　Hart, H. L. A. 1994. *The Concept of Law*. 2nd ed. Oxford: Oxford University Press（1st ed. 1961.），第 77 页；参见 MacCormick, N. 1981. H. L. A. Hart. London: Arnold，第 92 页。

第四，一方面，简单的社会规章制度只能与受社会压力支持的传统行为规则一同起作用；另一方面，在法律秩序上，把行为规则和授权性规则相结合，正是哈特为两者间的不同提供了清晰的解释。授权性规则中尤为重要的是权限规则（competence rules），它们赋予一些人以适当权力，通过规范的创造和撤销来更改法律秩序，建立公共权威，也通过有约束力的决定解决个人纠纷，并运用强制手段执行法律职责。即使这个解释部分地借鉴了凯尔森的静态制度和动态制度的区分，但它考虑得更为深入，因为它也解释了为什么较大社会在发展的特定阶段不仅需要法律秩序，还需要传统的社会规范。[1]

基于这些区别及运用凯尔森的法律动态论理论中的一些原理，哈特发展出一个相当精致的法律秩序概念。像凯尔森一样，哈特把它作为等级体系（hierarchical system）进行重构，这套制度通过授权性规则和位于顶端的最高性规则的链条紧密结合在一起。因为最高规则为属于个别秩序的法律规范的鉴定提供最终标准，哈特把这最高规则称为"确认规则"（rule of recognition），最高规则与凯尔森的宪法条款相同，所有其他的制度规范的有效性均可追溯到宪法条款。在一套确实有效的社会秩序下，这种规则实际地引领着官员和民众的日常行为，它不仅是从外在视角能观察到的社会事实，也是整套秩序有效性的渊源，这种有效性即对参与者的约束力，参与者对它的基本体系建构持肯定态度。因此，没有必要再谈假定预设的基本规范。[2]最后，哈特刻画出"法律体系最少需要两个必要且丰富的条件。一方面，那些根据该制度的最终效力标准被认为有效的行为规则必须得到普遍遵循。另一方面，明确法律有效性标准的确认规则和调整规则及审判规则必须被它的官员们切实当作他们通用的公共行为准则"。[3]

总之，哈特的理论似乎满足了社会规范概念的两个要求，即实在性和规范性要求，或者说，无论如何都比凯尔森的理论要好得多。尽管有这些优点，但哈特的理论仍引发了一些怀疑。[4]举例来说，约瑟夫·拉

---

〔1〕 Hart, H. L. A. 1994. *The Concept of Law*. 2nd ed. Oxford：Oxford University Press（1st ed. 1961.），第77页；参见 MacCormick, N. 1981. H. L. A. Hart. London：Arnold，第92页。

〔2〕 Hart, H. L. A. 1994. *The Concept of Law*. 2nd ed. Oxford：Oxford University Press（1st ed. 1961.），第107页。

〔3〕 Hart, H. L. A. 1994. *The Concept of Law*. 2nd ed. Oxford：Oxford University Press（1st ed. 1961.），第107页。

〔4〕 参见 MacCormick, N. 1981. H. L. A. Hart. London：Arnold，第55页。

兹就反对他的"规范的实践理论"，即前面提到的社会规范的一般模型。拉兹指出这一理论无法涵盖所有的规则，因为它"没有解释非实践的规则"，并且也"剥夺了规则的规范性品质"。这是由于参照一种普遍的社会实践规则，并且无法根据这种规则为我们的行动提供规范性理由。[1]相反，拉兹建议把一般的社会规范作为行为的理由来理解，而把特定的强制性规范（mandatory norms）作为特定类型的理由。相应地，"命令性规范既是一个排他的理由，更通常是实施规范行为的第一阶理由和因为某些矛盾性原因不作为的排他性理由"。[2]

我以为拉兹的批判太过极端，但包含真理的内核。一方面，他的批判并不十分公正，一开始就误解了哈特的理论模型。哈特的理论旨在解释包括个人道德规则在内的所有规则，而不仅是实际存在的社会规则，也就是指从内在方面去看，被参与者认可为有约束力的行为规则。因此，反对该理论不能解释个人道德规则的意见是不中肯的，而且反对该理论剥夺了规则的规范性品质的观点仅在某种程度上是对的，即该理论只能对接受这些规则的人们解释这些规则的规范效力（normative force），而不能以永恒不变的方式（sub specie aeternitatis）解释这些规则的总体规范性力。[3]但是假设实际存在的社会规范已能拥有这种总体的规范效力的看法在我看来似乎问题很大。更可疑的是：拉兹将规范等同于行动理由的主张，因为，在我看来，在作为真实实体存在的情况下，社会规范提供了行动理由，而不是指其本身就是理由。顺便说一下，拉兹甚至在他的补充说明中承认"从严格意义上说规则不是理由"，而只是客体。然而他认为，"只有事实是理由"，但他又接着谈论规则可作为理由，说其可作为"简洁的理由"。[4]然而，另一方面，我同意拉兹的这个论点：哈特的模型仍不足以解释社会规则的规范效力。[5]

〔1〕 Raz, J. 1990. *Practical Reason and Norms*. 2nd ed. Princeton, NJ: Princeton University Press (1st ed. 1975.), 第 56 页。

〔2〕 Raz, J. 1990. *Practical Reason and Norms*. 2nd ed. Princeton, NJ: Princeton University Press (1st ed. 1975.), 第 56 页。

〔3〕 参见 Hart, H. L. A. 1994. *The Concept of Law*. 2nd ed. Oxford: Oxford University Press (1st ed. 1961.), 第 256 页。

〔4〕 参见 Hart, H. L. A. 1994. *The Concept of Law*. 2nd ed. Oxford: Oxford University Press (1st ed. 1961.), 第 256 页。

〔5〕 参见 Dworkin, R. 1977. *Taking Rights Seriously*. Cambridge, Ma: Harvard University Press, 第 46 页。

法律规范比约定规范更能说明这个论点，因此我将首先就哈特的法律制度概念观点证实我的关注点。记住，他肯定法律系统中重要的授权性规则，承认规则、改变规则和审判规则只被它的官员们接受作为通用的公共行为准则，而法律体系中首要的行为规则必须被它的民众无理由地普遍遵循，也许仅仅是害怕受处罚。这个观点意指掠夺性政权的指令，尽管是官员为了自己的利益接受和实施的，而它的大多数民众因为害怕不认可其约束力而受处罚才遵循它们，但这些指令仍被视为法律规范或总体上被当作法律系统。如果我们坚持认为法律秩序和黑手党（Mafia）的指令是不同的，那这种解释几乎不具有说服力。所以，哈特的法律制度概念中遗漏了某些东西。在我看来，遗漏的是这样一个事实，即每一法律秩序既对行政主体（authorities）产生正当性诉求（claim to legitimacy），也对相对人（addresses）要求正当性诉求。而至于受强制力量（coercive force）保障的强制性法律规范，这种诉求有必要和道德的正当性诉求（moral appropriateness）画上等号，这是因为道德的正当性诉求有绝对的约束力否决所有相矛盾的社会规范和个人行为理由。[1]但侵略性（predatory）和镇压性（repressive）政权的指令不符合这个条件，即便它的官员们装作宣告了其指令的合法性，以及不管这些指令多么详细明确，它们仍明显不能满足受众的诉求。

这种理解也可推广和适用于强制性约定规范。即便这些规范基于广泛的认可度，并且通常与受众的基本的明辨是非和道德信仰观一致，它可能只是有效的传统实践已经高度腐化了，在这种情况下，多数人还遵从有违于自己的更好的见解的规则，只因为他们假定这些规则被其他人广泛接受，不想让自己暴露在违规（non-compliance）的社会压力下。当规则为特定参与者人群的特殊利益服务时，这种腐朽的传统实践的顽固性甚至可能变本加厉。因为即使大多人不愿意遵从这些规则，但这特定人群将有强大的动力来维护它们。就拿衰落之前的维多利亚道德法典（Victorian code of morals）举例，法典中有涉及性关系（sexual affairs）和性别关系（gender relationships）的规则具有压制性和歧视性，且逐渐增多的大多数人认为它们是不正当的，甚至部分还是不道德的，但它们在当时仍是有效力的。[2]此外，由于大多数人的实践态度是不一样的。

---

〔1〕 参见 Dworkin, R. 1977. *Taking Rights Seriously*. Cambridge, Ma: Harvard University Press，第 46 页。

〔2〕 参见 Hart, H. L. A. 1963. *Law, Liberty, and Morality*. Oxford: Oxford University Press.

在实践上或在理论上，他们断定他们的基本道德责任优先于审慎利己的目标[1]，某群人的传统实践也可能腐化，因为它只作用于参与者的自身利益，而违背了广泛被接受的共同道德信仰，包括个人道德信仰。因此，为了拥有更恰当的规范效力，传统社会规范必须与合法性诉求（尤其是道义正当性诉求）结合起来。

综观哈特理论的这些缺陷，这让我们更清楚对社会规范的内在方面和外在方面的划分并不完整，因为它忽视了这样一群人的视角，他们实际上或者应当反对不被其认可的社会规范，或者不可避免并应当受这些规范影响。当这些人对这些规则进行批判时，他们既不是从观察员的视角看待规则的外在方面，也不是从参与者的视角考虑其内在方面。我把它称作"立法者的视角（legislator's perspective）"，因为从这个视角出发，人们从规则制定者或立法者的视角考虑社会事务的正当安排，借鉴人们广泛认可的高级规范性原则，来评价实在的社会规则或提出可供选择的规则。

基于这些考虑，我打算总结出一个简洁的社会规范概念大纲，希望它能大体上为社会规范的实际存在和规范效力提供可信的解释。

（二）规范概念的要素

一般而言，被理解成真实实体的社会规范不是纯粹的物质性东西或客体，而是人类交流行为（communicative action）的产品，即有意义的人为交流品（meaningful communicative artefacts），它旨在以或多或少有约束力的指示（instructions）、要求（requirements）、禁止（prohibitions）、许可（permission）、授权（empowerments）诸如此类的方式，为受众提供行为准则，从而规范受众间的社会交往。为了证实实际的社会规范，这些准则必须能被有需求的相对人辨认。辨认和确定这些准则是相当困难的一件事，尤其是它们以默许形式出现或甚至仅基于口头的社会惯例时。然而，当它们以书面形式出现时，尤其是出现在被视为权威渊源（如司法裁判和高级法律制度）的成文法文本中，便要明确得多。无论如何，人们可以假设，理论上，所有的社会规范可以通过语言

---

〔1〕 参见 Hart, H. L. A. 1963. *Law, Liberty, and Morality*. Oxford: Oxford University Press.

学形式被合理描述，但这在实践中往往不容易。[1]

　　社会规范以很多形式出现，从不同方面（如逻辑结构、规范形态和社会功能）可对其归类。就逻辑结构而言，人们可将它划分成个别性范和一般性规范、有条件的规范和无条件的规范、抽象规范和具体规范等。[2]就规范形态而言，熟悉的划分是确定（categorical）规范和假设（hypothetical）规范、自治规范（autonomous）和他律（heteronomous）规范、传统（conventional）规范和权威（authoritative）规范。至于考虑其社会功能，有用的划分是合作性（cooperation）规范、协调性（co-ordination）规范和分配性（distribution）规范。[3]接下来，我将不再考虑逻辑的区别，仅考虑在社会规范的规范效力，即使它不是强制力，也宣示绝对的有效性。这些规范可被大致分成两组：传统的道德规范和权威的法律规范。两者主要包含合作性规范和分配性规范，旨在建立有益的社会合作与和平解决受众的分配性冲突。

　　传统社会规范建立在多数既是受众又是创制者的认可和运用之上。从这方面，它们是自主规范，即被相当多人自愿承认的规范。如果这些规范只涉及单纯的协调问题，人们便需要合适的指令来协调他们的社会交往，以使他们达到人人不愿反对的理想结果，那么这些规范是很具有自我强制力的，因此，也不需要制裁手段来威慑违规行为。[4]但是如果这些规范涉及合作和分配问题，在此情形下，个人暴露在以他人为代价从违规行为中获利的诱惑中，那么这些规范必须受足够的制裁活动支持，以期实现它们的有效性。在约定规范情形下，这些制裁采取非正式的社会压力形式，这种社会压力来自个人对他人的正当活动或越轨活动作出自发的表示赞同或不赞同的反应。因此，这些规范呈现出他主的品质，至少对那些不接受和不愿遵从它们的人来说是这样的。然而，我们

――――――――――――――

　　[1]　参见 Searle, J. R. 1995. *The Construction of Social Reality*. New York: The Free Press; MacCormick, N. 2007. *Institutions of Law: An Essay in Legal Theory*. Oxford: Oxford University Press, 第11页。

　　[2]　参见 Ross, A. 1968. *Directives and Norms*. London: Routledge & Kegan Paul, 第106页; Weinberger, O. 1991. *Law, Institution and Legal Politics: Fundamental Problems of Legal Theory and Social Philosophy*, Dordrecht: Kluwer, 第70页。

　　[3]　参见 Ross, A. 1968. *Directives and Norms*. London: Routledge & Kegan Paul, 第106页; Weinberger, O. 1991. *Law, Institution and Legal Politics: Fundamental Problems of Legal Theory and Social Philosophy*, Dordrecht: Kluwer, 第70页。

　　[4]　参见 Lewis, D. 1969. *Convention: A Philosophical Study*, Cambridge, MA: Harvard University Press.

总体上可以说约定规范有效，是因为受众的认可和运用。[1]因此，有人可能受诱导作出结论：由受认可而来的社会规范的实在性无意识地暗示了对受众的规范性。然而，这个结论因为事情的复杂性而是不成熟的。

在社会实际中，我们不仅会遇到受社会压力支持的单一传统社会规范，还会有许多重叠和相关的社会规范，它们有不同的社会语境，比如广泛流传的守礼规则、特定群体习惯、职业行为规范和传统道德要求。这些规范中尤为重要的是传统道德，无论是社会团体、当地社区、社会、文化还是人类整体，传统道德被定义成社会全部成员所共享的整套道德信仰。[2]随着人群成员数量的增加，社会规范的认同度变小。小社区的传统道德氛围通常比一个大社会更为浓厚，大社会的传统道德氛围也比整个文化圈更浓厚。无论如何，任何种类的传统道德规范都有别于其他约定规范，因为它们要求相比较于其他规范的普遍效力和优先性——至少在道德情形下，严格承认它们的人们视它们为对每个人都有绝对约束力的指导。这一要求从严格意义上说需要人们从公正的非私人化的观点作出道德判断，即道德观，以便增加被普遍接受的可能。[3]由于道德的这些特征，在一定程度上，非道德的约定规范的规范效力取决于在它们和各自社会群体中流行的传统道德的一致性。也许有人会说，只有它们具有传统道德的基本需求，是大致兼容的，或至少不是完全不相容的，这些约定规范才对受众有正当的规范效力。至于这些需求，我倒认为它们的规范性直接来自实际的认可度和实际的实践活动，这是从观察员视角来看的。显然，这不能阻止我从立法者视角根据个人或假设的正当道德性来审视传统道德规范。但是只要传统道德实践规范的参与者严格相信规范的正确性，我们几乎不可否认这些规范对他们的规范性力，除了我们绝不能确定我们自己的道德信仰是完全正当的这一事实。

在小型和少分化的（little-differentiated）社会集群中，约定规范足够处理合作协调和分配的问题，因为这些规范易于通过明示协议或暗示

---

〔1〕 参见 Lewis, D. 1969. *Convention: A Philosophical Study*, Cambridge, MA: Harvard University Press.

〔2〕 参见 Koller, P. 2007. Law, Morality, and Virtue, In Working Virtue, *Virtue Ethics and Contemporary Moral Problems*. Ed. R. L. Walker and Ph. J. Ivanhoe, pp. 191~205. Oxford: Clarendon.

〔3〕 参见 Baier, K. 1958. *The Moral Point of View*, Ithaca: Cornell University Press.

协议被创造，并通过社会压力来执行，例如运用针锋相对的原则"tit –
for – tat" principle）。但是随着社会分化，短暂的社会交往和社会单元日
益增长，这样的分散化和非正式的社会控制机制失败了。因为，在这些
情形下，受社会压力支持的约定规范正在失去它们的效力，对基于权威
决定和受有组织力量支持的社会规范的需求不断增加。现在，法律开始
发挥作用。[1]

　　法律规范从其内容和逻辑结构来看都不同于社会规范，但有一个事
实使它们都属于实在的法律秩序（positive legal order）。以下是我对这
样一种秩序的定义[2]：法律秩序是集合的社会实践，旨在针对普遍有
约束力的社会规范条款：①形成一套动态制度，该制度包括官方（au-
thorities）——它是个人和集体的代理人——在内，官方被授权创造或
运用法律规范；②受有组织力量（organized force）支持，即官方强制性
命令能够通过强制性手段予以执行；③需要双边的道义正当性要求
（claim to moral legitimacy），一边是官方，一边是受众。

　　我认为前两个特点足够明确，无需进一步解释。无论如何，它们不
仅与凯尔森和哈特以及大多数其他法律实证主义的倡导者的观点一致，
也被温和的法律道德主义对手接纳，如德沃金、阿列克西、哈贝马斯。
这些特点表明法律秩序是实在的，按等级分层的和有效的社会规范制
度，这里社会规范不同于约定规范，也不同于个人行为准则。如果这
种制度是足够有效的，它的规范便满足实在性要求。因此，只剩下规范
性要求（normativity requirement）这个问题有待解决。

　　我已经论证道：凯尔森和哈特都没有为法律的规范性效力（norma-
tive bindingness）提供合理的说明。此外，我在其他包括拉兹在内的法
律实证主义倡导者的著作中也没找到这样的说明。因此，这吸引着我在
法律道德主义中寻找法律的规范性，根据法律道德主义，法律规范的规
范性效力归因于它与理想意义上假定的合理道德要求的一致性。但是，
我对此有些犹豫，因为它将迫使我们持有这样的理想道德，即使我们仅
从中立的观察员视角看待法律制度。我认为，只要我们不参照个人道德

---

　　〔1〕 参见 Taylor, M. 1987. *The Possibility of Cooperation*. Cambridge：Cambridge University-
Press；Koller, P. 1993. Formen sozialen Handelns und die Funktion sozialer Normen. In Rechtsnorm
und Rechtswirklichkeit. Eds. A. Arnio et al. , pp. 265 ~ 93. Berlin：Duncker & Humblot.

　　〔2〕 参见 Koller, P. 2006. *The Concept of Law and Its Conceptions*. Ratio Juris 19, pp. 180 ~
96.

信仰或理想道德而可能解释法律对参与者的约束力，以上情形是可以避免的。我坚持认为我所提定义的第三要素能解决这个问题。

让我们近观这一要素，法律对道德正当性的诉求。这个诉求有两方面依赖于创造它的组织，即官方的诉求和受众的诉求。一方面，立法官方（legal authorities）必须要求他们的指令具有道德正当性，以便被受众当作有约束力的规范予以承认，从而维护这些指令。这一要求，如果要予以认真对待，便以官方对他们所出命令的道德正当性信仰为先决条件。另一方面，受众的要求是为了使法律指令作为有约束力的规范被接受，这些指令必定是合法的，意思是它们满足特定的道德要求。这一要求创造了法律的道德证明的需要。这两个诉求的相互作用不总是和谐的，但对坚信法律秩序的规范效力和社会时效（social effectiveness）有决定性的重要意义。法律的规范效力不仅要作为主导力量（its leading power）的部分对正当性的诉求具有真诚性（sincerity）和可信性（credibility），而且，在某种最低程度上，受众对合法性的信赖也必不可少。法律的社会实效（effectiveness）意味着法律的适当运行和短期稳定（temporal stability），甚至更多要求。在社会实际中，两方面合法性诉求的相互作用是一件相当复杂的事，我在这里不做拓展。为了简洁的需要，我只希望通过指出一些固定的并列关系得出法律对其规范性的合法性要求的推论。

官方的和受众的合法性诉求的高度聚合程度固然是理想状态，因为双方将有一致的政治道德观，并且容易认同法律必须满足的要求，以使它被认为是规范的、有约束力的。在这种情形下，法律的规范效力从参与者的视角来看是理所当然的，并且，从中立的观察员视角来看，亦如此。然而，这种情况不经常出现。通常，参与者对法律的合法性诉求存在或多或少的张力成分，这可能反映出法律的权威和受众或其他群体不同的政治道德观。让我们假设一种极端情形，在此情形下，参与者的诉求差异如此之大，以至于参与者被分成许多相互竞争的团体，他们甚至在使法律被大多数人认可的应满足的最基本道德要求上不能达成公正的共识。那样，法律的存在是不稳固的，如果有人说法律秩序根本上是存在的：无论怎样，它的规范效力将是可疑的，并且它将缺乏有效性和短期安定性。既然在此情形下，参与者在有争议的法律规范是否具有正当规范效力的问题上不能达成一致，那么从观察员视角解决这个问题也是行不通的。所幸的是，这种不如意的情形不经常发生。多数实在的法律秩序位于某种并列关系中，一种法律秩序的主体一贯认可该秩序中的规范是有约束力的，只要他们相信这种秩序就整体而言优越于因广泛违规导致的社会无序或社会混乱状态，前提是这些规范不是完全与它们的最基本道德要求不相容的。如果这样，这种秩序总的来说从参与的受众的视角来看是有规范效力的。然而，这是以鉴于道德信仰的法律规范的评估为前提的，而这种评估从中立的观察员视角来看是不必要的。

因此，如果法律规范属于一套有效法律秩序，且该秩序大体上受到其参与者（包括受众在内）的基于道德信仰的积极肯定，那么法律的道义正当性诉求通过说明法律规范有约束力的方式阐释其规范性。这种阐释可依据人们审视法律秩序的不同视角而从不同方向来进行说明。如果有人以观察员的视角来看，那么他不得不关注参与者的道德特性，此道德特性会影响他们与法相关的活动和态度，但这通过不作任何道德判断的中立的方式也是可能的。所以这个视角如被正确理解，是完全与法律实证主义及其分离理论相容的。如果从参与者视角来看，情况就不一样，这要求对各自法律秩序整体及其具体基本原则和制度表示肯定态度。因为这种态度依赖于参与者自身的道德信仰，这个视角与实证主义分离论相矛盾，并且也因此隐含一种温和的法律道德主义，如被德沃金[1]、阿列克西[2]或哈贝马斯[3]所倡导的。

所有这些考量动摇着基于凯尔森、哈特及其他法律实证主义倡导者的概念论观点的根基：与强大的分离论结合的法律的自主性观点，据此法律与道德在概念意义上严格区分开来。这个观点在从观察员视角探究法律秩序的情境下是站不住脚的，因为这样的探究不得不考虑参与者的道德信仰，引导他们的法律和与法有关的思想和行为。此外，因为人们不能没有任何道德考量地积极参与法律实践，从参与者视角看法律秩序就完全具有误导性了。[4]加之，法律的自治性（autonomy）观点也遭遇进一步的反对。如果我们考虑到法律秩序不是自然给予的客体，而是一

---

〔1〕　Dworkin, R. 1977. *Taking Rights Seriously*. Cambridge, Ma: Harvard University Press; Dworkin, R. 1986. *Law's Empire*. London: Fontana.

〔2〕　Alexy, R. 1989. *A Theory of Legal Argumentation*, Oxford: Clarendon (1st ed. in German 1978.); Alexy, R. 2002. *The Argument from Injustice: A Reply to Legal Positivism*. Oxford: Clarendon (1st ed. in German 1992.).

〔3〕　Alexy, R. 1989. *A Theory of Legal Argumentation*, Oxford: Clarendon. (1st ed. in German 1978.); Alexy, R. 2002. *The Argument from Injustice: A Reply to Legal Positivism*. Oxford: Clarendon (1st ed. in German 1992.).

〔4〕　Fuller, L. L. 1969. *The Morality of Law*. Revised ed. New Haven: Yale University Press (1st ed. 1964.), 第 95 页。

项持续的具有合作性质的针对有效的有约束力的社会秩序的冒险事业，我们就明白法律秩序的参与者强加给它不同的规范性要求。考虑到法律需要受到严格的遵循，这种规范性要求必须包括绝对的道德要求。这一结论从社会学的观察中也能找到佐证。法律秩序不是突然就出现的，而是与社会的发展携手演变而来的。法律规范作为一种规则以一些方式出现，当有特殊需要时，即当有发言权的社会群体不满意当前局势并能通过针对公众议程的法律规章推动他们自己的利益时。但是，当新兴的法律规章取代先前的约定规范时，它仍通常依赖于许多其他的约定规范的实际存在。事实上，没有法律秩序能在没有许多公认的约定规范的支持下正常运作。[1]

因此，法律规范与约定规范紧紧地相互联系和相互依赖，既是因果关系上的，也是概念上的。这尤其适用于法律道德和传统道德，因为法律秩序本质上从与流行的传统道德的兼容性中获得它的规范性。然而，因为传统道德规范倾向于变动并经常反映其社会情境的偏见和错误，所以，它们绝对不是最后或可免于被批判的。传统道德应该通过个人反应和公共讨论接受持续的批判检验，其中，公共讨论在有利的条件下，可以形成合理的公共道德，反过来可以建立公正的人道的法律秩序。

---

[1] 参见 Koller, P. 2007. *"Law, Morality, and Virtue"*, In Working Virtue, *Virtue Ethics and Contemporary Moral Problems*. Ed. R. L. Walker and Ph. J. Ivanhoe, pp. 191 ~ 205. Oxford: Clarendon.

人权法案：议会主权原则的动摇*

［英］珍妮特·赫伯特**著　杨尚东***译

长久以来，因严格遵循议会主权原则，司法机关不能依据权利法案审查立法行为的观念在英国被普遍接受。即使制定了人权法案，政治制度的设计者们还是支持让议会享有判定立法是否符合该法案的最终决定权。

尽管后来法院在一定程度上也被授予涉及人权法案的审查权，但这一权力却受到了极大限制（法院不能直接判定违反人权法案的法律无效）。这种制度安排不仅影响了人权法本身立法目标的实现，而且造成权利无法通过正常的司法程序去指导或限制立法活动。详言之，首要棘手的问题是：如果权利主要依靠司法审查的手段来予以保护，那么具体采纳的方式究竟是立法机构服从司法机关的法律解释，还是司法机构只是确定权利的保护范围，至于具体的保护方式则留给立法机关规定？若权利不是通过司法审查的手段实现，而是通过政治的途径（例如行政方式或立法方式）予以保护的话，那么同样需要考虑的问题是：通过怎样的制度设计可以让行政机关或立法机关实现权利保护的目的？另外，我们还需要思考的问题是：如果法院依据法理认定立法机关的行为已然侵

* 本篇论文是应邀参加 2012 年 6 月在格拉斯哥卡里多利亚大学（Glasgow Caledonian University）伦敦校区举行的"政治宪法学工作坊"而递交的会议论文。在此我要向 Christopher McCorkindale 和 Marco Goldoni 两位教授脱帽致敬，感谢他们为成功举办此次会议所付出的艰辛劳动，同时，我也要向参与本论文讨论的众多会议参与者致敬，他们中肯的建议对本文的最终完成贡献良多。另外，我也需要向加拿大社会科学与人权研究中心表达谢意，本文的顺利完成离不开他们慷慨的资金资助。最后，我还应向 Danny Nicol 致敬，在论文写作过程中，他富有新意的建议使我受益良多。

** 珍妮特·赫伯特，英国女王大学政治学系教授，联系方式为：Janet. hiebert@ queen. ca。
*** 杨尚东，西南政法大学行政法学院讲师，法学博士。

犯法定权利时，那么又应由谁来承担这一行为的责任？换言之，就是如何处理议会主权原则和已通过的人权法案的关系，虽然法律已经限制了法院的解释权，但这并不足以使我们相信立法机关的判断（特别是与法院判定完全不同时）就是合理的，进一步需要追问的是：立法机关又应当依据怎样的标准来作出判断？

近年来，因剥夺罪犯的部分权利引起了广泛争议，本文将围绕该争议具体阐释上一段所提出的问题。

英国学者在很长的一段时间内都认为英国不需要制定权利法案，具体的理由就是这必将与议会主权原则相冲突。因为制定权利法案就需要授予法院以审查权来判定立法机关的立法行为是否与权利法案的规定相一致，如此必将侵犯议会所享有的最终判定权。尽管我们一直想回避这一问题，但一起意外的司法案件还是把这一潜在的冲突暴露了出来，即究竟应由谁来为违反权利法案的行为提供救济更为合理，司法机关、行政机关抑或立法机关？2000 年，英国议会颁布了《人权法案》，通过该部法案成功将欧洲的人权公约转换成国内法。但是在具体实施时，相较于欧洲其他国家，还是有着明显不同的特点。其他国家在构建司法救济制度时，普遍采用以法院为中心的司法审查的方式为被侵害的权利提供救济。而在英国的这部人权法案中，还是寄希望于通过政治途径予以救济，即通过立法程序予以解决，哪怕是法院已经认定立法行为侵犯了法定权利。

但也不可否认的是，英国议会在制定人权法案时，也充分考虑到了救济问题，并为此作出了详细的规定（依次设计了四种救济方式，其中的三种都与立法程序相关）。第一种方式是前议会审查方式，即依据法案第 19 条的规定，内阁的部长们在具体议案提请议会通过前，必须就议案是否符合人权法案的规定向议会作出说明，而且该评估意见必须事先充分听取了律师或相关专业人士的意见。第二种方式是议会所组织的审查，即议会成立专门的人权委员会，由这个委员会对已通过内阁审查的议案进行复审，并就该议案是否符合人权法的规定向议会作出说明。第三种方式是司法审查的方式，即由法院来审查立法行为是否符合人权法案的规定，如果法院认为该立法行为的确违背了人权法案的规定，可通过两种手段来予以救济：其一，依据《人权法案》第 3 条所赋予的解释权，通过司法解释的路径纠正侵犯权利的立法行为，并使其与人权法案相符；其二，可依据《人权法案》第 4 条的规定，判定该立法行为与人权法案不符，但无权判决该法律因此无效。第四种方式是议会自我纠正方式，即议会依据《人权法案》第 10 条的规定，直接对于违反人权法案的立法行为予以纠正，这也符合政治制度设计者的本意，即一旦出现相冲突情形时，相信议会会服从人权法案和欧洲人权公约的规定。

但是这一看似很完美的救济制度方式其实存在很多的隐患，具体而言，主要的不确定性来自如何定位议会在此救济过程中所应承担的职责。我们可以看到，制度的设计者们一方面想突出司法在维护自由宪法价值过程中的独特作用，而另一方面又想维持通过政治方式解决纠纷的传统。而人权法案拉大了这本已存在的制度张力，该法案的初衷是想确保所有的立法行为都符合人权法案和欧洲人权公约的具体规定，但是很多人仍认为议会应拥有对所有争议的最终判定权，包括涉及权利的纠纷。

这一潜在的冲突在涉及在押罪犯是否享有投票权一案中彻底暴露了出来，依据议会的规定，在押罪犯是不享有投票权的，而法院则判定这一规定违反了欧洲人权公约的规定，应被视为无效。本文第一部分将介绍法院这一判决作出后各方所发表的不同意见。在本文的第二部分，一开始将先介绍 Jeremy Waldron 的观点（他建议是否可以考虑构建议会对司法审查结果再审查的模式），并且很多人也认为这一解决之道也符合英国政治宪政主义的传统，但本人是不赞同这一观点的。因为如果这一观点是正确的，那么它假设的前提也将是成立的，即法院独立审查涉及此类权利纠纷的行为是具有正当性的。但如果和本人一样不赞同法院中心的观点，并且认为一个政治体存在的基本原则应当受到尊重的话，那么我们马上需要做的就是为议会的决定作出更有利的解释（出于更好地保护权利的目的），而不是让人们误认为这一决定只是议会单纯的行使了自己的政治权力或宪定权力。

第一部分

一、政治上的"沉默"：同意剥夺入狱罪犯的投票权

在英国，剥夺在押犯人权利的历史已经超过了一个世纪。在 1969 之前，暂时停止罪犯行使投票权也被作为一项惩罚措施在实践中被采用[1]。而 1969 年颁布实施的人民代表法案更是将这一规定明确的写入

---

[1] Department for Constitutional Affairs, Voting Rights of Convicted Prisoners Detained Within the United Kingom, 2006, CP29/06 (U. K.).

其中，即规定所有在监狱中服刑的英国籍罪犯，不论是否身在国内监狱，一律停止行使投票权，所以，当时的这一规定并没有考虑罪犯是否已被定罪等情节。并且 1983 年修正后的《人民代表法案》未对此条款作出任何修订。不过到了 1990 年，议会对此条款进行了修订，规定剥夺投票权的对象仅限于被判定有罪且已在监狱服刑的罪犯，而对于那些虽然已被羁押但未被判刑的罪犯，则依然享有投票权[1]。

在 2001 年的 John Hirst（John Hirst 因犯谋杀罪，被判终身监禁）一案中，在押罪犯不享有投票权的这一规定受到了挑战。英国的高等法院驳回了 John Hirst 的诉求[2]。但 John Hirst 随后向欧洲人权法院提起申诉，要求再审此案。

当时执政的工党出于打击犯罪、强化公民的责任意识和尊重法治的目的，坚定维护这一规定，同时表示，由于英国议会完全有足够的权威判定什么人在什么情形下可行使投票权，且英国国内法院也认为这一判定与人权公约的基本原则不相冲突，所以欧洲人权法院应尊重英国议会所作出的这一决定。

但始料不及的是，在 2004 年的判决中，欧洲人权法院认定英国议会的这一规定因违反《欧洲人权公约》第 3 条第 1 款的规定而无效，该条规定"应当保护公民享有自由的投票权，以便他们在选举自己代表时能充分的表达自己的意见"[3]。基于对该判决的不满，工党政府向欧洲人权法院提出上诉并要求举行公开的听证会，但这次欧洲人权法院经过投票（12 票赞成，5 票反对）再次认定英国议会的判决违反了《欧洲人权公约》第 3 条的规定，理应判定无效。[4]在随后公开发表的声明中，欧洲人权法院指责英国议会的这一规定是对公民最重要一项权利严重的践踏，已经超出可以容忍的限度。同时，人权法院还认为英国政府所持有剥夺罪犯投票权的理由是站不住脚的，因为并没有充分的证据表明，"议会在作出这项决定前，已经考虑了所有的相关因素，并且所采取的手段也是最合理的"。除此之外，英国议会也没有证明其剥夺罪犯

---

[1] Isobel White, U. K. House of Commons Library, *Prisoners' Voting Rights*, 2011, SN/PC/01764.

[2] *Hirst* v. *Attorney General*, [2001] EWHC (Admin) 239.

[3] *Hirst* v. *United Kingdom* (No. 2), ECHR App. No. 74025/01, para. 52 (Mar. 30, 2004), http: //hudoc. echr. coe. int/.

[4] *Id.* at para. 85.

投票权的法案符合现行"人权保护的标准"[1]。

与此同时，这项剥夺罪犯投票权法案的正当性在英国很多地区法院的案件审理过程中被提及，如苏格兰地区、威尔士地区和北爱尔兰地区。例如，苏格兰地区的上诉法院就判定该法案不加区分、一概剥夺罪犯投票权的规定已经违反了相关人权规定[2]。另外，贝尔法斯特（Belfast）的高等法院驳回了要求推迟2007年选举的诉求，而该诉求的主要理由是有2名罪犯没有被允许参与投票。不过英国政府对此作出进一步解释，人权公约对在押罪犯的权利规定的适用范围仅限于参与英格兰议会选举和欧洲议会选举，而北爱尔兰地区的选举并不在此范围内，所以不能适用《欧洲人权公约》第1条第3款的规定，即享有自由和公正的投票权。

二、人权法案的修正：政治方面的阻力

事实上，工党和以保守党为主的联合政府都反对对人权法案作出任何修改。议会中的人权委员会也多次敦促政府对此问题采取行动，并批评政府的不作为[3]。但是，不管是议会的报告，还是欧洲人权法院的判决，都没有对政府或议会产生正面影响，而政府或议会也仅在宣示提供对此问题提供补救措施的场合表达了对人权法案进行修正的意愿。

在欧洲人权法院的判决作出1年以后，工党政府终于作出了积极回应，表示尽管不同意该判决的结果，但还是会尊重人权法院的决定，对人权法案作出修正。尽管如此，在第一次具体沟通的过程中，英国方面

---

〔1〕 *Id.* at para 79.

〔2〕 *William Smith*（AP）v. *KD Scott Electoral Registration Officer*,〔2007〕CSIH 9（Scot.）.

〔3〕 *See* Joint Committee on Human Rights（JCHR）, Legislative Scrutiny: Fifth Progress Report, 2005 – 06, H. L. 115, H. C. 899; JCHR, Implementation of Strasbourg Judgments: First Progress Report, 2005 – 06, H. L. 133, H. C. 954; JCHR, Monitoring the Government's Response to Court Judgments Finding Breaches of Human Rights, 2006 – 07, H. L. 128, H. C. 728; JCHR, Monitoring the Government's Response to Human Rights Judgments: Annual Report 2008, 2007 – 08, H. L. 173, H. C. 1078〔hereinafter JCHR 2008 ANNUAL REPORT〕; JCHR, Legislative Scrutiny: Political Parties and Elections Bill, 2008 – 09, H. L. 23, H. C. 204〔hereinafter JCHR 2008 Legislative Scrutiny Report〕; JCHR, Government Replies to the Second, Fourth, Elghth, Ninth and Twelfth Reports lf Session 2008 – 09, 2008 – 09, H. L. 104, H. C. 592; JCHR, Enhancing Parliment's Role in Relation to Human Rights Judgments, 2009 – 10, H. L. 85, H. C. 455; Jchr, Legislative Scrutiny:（1）Superannuation Bill;（2）Parliamentary Voting System and Constituencies Bill, 2010 – 11, H. L. 64, H. C. 640.

还是对其剥夺罪犯投票权的规定进行了辩护，但欧洲人权法院认为其理由并没有新意，缺乏说服力。而英国政府坚持认为这些抗辩理由足以证明其剥夺罪犯投票权的正当性，即这种处罚是罪犯应当承担的代价，有助于提高公众遵守法制的意识。并且英国政府也认为他们所采用的方式与想要到达的目标是匹配的（符合比例原则的要求）。从 2009 年开始，各方开始了第二次具体沟通，英国政府提出了一个"一揽子修改计划"供各方讨论，该计划建议依据罪犯刑期的长短决定其失去投票权的期限，少则不到 1 年，多则不超过 4 年。当然为避免重判，该计划还建议在具体量刑时，还需考虑犯罪情节的轻重，但是例外的情形必须经过司法审查。依据政府的统计，若剥夺罪犯的投票权不超过 4 年的话，将直接使 28 800 名罪犯受益，其占关押罪犯总人数的 45%。

尽管人权委员会一直强调人权法案应立刻修改的重要性[1]，但是政府和议会并没有显现出修改的急切愿望。为此，自由民主党批评英国政府故意拖延，缺乏修改人权法案的诚意。不过，自由民主党也不能依靠一己之力在议会中推翻该法令，并且它也怕因过度支持而被他人诟病（此前自由民主党就因给罪犯许以的承诺，被工党政府批评为对罪犯过于仁慈）[2]。而保守党则一直质疑修改人权法案的正当性。保守党籍的司法部长 Dominic Grieve 更是公开表示人权法案的修改是不可接受的，并且还声称"让被判刑的罪犯失去投票权的惩罚原则是非常合理的，应予坚持"。[3]而政府迟迟不对人权法案提出具体修改意见的另一个理由来自公众对剥夺罪犯投票权规定的支持。根据民意调查的结果，超过 60% 的受访者不同意欧洲人权法院的判决结果，在年龄超过 55 岁的受访者中，这个比例更高达 70%[4]。

在 2009 年人权委员会的报告中，对法案修改的重要性的强调已经是言词所能表达的最高级别，其用意就是希望能在下次选举开始前解决

---

〔1〕 *See* JCHR 2008 Annual Report, *supranote* 11, at para. 63.

〔2〕 *Some Inmates to Get Voting Rights*, BBC NEWS, Apr. 9, 2009, http://news.bbc.co.uk/2/hi/uk_news/politics/7992045.stm.

〔3〕 Robert Winnett & Tom Whitehead, *Prisoners to Get Right to Vote after 140 Years Following European Ruling*, The Telegraph, Apr. 9, 2009, http://www.telegraph.co.uk/news/uknews/law-and-order/5126647/Prisoners-to-get-right-to-vote-after-140-years-following-European-ruling.html.

〔4〕 *Most Britons Believe Prisoners Should Not Vote in Elections*, ANGUS REID PUBLIC OPINION, Nov. 22, 2010, http://www.angus-reid.com/wp-content/uploads/2010/11/2010.11.22_Prisoner_BRI.pdf.

这一问题[1]。同年 12 月在欧盟部长会议召开期间，各国政要也表达了对英国政府对欧盟人权法院判决拖延执行的严重关切。尽管有这些来自外部的压力，但是直到 2010 年英国新的一轮选举开始前，人权法案还是没有进行实质性的修改。

三、软硬兼施：围绕启动法案修改程序展开的博弈

2010 年英国新的一轮选举开始后，欧洲议会常务主席团公开表示由于英国方面的不作为，导致欧洲人权法院需要处理的涉及投票权争议的案件大量增加，因此呼吁英国有关方面尽快执行 *Hirst* 一案中法院的判决结果[2]。另外，英国政府的不作为处理除导致案件数量上升外，还将造成诉讼成本和赔偿金额的增加。而这一推测已经被一些发生的事实所证实，如一些法律公司就准备代表被关押的犯人向法院提起诉讼，要求对其投票权不适当剥夺造成的损失进行赔偿[3]。

当然 2010 年的选举结束后，这就意味着修改《人权法案》的重任落在了新一届政府的肩上，同时还包括诉讼支出和经济赔偿等方面的责任。不过新一届联合政府就是否应给予罪犯以投票权出现了严重分歧，保守党籍的官员坚持反对给予罪犯以投票权，而自由民主党的代表和其他小党派代表则认为应当给予罪犯以投票权。同年 11 月，欧洲人权法院对英国方面发出措辞严厉的警告，表示英国若再不执行法院的判决结果，将在以后类似案件中提高政府应于赔偿的金额。而且这一态度在 *Greens & M. T.* v. *United Kingdom* 一案中，已进行了初步表达。另外，欧洲人权法院表示在审理 *Greens & M. T.* v. *United Kingdom* 一案结束后，会给英国方面 6 个月的期限来执行 *Hirst* 一案中法院的判决结果，并且在此期间，人权法院不再继续受理与此相关的案件[4]。但如果在此期

---

[1] *See* JCHR 2008 Legislative Scrutiny Report, *supra* note 11, at para. 1.13.

[2] Chair of the Comm. of Ministers to the Parliamentary Assembly (EC), Communication on the Activities of the Committee of Ministers, 16, CM/AS (2010) 7rev (Oct. 4, 2010), https://wcd.coe.int/wcd/ViewDoc.jsp?id=1678647&Site=CM&BackColorInternet=C3C3C3&BackColor Intranet=EDB021&BackColorLogged=F5D383.

[3] Jamie Doward, *Europe Pressures Westminster on Votes for Prisoners*, THE GUARDIAN, May 29, 2010, http://www.guardian.co.uk/uk/2010/may/30/europe-pressure-westminster-prisoners-vote.

[4] *Greens & M. T.* v. *United Kingdom*, ECHR App. Nos. 60041/08 & 60054/08, para. 115, 120 (Nov. 23, 2010), http://hudoc.echr.coe.int/.

限结束后，英国方面仍未对人权法案中有关投票权的规定作出任何修改的话，那么人权法院将重新审理已递交诉状的 2500 起案件，并会接受将会起诉（英国在押犯有 7 万人，都有起诉资格）的所有类似案件，而这所有案件的诉讼费用和赔偿金额都将会由英国政府来承担。在 Green 一案中，法院判定政府应予支出的总金额共计 5000 欧元[1]。一家研究机构的报告显示，如果英国方面在规定的时间内不对人权法案进行修改的话，那么很有可能将承担 5000 万欧元的赔偿费用[2]。

尽管保守党代表在联合政府中强烈反对对人权法案作出任何修改，但政府还是明确表示在 2011 年 11 月前，将对人权法案作出部分修改，以允许部分在押罪犯能行使投票权。负责宪政制度改革的负责人 Mark Harper 表示，之所以作出此项决定，主要考量的因素是英国政府对于人权法院判决所应承担的法律义务，而不是因为政府在此问题上态度的转变。Mark Harper 还补充道，在修改《人权法案》时，会将允许投票的在押罪犯的范围控制在最小范围内。内阁首相 David Cameron 也表示他的党派（保守党）态度的转变主要是考虑到高额的诉讼成本难以承担，并声明他本人是绝对不能接受让罪犯享有投票权的。为降低修改人权法案的提议所带来的政治影响，联合政府特意选择在圣诞放假前夕公布自己的法案。在此方案中，英国将允许刑期不超过 4 年的在押罪犯享有投票权，而这一决定将使 28 000 名在押犯直接受益。随后，首相 Cameron 发表声明表示自己在作出这项决定前，内心遭受了极大的煎熬，由于英国政府目前的财政状况不能支付不执行人权法院判决结果所造成的诉讼费用（估计将超过 1600 万欧元），所以《人权法案》的修改势在必行[3]。

四、碰见难题：议会反对《人权法案》的修改

在政府具体修改方案提出后，2011 年 2 月，一份议会的声明显示议会反对对人权法案作出任何修改。上届工党政府中的司法部长 Jack Straw

---

[1] *Id.* at para. 101.

[2] Andrew Porter, *Prisoners to Get the Vote for the First Time*, THE TELEGRAPH, Nov. 1, 2010, http://www.telegraph.co.uk/news/uknews/law-and-order/8103580/Prisoners-to-get-the-vote-for-the-first-time.html.

[3] *Prison Votes "Will be Kept to a Minimum"*, supra note 26.

和执政的保守党代表 Davis，联合了很多下院的普通议员对是否应修改人权议案和剥夺投票权的罪犯的范围等议题展开讨论。值得注意的是：此项讨论是在议会声明反对修改人权法案后进行的，这背后隐含的意思是在决定是否给予在押罪犯投票权的问题上，议会拥有最终的决定权[1]。

　　因此，这场讨论不仅可以让首相充分阐释政府为何支持服从欧洲人权法院的判决和进行人权议案修改的理由，同时还可以引发更大范围内就议会的法案是否应服从人权公约的决定展开讨论。在这一进程中，我们可以看到，很多对欧洲人权法院判决持决定否定态度的意见。正如 Danny Nicol 所说："在这场辩论中，很多下议院的议员基于欧洲人权法院的判决与英国宪政原则（具体指法治原则、议会主权原则和权力分立的原则）相违背的理由，反对进行人权法案的修订。"[2]

　　如此，议会的声明使得人权法案修改的前途变得扑朔迷离，尽管英国政府承诺会尽快启动修改程序。在议会即将正式投票之前，前上议院大法官 MacKay 发表书面声明，明确表示依据法治的精神，英国政府应当执行欧洲人权法院的判决结果[3]。司法大臣 Ken Clark 也表示英国政府不会不执行欧洲人权法院的判决结果，不过这需要英国政府拿出诚意来，哪怕是对人权法院进行最细微的修改[4]。Ken Clark 在接受 BBC 专访时，还表示："英国政府已经接受了欧洲人权法院的司法管辖，所以肯定会执行其作出的判决。"[5]

---

〔1〕　议会声明的要点如下："我们（下议院）注意到欧洲人权法院的判决理由中并没有考虑英国议会对此问题的看法，尽管我们承认欧洲人权公约对英国具有的约束力，但像此类问题还是应由民众选举出来的议员来决定比较适宜，我们认为目前的剥夺在押罪犯（因藐视、过失或暂时未经法庭判刑的罪犯不在此列）投票权的规定是合适的。"而这项声明在议会的表决中以234 票赞成、22 票反对的结果予以通过。

〔2〕　Danny Nicol, *Legitimacy of the Commons Debate on Prisoner Voting*, P. L. 681, 683 (2011).

〔3〕　Political and Constitutional Reform Committee, Prisoner Voting: Uncorrected Transcript of Oral Evidence, 2010 – 11, H. C. 776 (U. K.).

〔4〕　Hélène Mulholland & Patrick Wintour, *UK will not Defy European Court on Prisoners' Votes, Says Kenneth Clarke*, the Guardian, Feb. 9, 2011, http://www. guardian. co. uk/politics/2011/feb/09/government – defy – european – court – vote – prisoners.

〔5〕　*No Votes for Jailed Murderers and Rapists—Ken Clarke*, BBC NEWS, Feb. 9, 2011, http://www. bbc. co. uk/news/uk – politics – 12402704?

五、反对意见蔓延：对斯特拉斯堡[1]说"不"

在议会投票赞成对人权法案不作任何修改后，保守党代表就呼吁政府接受议会的表决结果，对斯特拉斯堡说"不"。例如，Davis 就表示：由于人权法院的判决缺乏实际约束力，所以导致英国方面可以大胆地以忽略其生效判决，显而易见，不执行该判决结果除了会引起欧盟国家部长们的谴责外，不会有任何其他不利后果[2]。不过，负责国际法律事务的官员 Dominic Raab 并不赞同这一观点，认为如果英国政府拒绝执行 Hirst 一案的判决结果的话，将会在政治和经济方面遭受不利后果：

"若继续坚持国内法优先的原则，我们必将为此决定付出代价。斯特拉斯堡法院制度建立之初，已经考虑到不履行其判决结果的行为，并为此规定了相应的惩罚措施。而最坏的情形就是这种不履行的行为将被提请欧洲首脑会议予以审议，一旦出现此情形，考虑的将不是罚金的问题，而是英国有没有资格再继续待在欧盟内了。"[3]

不过从被披露出来的副首相 Nick Clegg[4]的计划书中，我们不难发现：政府已经考虑到因议会反对人权法案的修改，将会遭受的不利后果，并为此从法律方面已做好应对之策。依据时报的报道，可采取的手段集中在三方面：①不可否认，英国政府有义务履行 Hirst 议案的判决结果，但在法律上没有明确规定，若英国不履行此义务就将被暂停或被取消欧盟成员资格。当然，不履行人权法院的判决肯定会受到其他欧盟国家政府的批评，也会因无法实现在人权方面对国际社会的承诺，而损害英国政府的国际威望。不过这里我们应对两种不同行为作出区分，即公然藐视人权法院的判决和因国内原因确实不能执行人权法院的判决。

---

〔1〕 斯特拉斯堡是法国东北部的一座小城市，欧洲人权法院就坐落于此，在本文中若无特别说明，此地名指代欧洲人权法院。——译者注

〔2〕 Vaughne Miller, U. K. House of Commons Library, European Court of Human Rights Rulings: Are There Options For Governments? 2011, SN/IA/5941, at 12.

〔3〕 Dominic Raab, *What Happens if We Defy Europe? Nothing*, The Telegraph, Feb. 2, 2011, http: //www. telegraph. co. uk/news/politics/8299615/What - happens - if - we - defy - Europe - Nothing. html.

〔4〕 Tim Shipman, *Cameron CAN Defy Euro Court Diktats: UK "May Deny Votes for Inmates Without Penalty"*, Daily Mail Online, Feb. 18, 2011, http: //www. dailymail. co. uk/news/article - 1358199/Cameron - CAN - defy - Euro - court - diktats - UK - deny - votes - inmates - penalty. html.

总之，目前还没有一个国家因不能履行人权法院的判决而被逐出欧盟的先例。[1]②如果真的存在这样一种可能性，即英国因不能履行人权法院的判决而被暂停或被取消使欧盟成员资格，英国政府也可以通过积极作为降低发生这种情形的可能性，例如尽快启动人权法案的修改程序。即使这样一种尝试最后不幸被议会否决了，那也值得去做，因为政府可以此方式引起更多公众对此问题的关注。③需要考虑的是：一旦不修改人权法案，就必须承担因在押犯上诉人权法院而产生的诉讼费用和赔偿费用。据估计，仅赔偿费一项，政府就可能需要支付高达 14 300 万欧元。不过这笔费用可通过两种途径予以筹措：一方面可以挪用本打算用于在押犯其他方面补助的经费，如罪犯生活补贴费等；另一方面尽量早日启动人权法案的修改程序，即使不会完全达到修改目的，但可期望尽量缩小剥夺罪犯投票权的范围，这样相关的诉讼就会减少，成本也会相应地降低[2]。

并且，高等法院的判决也从经济赔偿方面减轻了政府的压力，即规定在押犯不得就议会推迟执行欧洲人权法庭的判决所受到的损害寻求司法赔偿，也就意味着有近 600 名在押犯不能因为剥脱了 2010 年的选举权而寻求司法赔偿（如果赔偿的话，每人将获得 5000 欧元的赔偿金）。这还不算完，法院还判定已上诉的 500 名在押犯，每人应向司法部支付 76 欧元（这相当于一个在押犯在监狱劳动 2 个月所能获得的报酬）以补偿他们为参加诉讼活动多付出的劳动。

当然，政府不仅采用成本效益的方式分析了公然藐视人权法庭的判决所会产生的后果，还积极联络在此问题上同意政府修改意见的议会议员，以期早日推动议会修改人权法案。在与欧盟其他成员国政府最新的沟通会议上，英国政府向各国解释了其在执行人权法庭涉及罪犯投票权（如 *Hirst* 案、*Green* 案和 *MT* 案等）判决上的难处。英国政府代表表示，尽管 2011 年的议会声明在法律上并没有约束力，但是政府在推动人权法案修改时遇到了极大的困难。并且英国政府请求欧洲人权法院就 *Green* 一案召开听证会，理由就是人权法院应对英国议会的决定表现出

---

〔1〕　*See* Sam Coates, "Cameron is Clear to Defy Europe on Human Rights", *THE TIMES*, Feb. 18 2011, at 1, 9.

〔2〕　*Tovey and Hydes v. Ministry of Justice*, 〔2011〕 EWHC（QB）271,〔64〕（Eng.）.

足够的尊重，即使不同意议会的判决，也应给予充分的理由说明[1]。不过令人遗憾的是，在 2011 年 8 月 11 日的正式回复中，欧洲人权法庭拒绝了英国政府召开听证会的提议，同时表示在 *Green* 一案中为英国政府执行法庭判决所划定的 6 个月期限（该期限从 2011 年 8 月 11 日开始计算）不变[2]。

尽管英国政府要求听证的诉求被驳回，但执行判决的期限却因在 *Scoppola v. Italy* 一案中作为第三方出庭的英国总检察长 Dominic Grieve 所提交的法律意见而推迟。在该案中，Dominic Grieve 指出法庭犯了一个与 *Hirst* 案、*Green* 案和 *MT* 案等相似的错误，即在作出判决时并没有充分考虑各国因国情不同，而对同一问题所持有的不同的解决方式的理由。Dominic Grieve 还敦促法庭不要寄希望各国采取同一的问题解决模式[3]。

六、法律手段的穷尽：《人权法案》的修改仍不能完成

2012 年 5 月 22 日，欧洲人权法院对 *Scoppola* 一案作出正式判决，仍判定英国政府应于 6 个月内完成人权法案的修改工作。不过，法院认为，英国法院对被控犯有谋杀罪的意大利籍主犯实施的剥夺投票权的规定并没有违反《欧洲人权公约》第 3 条的规定。但是这并不意味着法院免除了英国政府应于 6 个月内完成人权法案修改的义务。在该判决中，法院区分了意大利法律和英国法律不同之处，即一个强调惩罚的绝对性，而另一个则强调惩罚对象的区分。依据意大利的法律，剥夺在押犯投票权的范围仅限于刑期 3 年以上的罪犯（而英国法律是不予区分的，一旦犯罪，就将被剥夺投票权），所以，欧洲人权法院的这个判决

---

〔1〕 EUR. CONSULT. ASS. , *Communication from the Government in the Case of Hirst No. 2 Against the United Kingdom*, 1108th Meeting, App. No. 74025/01（Mar. 1, 2011）, *available* at https://wcd. coe. int/ViewDoc. jsp? id = 1753877&Site = CM.

〔2〕 Press Release, Eur. Court of Human Rights, Court's Judgment Concerning Blanket Ban on Prisoner Voting in the U. K. Becomes Final（April 12, 2011）, *available* at http://adam1cor. files. wordpress. com/2011/04/referral – to – grand – chamber – rejected – greens – and – m – t – v – the – united – kingdom – 12 – 04 – 11 – 2. pdf.

〔3〕 Rowena Mason, *Government Tells European Judges No Right to Meddle with UK Prisoner Vote Policy*, THE TELEGRAPH, Nov. 2, 2011, http://www. telegraph. co. uk/news/8865204/Government – tells – European – judges – no – right – to – meddle – with – UK – prisoner – vote – policy. html.

隐含的意思是并不要求英国政府给予所有在押犯以投票权，但对于某些罪行并不严重的罪犯必须给予足够的尊重[1]。

这个判决作出后，英国首相 Cameron 表示他将继续支持议会的决定，反对给予在押犯以投票权，同时还表示是否给予罪犯以投票权是英国议会的事，外国法庭无权决定[2]。此后部分保守党的成员也发表声明，支持首相的意见，并表示由此而引发的英国议会和欧洲人权法庭的冲突已经在所难免。一个议会的普通议员也表示，这对于政府而言将是一个很困难的抉择，究竟是支持英国议会还是支持欧洲人权法庭。

人权法案的修改一再被推迟也影响政府改组英国议会上院的计划，很多人已经认为上院议会的选举方式[3]是不符合欧洲人权公约的要求的。而政府新的改革机会就是想废除传统议会上院议会的选举方式，使之与下院的选举方式相同。

在 2012 年 10 月，英国首相 Cameron 被问及他是否还坚持同年 5 月所表达支持议会决定的观点时，Cameron 回应道：他"始终如一"地坚持自己支持议会的观点，不过，他的政治助手也向外透露，政府已考虑一项旨在授予部分在押犯以投票权，从而部分满足欧洲人权法院判决要求的议案。但是我们有充分的理由的相信这是政府在法律上采用的拖延战术，因为修改该法案所需的时间足以制定一部法典了。另据一名匿名的政府高级官员（senior Whitehall[4]）透露，正因为欧洲人权法院在 Scoppola 一案表明并不要求英国政府给予所有在押罪犯以投票权，所以，政府可借口协商和议案的起草需要花费大量的时间，从而可以数年内不予执行欧洲人权法院在 Hirst 一案中所作出的判决结果。[5]而这一拖延战术与此前透露出来的政府应对措施相符合，即政府试着修改，哪怕不能到达欧洲人权法庭的期望，此举也会大大降低法案对英国财政或

---

〔1〕　*See Scoppola v. Italy* (No. 3)，ECHR App. No. 126/05，868 EUR. CT. H. R. 23 (2012)．

〔2〕　*See* Rowena Mason & Tom Whitehead，*David Cameron*: *Britain Will Decide on Votes for Prisoners Not a "Foreign Court*,*"* THE TELEGRAPH，May 23，2012，http：//www. telegraph. co. uk/news/politics/9284892/David - Cameron - Britain - will - decide - on - votes - for - prisoners - not - a - foreign - court. html.

〔3〕　英国议会上院又称贵族院，大约有 700 年历史。上院议员不经选举产生，主要由王室后裔、世袭贵族、新封贵族、上诉法院法官和教会首要人物等组成。根据改革方案，议会上院将由一个拥有三百多个议席的新议会取代。新议员全部经直接选举产生，选举时间与议会选举同步，每次改选 1/3。这些议员最长任期 15 年。——译者注

〔4〕　伦敦的一条街名，因英国政府坐落于此街而出名，在此指代英国政府。——译者注

〔5〕　Mason & Whitehead，*supra* note 48，at 3 - 4.

政治方面所造成的不利影响。

在 2012 年 11 月，议会上院大法官 Chris Grayling 向议会下院议员们发表书面声明，政府正在起草一份有关投票权资格（罪犯）的议案，以供议会审查。该草案列举了三种赋予资格的方式，供议会抉择：①剥夺刑期在 4 年或 4 年以上罪犯的投票权；②剥夺刑期在 6 个月或 6 个月以上罪犯的投票权；③剥夺所有罪犯的投票权。[1]议会两院将对此议案同时展开讨论，估计在 2013 年年底，将会有一个结果。

第二部分

一、张力的存在：相互冲突的宪法原则

制定人权法案的初衷就是想谨慎地利用民主的原则来保护权利。[2]尽管议会被认为在制定法案方面拥有足够的决定权，但在《人权法案》制定过程中，为了尽量符合《欧洲人权公约》的规定，还是基本上参照了其具体内容[3]。不过这并不代表人权法案的制定者放弃了议会主权原则。

既然政治上有服从《欧洲人权公约》的意愿，即在制定国内人权法案规定时就已参照欧洲人权公约的规定，那么这就大大降低在实践中因坚守议会主权原则而起冲突的可能性。然而这仅仅只是降低，并没有完全排除人权法案中隐藏的不同的宪法原则之间发生冲突的可能性，即一方面既要求尊重法庭依据自由的宪政原则所作出的司法判决，另一方面又因尊重民主的传统，赋予议会在案件审理方面的最终决定权。正如 Murray Hunt 所说，法律本身所隐含的相互冲突的原则必然导致在具体纠纷出现时，到底应采用哪种原则解决纠纷较为适宜的争论：

"一方面从支持民主的人士的角度来看，仅仅只考虑法律本身和司法的判决，就会违反权力分立原则和议会主权原则。而另一方面从支持自由民主宪政的人士的角度去观察，只有坚持法律本身和司法判决的至上性，才能真正保护个人权利和把法院当成权利的守护者。事实上，法官们并没有兴趣在理论上梳理这两种看似互不兼容的宪政原值，在具体

---

〔1〕 The Voting Eligibility（Prisoners）Draft Bill, 2012 – 13, CM 8499（Gr. Brit.）.

〔2〕 *See* Helen Fenwick, Civil Liberties and Human Rights 61 – 162（4th ed. 2007）.

〔3〕 *See* Alison L Young, Parliamentary Sovereignty and The Human Rights Act（2009）.

的案件审理中，他们会灵活地交替使用这两种原则，来证明其司法判决（司法干预抑或司法节制）的正当性。不可否认的是，造成这一情形出现的始作俑者应该是戴雪，他出于为更好地为某个具体案件提供正当性说明，在描述宪政框架时，并没有对民主宪政进行逻辑严密的解释，这已经为两种不同原则（民主和自由宪政）的冲突埋下了伏笔。在这里，我可以大胆断言，只要我们还坚持对'主权'一词粗糙的理解和建立在此基础上的法律和合法性的概念，那么民主和自由宪政之间不可调和的矛盾将永远困扰我们这个共同体。"[1]

令人惊讶的是，尽管英国政府机构及法院对议会在是否给予在押犯以投票权问题上存在重大的异议，但是我们的学界或政界在讨论该争议时，都没有涉及议会决定本身的正当性问题，当然我也明白目前不论是以司法的方式还是政治宪法的方式来为议会的决定正当与否构建一套评判标准，都是不太可能的。

若从司法的角度来判定议会的决定正确与否，如果还未能为议会决定过程（即民主过程）建立可衡量的法律程序，而只是依靠应然的权利标准进行判断，在此情形下，法院几乎很少出现否定议会的政治判断的情形。所以，人们已习惯将议会的决断（而不是法院的判决）来为权利划定行使的界限。当然可以在法治的环境下，通过建立和完善权利标准来改变这种认识，即在该法律框架下，用权利来约束立法活动，并授权法院来判定议院的立法活动是否符合权利保护的要求。

不过从政治宪法学的角度来看，对议会的权力判定的过程建立可衡量的正当性标准就是为了防止议会在判断过程中出现不当行为，从而损害议会道德权威的形象。在这里，我想强调一下我的观点，其实让议会对其有争议的判决结果再次进行审查是没有多大意义的，现在最为紧要的事情是在一旦就议会的某项决议出现重大分歧时，我们有一套可供遵循的能解决分歧的政治程序或标准。值得欣慰的是，英国方面表示愿意修改人权法案并以此来判定相关立法行为是否合法，此举也意味着司法机关在某种程度上拥有对立法行为的审查权。尽管如此，我们还不能高兴得太早，因为我们还并没有建立一套判断立法行为（与司法判决相悖）的正当性的标准或程序，如此，司法机关判定立法机关应立即修改

---

〔1〕 Murray Hunt, *Reshaping Constitutionalism*, *in* Judges, Transition, and Human Rights 467, 468~69 (John Morison et al. eds. , 2007).

法案的决定就会引起争议，很容易被看成落实自由宪政的标准与行使议会主权原则之间的冲突。正如 Hunt 所言，冲突各方的支持者都会宣称己方坚持的原则的正确性，在这样的争论中，双方毫无共同语言，更无共同能接受的标准来判定政府不作为的举动或议会拒绝修改人权法案的行为是否正当（这才是问题的关键）。

议会强烈反对对人权法案进行任何修改的举动本身就证明建立重评议会决定是否正当的标准或程序的必要性。这里需要强调的是：这一建议并不意味着我们赞同采取司法审查的方式，即法院依据权利法案对政府的不作为或议会的立法行为进行合法性审查。在法律的框架内否定法院的判决（并且其理由还不是依据人权法案作出的合理判断）实质上就是权力的运用，因此，在具体构建人权保障制度（一方面要将违反人权法案的审查权授予司法机关，另一方面还要考虑到议会主权原则，即允许议会否定法院的判决）一个最关键的问题是：我们应如何来判定立法行为（否定法院判决）的正当性？

二、问题解决的关键：正当性评判标准／程序的建立

在这一部分，本文试图就如何建立评判政府不作为和议会反对修改人权法案等行为的正当性标准提出四点具体建议，但需要声明的是：笔者并没有创建新的正当性评判标准理论的抱负，只是想为更好地解决上文所提出的问题给出几点建议而已。

第一，我们梳理一下人权法案自身所隐含的权利保护的逻辑。正如前文已谈及的，在已制定的人权法案中，尽管司法机关被赋予了一个很重要的角色，但因为对具体立法行为是否符合人权法案的规定的四种审查方式中，有三种方式放置在了立法程序阶段，所以该部法案的制定者仍选择议会作为其实施的保护者。另外，为确保这三种审查方式（议会自我审查方式）实现法定的权利，在具体制度设计上，就要求每一种审查方式在作出审查结论时，必须要有令人信服的证据，充分证明其不与人权法案相冲突。因此，议会中的人权特别委员会会非常严格地审查政府所提出的议案，一旦发现存在与人权法案相冲突的情形，就会及时通知内阁负责草拟议案的部长进行修改，如果完全不符合人权法案的要求，该委员会可直接予以退回。不过在具体作出决定前，人权委员会会给予部长们一次申辩机会，让他们就议案的正当性（不存在与人权法案相冲突的情形）进行充分说明。Murry Hunt 就曾认为，此制度的构建是

受英国"正当性文化"影响，并解释道：所有侵害公民基本权利、利益或价值的公权力行为，其行使正当性必须建立在有足够说服力理由的基础之上[1]。

实际上，人们对人权法案具体条款的正当性关注已不局限于立法前的审查，而是更强调司法审查后对不符合权利要求的规定如何提供救济。不过，在这起事例中存在一个很大的争议，质疑之处并不是议会在制定人权法案的时候不让持反对意见的人充分表达观点或是忽略了英国特有的宪法原则，而是议会在对是否应给予罪犯投票权的讨论过程中并没有对其制定的剥夺罪犯投票权规定的正当性进行充分的理由说明。如此，正如 Danny Nicol 所言，议员们根本就不在意议会的立法行为是否真的有违人权公约的规定，他们在乎的是其所坚持的宪法原则是否受到侵犯，如欧洲人权法院的判决就被指责已超越了其法律职权的范围，有侵犯权力分立原则的嫌疑，另外，议员们也坚持认为议会主权原则的绝对性不容置疑[2]。当然，议员们坚持议会主权原则还有一层意思没有挑明，即在议会决定侵害他人权利的情形出现时，可追究相关责任并进行赔偿，而若是欧洲人权法庭的判决出现错误，则无法及时究责并赔偿。[3]不过，从立法过程是否具有客观、公正的品质而言，议会坚持不修改人权法案的做法的合法性就备受质疑，因为议会之所以坚持这么做，其理由就是它代表了民意，但现在有人对此产生了疑问，认为在已剥夺一个特殊的成人群体（在押罪犯）投票权的情形下所产生的结果是不能代表民意的。更为糟糕的是：通过如此方式产生的代表（即无在押犯参加的选举所产生的议员）将来讨论是否应给予在押罪犯以投票权（事实也证明他们不愿意给予）。

议会不愿意修改人权法案的关键原因，我们可以从 Jeremy Waldron 的著作中找到一些蛛丝马迹，不过需要强调的是：这位教授长期以来是持有议会主权原则不容置疑的观点。尽管 Jeremy Waldron 坚定地反对让法院拥有审查议会立法行为的职权[4]，但他也承认在是否给予罪犯投票权的问题上，仅以议会主权原则作为议会决定的正当性基础是欠缺说

---

〔1〕　Murray Hunt, *Reshaping Constitutionalism*, *in* Judges, Transition, and Human Rights 467, 468 ~ 69 at 470.

〔2〕　Nicol, *supra*note 33, at 681 ~ 87.

〔3〕　See523 PARL. DEB. , H. C. (6th ser.) (2011) 531 (U. K.).

〔4〕　Jeremy Waldron, *Compared to What? Judicial Activism and New Zealand's Parliament*, N. Z. L. J. , 441, 442 (2005).

服力的[1]。当 Jeremy Waldron 被问及他所持有的反对强司法审查模式的观点（坚持议会反对给予在押罪犯以投票权决定的正当性）是否是建立在权利基础上的权利（即"权利的权利"）时，Waldron 对此回应道：在一个民主社会中，公民的投票权是一项非常重要的权利，以前人们认为其无足轻重（理由就是这项权利非常容易实现）的观点是一个"严重的错误"[2]。Waldron 继续解释说，英国议会主权原则存在的正当性主要不是依靠抽象的法理和历史的原因来解释，而是基于民主程序，并且民主程序自身而言，投票权是其内在的要求：

"其实我现在所持有的观点（反对采取司法审查的形式）是建立在相信民主的基础之上，当然这也是支持者们最大的质疑之处，不过值得庆幸的是，议会已认真对待此问题，并着手完善选举制度，努力确保议会民主选举过程的公正性和延续性。……在我们的宪政体系中，议会决定之说具有合法性和至上性就在于通过民主的程序选出的议员有资格代表民意，而不是因为历史或者玄思的法理。换言之，公众享有投票权选择议员，所以议会的决定或立法行为就具有了合法性，并且议会自身也承担了捍卫这些决定或立法行为不受侵犯的角色。"[3]

这里我们可以发现，Waldron 从公众参与重要性的角度对直接利用议会主权原则来为议会禁止在押犯投票的决定提供正当性说明提出了质疑，并且他认为对于此项权利的争议可以通过对权利基础（即权利之上的权利）的研究予以解决[4]，有人对此的评价是"唯一的权威的以权利为基础的理论阐释"[5]。投票制度意味着民众不仅可以通过一种集体行动的方式来决定政策、领导人和法律等[6]，还可以行使一项"权利

---

[1] 此番观点的表明是 Jeremy Waldron 应议会人权委员会的要求，就议会的争论发表的自己的见解，同时他也就在一个民主的政体内，是否可以对罪犯的投票权进行限制的问题进行了回答。——译者注

[2] Jeremy Waldron, *Uncorrected Transcript of Oral Evidence Taken Before Joint Committee on Human Rights*, Human Rights Judgments 39, 50 (2011) (to be published at H. C. 873 - i), *available at* http://www. parliament. uk/documents/joint - committees/human - rights/HumanRightsJudgments/Transcript150311. pdf.

[3] Jeremy Waldron, *Uncorrected Transcript of Oral Evidence Taken Before Joint Committee on Human Rights*, Human Rights Judgments at 47 ~ 48.

[4] Jeremy Waldron, Law And Disagreement 252 (1999) (emphasis in original).

[5] Jeremy Waldron, Law And Disagreement at 254.

[6] Jeremy Waldron, Law And Disagreement at 254.

之上的权利"。所以，平息议会决定剥夺在押犯投票权利所引发争论的关键是证明议会的选举制度是民主的，是能充分代表民意的。

第二，在评估议会决定是否具有正当性的过程中，另外一个值得重视的考量因素就是议会是出于怎样的目的作出影响政治参与的决定的。正如上文 Waldron 所提及的，在他的议会主权研究中，最大的挑战就是：如何证明议会作出的存在改变选举制度民主性嫌疑的决定是具有正当性的[1]。同时，由于议会与选举规则之间存在大量的利益纠葛，就很容易让人怀疑议会拒绝改变这些规则的决定是否公平、公正，是否是出于有利于民众参与的目的，而不是为了更好地维护既得利益集团的利益。也恰恰是出于此种担心，政治领袖们希望用赋予法庭依据人权法案来审查议会行为的方式来确保将来的政客们不会滥用权力[2]。笔者在此提出这一忧虑并不是为了给议会的权力划定行使的范围，而是想提请大家注意评估议会作出的涉及选举规制决定时的重要性，毕竟如 Waldron 善意地提醒我们的那样，议会在法律上的权威来自于其权力运行的程序是否具有政治正当性。

第三，还需要考量的因素是议会争论本身是否发挥了预设的作用：一方面，在相关立法议案通过前，能否发现其与权利要求不相符合的规定；另一方面，在法案具体实施阶段，能否正确评判所采取的救济手段是否适当。这个观点同样是 Waldron 提出的，不过他所针对的不是罪犯的投票权问题，而是批评新西兰政府放弃议会主权原则、设立司法审查制度的立场[3]。Waldron 主要担心因议会缺乏足够的权力约束行政权，从而让行政权一支独大。Waldron 继续解释说，议会主权原则的正当性在于它能充分地表达民意，不过这需要通过复杂和精细的议会内部制度的构建来保障议会民主特征的实现，我们在具体制度设计时，需要处理的问题主要集中在四个方面：民众的意见是多元、复杂的；民众选举代表的制度；代表意见的多元、复杂性；代表多轮的投票制度[4]。依据 Waldron 的观点，新西兰由于其制度的单一性、行政权的主导性、立法机构法定人数缺乏规定的明确性、党派号召其缺席的议会成员参会投票

〔1〕 Jeremy Waldron, Law And Disagreement 252（1999）（emphasis in original）. at 254.

〔2〕 *See*, *e. g.*, *Tom*ginsburg, Judicial Review in New Democracies：Constitutional Courts in A-sian Cases（2003）；Ran Hirschl, Towards Juristocracy：The Origins and Consequences of the New Constitutionalism（2004）.

〔3〕 Waldron, *supra*note 61, at 41.

〔4〕 Waldron, *supra*note 61, at 45.

的能力的不足性、议会频繁阻碍议案的讨论等原因，致使其议会无法展现其民主的特征。换言之，新西兰议会的具体运作程序已经严重地损害了议会作为民主机关所应具有的品质[1]。

如果议会的运作方式无法满足民主性的要求，Waldron 认为，此时不能再坚持议会主权原则。他的观点促使我们思考议会的整个运作方式是否满足了民主的要求（其民主性的评判主要体现在两个方面：①在相关立法议案通过前，能否发现其与权利要求不相符合的规定；②在法案具体实施阶段，能否正确评判所采取的救济手段是否适当）。具体到 Hirst 一案中，存在争议的是：议会反对的举动是否可认定为缺乏民主性。毕竟在该案中，议会更多的是关注起历史地位的传承，而不是对立法行为本身正当性的公正评估，换言之，它并不在意禁止在押罪犯投票是否将影响议会运作程序的正当性，也不在意该决定是否存在违反人权法案规定的情形（需要注意的是：人权法案中所规定的权利是议会已经承认了的）。

第四，我们可以看看其他政体类似的国家是如何化解这一矛盾的，即司法审查与民主之间的冲突问题。加拿大采取的方式就是给予法院以司法审查权，即在多数情形下让其拥有判决违背权利法案要求（甚至是与司法机关依据权利法案所作出的司法解释相矛盾）的立法决定无效的权力，如此，联邦立法机构以及各省立法机构再不能坚称自己与权利法案相违背的决定是具有正当性的。因意识形态和民主理念的原因，行政机关强烈反对赋予司法机关以司法审查权来限制议会的行为，所以要求在该法案中加入"但书条款"（即权利法案中的第 33 条）[2]。经过多次妥协，双方在最后一分钟才达成协议。尽管加拿大立法机关在面对与其意见相左的法院意见时，采取了有别于英国同行的解决方式。但这两国的立法机关遇见的问题都是一样的，即如何协调司法审查与民主之间

---

〔1〕 Waldron, *supra note* 61, at 43～45.

〔2〕 依据加拿大宪法的规定，当立法机关希望通过一项违宪的法律（当然要限于《权利与自由宪章》第 2、7～15 条规定）时，或者当加拿大最高法院认为某一项具体的立法违宪时，国会和省议会就可以动用第 33 条赋予的权力制定新的且不受司法审查和监督的法律。尽管这项权力的行使有事项和时间范围的限制，却形成了自身鲜明的特色。特别是与美国式的强司法审查模式相比，其一方面赋予法官强有力的权力来保护人权，另一方面又赋予立法机关可以在常规时刻（normal times）通过日常政治［比如制定或者修改普通法律，与"非常时刻"（exceptional time）进行宪法修改相对］推翻法院意见的权力。也就是说，《权利与自由宪章》下的加拿大法院有权进行司法审查，但司法权对于宪法的意见并非最终的，也不能因此获得至高地位，因为代表民主的立法机关对宪法和人权事务拥有最终的决定权。——译者注

的张力。

虽然"但书条款"将一部分立法决定排除在司法审查的范围之外，这有违司法审查支持者的本意（他们坚持一切行为都应接受司法审查），但是这一条款却得到学界大部分人的支持。不过还是有一部分人坚持认为议会主权原则的绝对性，不承认议会缺乏对权利范围的判断能力，同时也否认议会不具有依据权利的标准去指导和限制国家行为的能力。例如，本人就认为议会可以通过完善自身的运行程序，从而达到规范已有权力行使的目的。若如此，也可到促使立法机关在作出具体立法行为时，审慎处理权利与立法目的之间的关系。目前，有很多很好的建议可用来平衡这二者之间的关系，如可以创造机会让更多的人参与到立法行为是否适当的讨论中来，也可在议会人权委员会举行听证时，让政府承担立法行为没有遵守人权保护规定的举证责任[1]。同时，英国政府也可以借鉴澳大利亚首都直辖区或维多利亚州的权利法案的规定，在法院作出立法机关的行为违反人权法案的规定的评估后，由检察总长向议会作书面的情况汇报，阐释法院判决的理由。事实上，在英国法院作出议会的行为不符合人权公约的规定的评估后，议会的人权委员会监督政府执行自己的决定，但此时政府也应担负及时提醒议会的责任，即告诉议会：法院并不同意其作出的立法行为符合人权公约规定的评估结论。同时，还应提醒议会在规定的时间内完成法案的修改工作。我们再把谈论的话题转换到 *Hirst* 一案中来，具体关心一下判决作出后政府是如何回应的。不可否认的是，政府的拖延战术的确起到了其预设的作用，即让公众慢慢淡化对剥夺在押犯投票权的重要性的认识，并且也成功到达了弱化民众要求及时修改人权法案呼声的目的。

---

〔1〕 *See*, *e. g.*, Christopher P. Manfredi, Judicial Power and the Charter: Canada and the Paradox of Liberal Constitutionalism 181 – 95 (2000); Janet L. Hiebert, Wrestling With Rights: Judges, Parliament and The Making of Social Policy 30 – 31 (1999).

印度宪制发展状况初探

牟效波 *

张千帆教授已基于经验和常识论证，一个国家在民主选举、言论与新闻自由、司法独立等方面取得的成就，是衡量一国宪制转型成败的标准。[1]无论从这三个方面本身的重要性，还是从它们对宪制整体的促进和保障功能来说，上述判断都是成立的。笔者赞成将上述三方面作为衡量宪制转型成败的标准，还有一个理由，就是这三个方面往往是宪制转型过程中最脆弱的制度和权利。一国的民主选举、言论与新闻自由、司法独立状况是这个国家宪制成败的晴雨表。本文带着以上认识，走近印度，探索这个国家在民主选举、言论与新闻自由、司法独立方面的一些状况。

一、印度民主选举的制度与实践

（一）印度的选举制度

1. 人民院的选举

在印度，由选举产生的机构有总统、议会两院（联邦院和人民院）、邦议会和一些地方治理机构。其中，人民院的选举最引人关注，也是通常所说的"印度大选"。这有几个方面的原因：①人民院选举采取普遍、直接的方式进行，这使人民院选举成为决定政府和人民之间基本关系的最重要的环节；②因产生方式而具有的更牢固的民主基础，使人民院具有更大的合法性，在政府产生和法律制定方面具有更大的优势

---

* 牟效波，北京行政学院法学部讲师，北京大学法学博士。

[1] 参见张千帆："宪政转型的九大课题"，载《领导者》2014 年第 2 期。

地位；③与同样由直接选举产生的各邦立法院相比，人民院具有全国影响力。

人民院的绝大多数议员由直接选举产生。《印度宪法》第 81 条规定，人民院由各邦的选民直接选举产生的议员总数不能超过 530 名，各中央直辖区根据议会有关法律规定的程序产生的议员总数不能超过 20 名，如果总统认为人民院中缺乏足以代表英裔印度人利益的代表，有权任命不超过 2 名英裔印度人为人民院议员，所有人民院议员的总数不能超过 552 名。如果不被提前解散，印度人民院每 5 年举行一次选举。

人民院选举实行成人普选制。只要是年满 18 岁的印度公民，并且没有因本宪法或相应立法机关所颁法律规定的丧失选民资格的其他情由（如精神不健全、有犯罪、贪污或不法行为）而被取消资格，任何人都可以登记为选民。[1]

《印度宪法》还规定了人民院直接选举中的平等原则。在人民院大多数议院的直接选举中，各邦在人民院议席数目的分配应使各邦议席数与人口数之比例在可行情况下尽量保持一致，各邦应划分为若干选区，一邦之内各选区人口数与分配给该选区的议席数额之比例在可行情况下应尽量保持一致。[2]1961 年印度议会通过的新选区划分法规定，在人民院议员的选举中，一律实行单一选区制，即每个选区只选举 1 名人民院议员。[3]在人民院议员的选举中，候选人只要在本选区内得票最多，就可以当选为议员，而不一定要求获得一半以上有效选票的支持。实践中，由于选区内候选人太多，选票过于分散，一般认为，按照这种相对多数制的计票方法选出的人民院议员往往难以真正反映选民的真实意愿。[4]

2. 其他机构的选举

凡年满 35 岁的印度公民，具有当选为人民院议员的资格和不在各级政府机关中充任有收益的职位者，可被选举为总统。[5]总统由总统选举团间接选举产生，总统选举团由联邦议会两院中通过选举产生的议员和各邦立法院中通过选举产生的议员组成。[6]

---

〔1〕《印度宪法》第 326 条。
〔2〕《印度宪法》第 81 条第 2 款。
〔3〕 杨翠柏等：《印度政治与法律》，巴蜀书社 2004 年版，第 108 页。
〔4〕 杨翠柏等：《印度政治与法律》，巴蜀书社 2004 年版，第 109 页。
〔5〕《印度宪法》第 58 条。
〔6〕《印度宪法》第 54 条。

联邦院议员总数不得超过 250 名，其中，238 名议员代表着各邦和中央直辖区，这些席位基本上按照各邦的人口比例进行分配，通过间接选举产生，即各邦立法院中普选产生的议员根据比例代表制，以单一记名可转让投票法选出，其余 12 名议员由总统直接指定。[1]

印度各邦都设有立法机构，在安得拉邦、比哈尔邦、中央邦、马哈拉施特拉邦、卡纳塔克邦和北方邦由邦长和两院组成，在其他邦由邦长和一院组成。在实行两院制的邦，一院为立法委员会（Legislative Council），一院为立法院（Legislative Assembly）。在实行一院制的邦，该院被称为立法院（Legislative Assembly）。[2]各邦立法院主要由本邦地方选区直接选举的议员组成，邦立法院议席数不得超过 500 席，不得少于 60 席；[3]各邦邦长如果认为本邦立法院中的英裔印度人需要得到代表但尚未得到充分代表时，可以指定 1 名英裔社区公民参加本邦立法院。[4]

出于邦立法院直接选举的目的，每邦划分为若干地方选区，分配给各选区的议员名额与该选区人口的比例在邦内应力求一致。[5]

立法院选举实行成人普选制。只要是年满 18 岁的印度公民，并且没有因本宪法或相应立法机关所颁法律规定的丧失选民资格的其他情由（如非当地居民、精神不健全、有犯罪、贪污或不法行为）而被取消资格，任何人都可以登记为选民。[6]

（二）印度独立以来的历次大选[7]

《印度宪法》规定，如果不被提前解散，印度人民院每 5 年举行一次选举。印度独立以来，除因紧急状态的实行推迟过 1 年外，人民院的选举都定期或提前举行了，没有受到严重违反宪法的人为阻碍。

首届人民院选举于 1951 年 10 月 25 日至 1952 年 2 月 1 日举行，第二届大选于 1957 年 2 月 24 日至 3 月 15 日举行，第三届大选于 1962 年 2 月举行，这三次大选后，尼赫鲁都被任命为联邦政府总理。尼赫鲁于

---

〔1〕《印度宪法》第 80 条。

〔2〕《印度宪法》第 168 条。

〔3〕《印度宪法》第 170 条第 1 款。

〔4〕《印度宪法》第 333 条。

〔5〕《印度宪法》第 170 条第 2 款。

〔6〕《印度宪法》第 326 条。

〔7〕本部分主要参考了林承节先生对印度独立以来历次大选的介绍，参见林承节：《印度独立后的政治经济社会发展史》，昆仑出版社 2003 年版。

1964 年 5 月 27 日就去世后，国大党议会党团推举夏斯特里为国大党议会党团领袖，经总统批准，他于 6 月 9 日出任总理。不幸的是，在第四届大选前，夏斯特里就于 1966 年 1 月 11 日去世。在随后的党内竞选中，尼赫鲁的女儿英迪拉·甘地被选为国大党议会党团领袖，经由总统任命，出任政府总理。

1967 年 2 月，印度举行了第四届人民院选举。这次大选中，国大党继续处于领先地位，获得了半数以上的议席。大选后，国大党组成了新一届联邦政府，英迪拉·甘地继续担任总理。第五届人民院选举是提前举行的。在英迪拉·甘地的建议下，总统吉里宣布 1970 年 12 月 27 日解散人民院，1971 年 3 月举行第五届人民院选举。这是独立以来人民院第一次任期未满就举行下届选举。

1973 年以后，印度的经济、政治形势恶化，反对党趁机发起一系列活动，逼迫英迪拉·甘地下台，但英迪拉·甘地没有辞职，而是宣布印度进入紧急状态，并声称反对派正在酝酿发动一场全国性的动乱，企图推翻民主选举的合法政府。由于紧急状态的实行，本来应该于 1976 年初举行的第六届人民院选举被推迟到 1977 年初举行。1977 年 1 月，英迪拉·甘地解除紧急状态，宣布第六届大选于 1977 年 3 月举行。就在这次大选中，印度选民用投票的方式结束了英迪拉·甘地的政权。国大党（执政派）只获得总票数的 34.5%，获得 154 个席位，占 28.4%，英迪拉·甘地落选，内阁 49 名部长中有 34 名落选，而人民党在这次大选中获得总票数的 41.3%，获得人民院 542 个竞选席位中的 270 个，占 49.8%。这是国大党自独立以来第一次丢掉在联邦的执政权。

第六届大选之后组成的人民党政府，未能长期得到议会多数议员的支持，不得不向总统建议解散人民院，提前举行大选。1979 年 8 月，总统雷迪宣布解散人民院，第七届人民院选举于 1980 年 1 月举行。在这次大选中，英迪拉·甘地领导的国大党大获全胜，在 529 个竞选席位中得到 353 席，占总席位数的 66.7%，英迪拉·甘地本人也高票当选，并再次出任总理。

1984 年 10 月 31 日，英迪拉·甘地被刺杀。国大党随即推选英迪拉·甘地的儿子拉吉夫·甘地为党的议会党团新领袖，并提请总统任命他为总理。1984 年 12 月，印度举行第八届大选，这次大选中，国大党（英迪拉派）获得当时 508 个竞选席位中的 403 席，创了国大党历届大选所得议席数的纪录，拉吉夫·甘地被任命为总理。

1989 年 11 月，印度举行第九届大选，国大党（英迪拉派）以 39%

的选票获得竞选产生的 545 个席位中的 197 席，因未能凑成组织政府的过半数席位，放弃组阁。11 月 29 日，拉吉夫·甘地辞职。第九届大选后，由人民党与印度人民党等党派组成的"全国阵线"推选维·普·辛格出任总理，组织内阁，后来辛格总理在人民院信任投票中失败而辞职。之后，社会主义人民党领袖钱德拉·谢卡尔在国大党（英迪拉派）的支持下于 1990 年 11 月组成政府，但在 1991 年 3 月国大党（英迪拉源）撤销支持后倒台。

1991 年 5 月，印度提前举行第十届大选，在这次大选中，拉吉夫·甘地被炸身亡，但国大党得到 243 个议席，党的新任主席纳拉辛哈·拉奥受命组阁，组成少数派政府。

1996 年 5 月 3 日，印度举行第十一届大选，印度人民党获得 161 个议席，国大党获得 140 个议席，没有任何一个政府达到单独组阁所需要的半数以上席位。印度人民党的瓦杰帕伊受命组织政府，但新政府没有通过人民院的信任投票。当天，联合阵线推举的总理候选人德韦·高达受命组阁。1997 年 3 月 30 日，印度国大党突然宣布撤销对高达政府的支持。4 月 19 日，还是在国大党的支持下，联合阵线推举的古杰拉尔被任命为总理。11 月 28 日，国大党再度撤销对联合阵线政府的支持，古杰拉尔总理被迫辞职。

1997 年 12 月 4 日，总统纳拉亚南下令解散人民院，并决定在 1998 年 3 月 15 日前提前举行第十二届人民院选举。选举结果是：印度人民党及其联盟获得 255 席，国大党及其盟友获得 168 席，联合阵线获得 96 席，再次产生了一个没有任何党派获得过半数席位的软弱议会。印度人民党以第一大党的地位，与其他 12 个政党组成了全国民主联盟，在议会中占 264 席，在得到泰卢固之乡党的支持后，全国民主联盟推选瓦杰帕伊组建了联合政府。

1999 年，由于全印安纳德拉维达进步联盟退出全国民主联盟，后者组建的政府因不信任投票未能通过而倒台，而国大党也无力成功组阁，人民院再次解散。随后，印度举行了第十三届人民院选举，印度人民党以 181 席保持了第一大党的地位，加上全国民主联盟及其盟友泰卢固之乡党，共有 300 个席位，顺利组成了以印度人民党为核心的全国民主联盟政府。

2004 年 4 月 20 日，印度举行第十四届人民院选举，国大党赢得 218 个席位，印度人民党获得 181 个席位，前者在其领导的联合进步联盟及其他政党的支持下，推举曼莫汉·辛格组阁。

2009 年 5 月，印度举行第十五届人民院选举，国大党领导的联合进步联盟获得了 262 个席位，印度人民党领导的全国民主联盟获得了 157 个席位，左翼和一些地方政党联合组成的第三阵线获得 80 个席位，国大党领导的联盟再度执政。

2014 年 4 月 7 日至 5 月 12 日，印度举行了第十六届人民院大选，印度人民党领导的全国民主联盟在 543 个议席中夺得 334 席，获得压倒多数，纳伦德拉·莫迪出任总理。国大党领导的团结进步联盟获 63 席，其他党派 146 席。

如上所述，从印度独立以来的第一次人民院大选开始，印度基本上通过全国大选实现了中央政权的和平更替，这是印度民主的成功之处。

（三）政党自由

国大党领导了印度的民族解放运动，加上一些其他因素，使它在印度独立后具有了其他政党无法具备的权威。在独立后四十多年的大选中，国大党无论是在得票率方面还是在议会中的议席方面，都远远超过对手，仅有一次在中央丢失政权，但时间相当短暂。此时的国大党不愧是"独大型政党"。

尽管如此，从印度独立伊始，印度的民主选举就是建立在多党自由竞争是基础上的。1951 年底开始举行第一届人民院大选时，印度全国共有 192 个政党。从国大党在前四届大选的得票率也可以推测，国大党并没有利用其独大地位压制其他政党的发展和参选。1952 年初结束的第一次大选中，国大党在全国的得票率为 45%，在 1957 年第二次大选中的得票率为 47.78%，在 1962 年第三次大选中的得票率为 44.72%，在 1967 年第四次大选中的得票率为 40.92%。[1]虽然在这几次大选中，国大党的得票率远远超过其他政党，但从这些数字来看，国大党在全国的得票率都未过半，与独裁体制下压制政党与操纵选举情况下的得票率明显不同。因此，从印度独立伊始的政党数量和独大型政党的全国得票率来看，我们可以推测印度独立后的民主选举是建立在多党自由的基础上的，并遵守了自由选举的原则。在实际层面，我们从各种文献中也没看到指责当时的国大党压制其他政党的情况。

事实上，不仅没有国大党压制其他政党发展的开情况出现，而且还

---

〔1〕 参见陈金英：《社会结构与政党制度——印度独大型政党制度的演变》，上海人民出版社 2010 年版，第 84 页，表 1.2。

曾经有人提出国大党应当帮助建立一个强大的反对党。他们认为，国大党从一个领导民族独立运动的组织变为印度独立后唯一的执政党，需要一个强大的反对党，以便监督议会民主制度在印度扎根，同时也需要一个强大的反对党来保证国家权力的民主活力。对此，尼赫鲁的回答是：在印度，反对党有充分机会发表意见、进行竞选，新闻媒体也有批评政府的自由。反对党尽管有机会仍未能形成力量，那么国大党恕不能为反对党的弱小而负责。[1]

后来，国大党也曾有过压制其他政党的情况，那是发生在英迪拉·甘地实行紧急状态时期。英迪拉·甘地在第一次执政期间，采取了一系列激进的经济政策，成为印度经济形势恶化的主要原因。反对党趁机向国大党施加压力，国大党（执政派）内部在要求英迪拉·甘地调整政策遭到拒绝后，转而要求她在党内让贤。但英迪拉·甘地没有选择辞职，而是决定用宪法允许的范围内最强硬的手段（即宣布紧急状态）来制止事态的进一步发展。在此期间，她声称反对派正在酝酿发动一场全国性的动乱，企图推翻民主选举的合法政府，于是启动维护国内安全法，下令进行大逮捕，把除印度共产党以外的几乎所有反对党的领袖都投入监狱。这是印度独立以来大规模压制政党活动的政府行动。1977年1月18日，英迪拉·甘地宣布举行新一届大选的当天，所有反对党领导人都被释放，2天后，报刊管制也基本被撤销。政党自由逐渐全面恢复。而就在新的大选中，选民用自己的选票把以英迪拉·甘地为首的国大党选下了台，回应了英迪拉·甘地的宣布紧急状态等一系列政策，表明了自己的态度。

目前，国大党一党独大的局面已被打破，并已经过了多党竞争和不稳定的联合政府时期，印度人民党已经崛起，并成为可以和国大党抗衡的大党，曾在几次大选中作为第一大党组织政府，甚至在2014年的第十六届大选中单独取得人民院中过半数的议席。这意味着印度民众已经可以更自由地根据自己的意愿和各政党的政策取向，选择自己中意的执政党了。

（四）印度的民主指数

以上从选举制度、定期选举和政党自由三个重要维度观察了印度的

---

〔1〕 S. S. Awathy, *Indian Government and Politics*, Hap – Anand Publication Pvt. ltd. , 1999, p. 325. 参见陈金英：《社会结构与政党制度——印度独大型政党制度的演变》，上海人民出版社2010年版，第84页。

民主发展状况，但这仍然无法反映印度民主的全貌。与本文的考察相比，《经济学人》杂志发布的"民主指数"更全面地评估了印度民主的质量及其世界排名。根据这项指数，印度在2012年167个国家和地区的排名中位列第38位，分数为7.52分（满分为10分，得分越高，民主的质量越高），低于挪威（9.93）、瑞典（9.73）、冰岛（9.65）、丹麦（9.52）等名列前茅的4个国家，也低于加拿大（9.08）、德国（8.34）、英国（8.21）、美国（8.11）、日本（8.08）、法国（7.88）等大家较熟悉的国家，与智利（7.54）、以色列（7.53）相当，但巴基斯坦（4.57）、埃及（4.56）、俄罗斯（3.74）、古巴（3.52）、越南（2.89）等国家已远远落后于印度。[1]

上述民主指数基于五个次级指标：选举过程和多元主义、政府运行、政治参与、民主政治文化以及公民自由。印度的"选举过程和多元主义"得分是9.58分，是仅次于满分10分序列的第二高分。从《印度宪法》的规定和选举实践来看，印度大选具备普遍、自由、平等、直接等这些保证选举真正有意义的基本特征，政党的存在及其在选举中的自由活动都基本没有受到限制，因此，笔者认为这个分数是恰当的。

印度的"政治参与"得分是6.11分，低于加拿大、美国，略低于德国，与英国和日本相同。该项评估所基于的因素包括大选的投票率、少数族群和少数宗教的选举权、合宪游行等其他政治参与形式、影响政治参与的因素（如成人识字率、成人对政治新闻的兴趣等）。这种评估无疑是比较全面、适当的。据笔者查阅，印度2014年第16届大选的投票率为66.4%[2]，2009年第15届大选的投票率为59.7%[3]，普遍与平等的选举也允许少数族群、少数宗教和其他少数群体在选举中发出声音。另据联合国统计，2014年印度的成人识字率只有62.8%。[4]

印度的"政府运行"得分为7.5分，低于加拿大、德国、韩国、日本，与美国、英国、西班牙、巴西相同，高于法国。这项得分所基于的次级指标包括：自由选举产生的代表是否决定政府的政策，立法机构是否属于最高的政治机构，是否存在针对政府部门的有效制衡机制，政府不受军队或安全部门的不当影响，是否有足够的机制保证政府在两次大

〔1〕　See http：//pages. eiu. com/rs/eiu2/images/Democracy – Index – 2012. pdf.

〔2〕　See http：//en. wikipedia. org/wiki/Indian_ general_ election,_ 2014#Turnout.

〔3〕　See http：//en. wikipedia. org/wiki/Indian_ general_ election,_ 2009.

〔4〕　联合国开发计划署：《2014年人类发展报告》（中文版），第194页。

选之间向选民负责，政府的运行是否公开透明，公众有充分的知情途径，腐败的程度，公众对政府的信任度，等等。笔者认为这些的确是衡量民主质量的适当因素，如果在这些方面有重大瑕疵，选举过程再完美，也只能是投票游戏而已。从笔者自己和其他人士的间接了解和直接观感来看，与美国、英国、法国相比，印度表面的脏乱差和官员腐败盛行的程度都高得多[1]，印度的政府运行似乎并不理想，至少不能与美国和英国得分相同，更不太可能高于法国。而《经济学人》对印度"政府运行"的评分竟然与美国、英国、西班牙、巴西相同，高于法国。这似乎有悖直觉，细究则可能有两方面的原因：一是这里的"政府运行"是衡量民主质量意义上的政府运行，而不是衡量政府效率意义上的政府运行，只要那些次级指标能够有效衡量政府对选民的负责程度以及立法的有效贯彻，那么政府运行中的民主因素就得到了较准确的衡量；二是我们的一些道听途说和直接观感未必是真实可靠的。

印度的"民主政治文化"得分为 5 分，远低于挪威、瑞典、澳大利亚、加拿大等这些接近 10 分的国家，也低于美国、日本、法国等 7.5 分以上的国家，与墨西哥、蒙古得分相同。《经济学人》的智囊团队认为，民主不仅仅体现在制度上，一种民主的政治文化对于民主的正当性、平稳运转以及持续性都很重要。被动与冷漠的文化、服从和温顺的公民都与民主不相符。选举过程定期将民众分为胜者和败者，而一个成功的民主政治文化意味着失败的政党及其支持者接受选民的判断，并允许权力的和平交替。他们认为，以下因素可以衡量一国的民主政治文化：是否有足够程度的社会共识和凝聚力来支撑一个稳定而有效运转的民主制度，渴望一位无视国会和选举的强硬领导人的人口比例，偏爱军人统治的人口比例，偏爱专家统治的人口比例，认为民主不善于维持公共秩序的人口比例，认为民主有利于经济发展的人口比例，民众拥护民主制的程度，是否有一个政教分离的强大传统，等等。无疑，用这些因素衡量民主政治文化是恰当的。那么，印度的宗教冲突、政教纠葛显然是不利因素。

印度的"公民自由"得分为 9.41 分，与瑞士、荷兰、日本、比利时相同，高于德国、英国（9.12）、美国（8.53）、法国（8.53），远高于一些威权国家。《经济学人》的智囊团认为，所有的民主体制下，公

---

〔1〕 信力建先生亲访印度，并写下了自己的观感，他认为印度的政府弱势又腐败。参见 http://blog.ifeng.com/article/2486829.html，2016 年 2 月 10 日访问。

民可以通过多数统治自由地作出政治决定，但是多数统治未必是民主的。在一个民主国家，多数统治必须与个体人权和少数群体权利的保障结合在一起。这无疑是正确的，公民自由的确应当成为民主指数的衡量指标。《经济学人》使用以下因素来衡量"公民自由"：是否有自由的电子媒体，是否有自由的印刷媒体，是否有表达和抗议自由，是否有对公共议题的公开和自由讨论并具有合理的多元意见，是否有对网络入口的政治限制，公民是否能够自由地组成职业组织和工会，法律制度是否为公民提供了成功地向政府请求救济的机会，政府对酷刑的使用，司法机构独立于政府影响的程度，宗教宽容和宗教表达自由的程度，公民在法律面前平等的程度，私人财产权利不受政府不当影响的程度，认为基本人权得到良好保护的人口比例，没有种族、肤色的重大歧视，政府利用新的危险和威胁作为借口限制公民权利的程度，等等。这些具体问题与各国宪法保障的基本权利基本一致。从印度的司法独立状况（见上文）和印度执法人员最近几年对网络言论的经常限制（见下文）来看，印度的这项得分似乎高于实际情况，但笔者所掌握的资料实在有限，仅凭直觉不足以否定《经济学人》的评估。

二、言论和新闻自由

（一）建国初期的状况[1]

1947 年之前，印度新闻界不得不与一些法律障碍作斗争。新闻界与政府之间的冲突开始于 1878 年臭名昭著的《方言出版法》，该法也被称为"压制法"（gagging act）。之后，这种冲突一直没有减弱，1908 年的《报纸煽动犯罪法》、1910 年的《出版法》等相继出台，新闻界抵制查封、事前审查的努力一直没有停止过。

印度独立后，民主原则和制度得以确立，民众与统治者之间的对立大幅减弱，政府与新闻界的关系有了新的开端。在印度新闻界的坚持要求下，政府于 1947 年 3 月任命了一个新闻法咨询委员会，主要研究新闻法律并提出必要的修改建议。1948 年 5 月，该委员会提交了报告。在报告中，该委员会建议废止某些法律（如 1931 年《印度新闻法》）

---

[1] 本部分参考了 P. N. Malhan 的介绍，参见 P. N. Malhan, "Liberty of the Press in India", *The Indian Journal of Political Science*, Vol. 14, No. 1（January – March, 1953）, pp. 39 ~ 49.

以及修正某些法律。同时，该委员会建议邦级政府尽可能使用新闻咨询机制，除非在与地方新闻咨询委员会磋商后，避免任何针对报纸的行动。

印度宪法草案包含言论和表达自由，但不像美国宪法一样，出版自由没有明确提及。它假定出版自由仅仅是范围更大的表达自由的一方面，自动受到宪法的保护。法律部长安贝德卡博士解释道，出版自由包括在宪法中的言论和表达自由，"出版不能也不应当要求比一个公民更多的权利"。

宪法通过之后，各种各样的新闻法律在法院受到挑战，其中一些被判决无效。在 *Srinivasa Bhat* v. *State of Madras* 案、*Amar Nath* v. *State of Punjab* 案、*K. Madhava Menon* v. *State of Bombay* 案、*Chandardeo* v. *State of Bihar* 案、*Tara Singh* v. *State of Punjab* 案、*Fram Nusserwanji* v. *State of Bombay* 案、*Tozammal* v. *Government of Bengal* 案、*Romesh Thapar* v. *Chief Secretary of Patna* 案等案件中，法院宣布诸多新闻法律中的相关条款违反宪法因而无效。

1951 年 5 月 12 日，尼赫鲁总理提出了一个宪法修正案，企图扩大对言论和表达自由的限制。根据原来的第 19（2）条，对这项自由的限制是：①诽谤、中伤和诋毁；②蔑视法庭；③国家的体面、道德和安全。该修正案规定："第 1 款第（a）项规定不影响任何现在法律的运行，也不妨碍国家制定任何法律，对上述（a）项规定中赋予的权利的行使施加合理的限制，以保护国家安全、与外国的友好关系、公共秩序、体面或道德性，或者制定与蔑视法庭、诋毁或煽动犯罪有关的法律。"于是，该修正案额外增加了三项限制：①与外国的友好关系；②公共秩序；③煽动犯罪。该修正条款还允许旧的新闻法继续有效。

新闻出版界将该修正案说成政府背信弃义，对热爱自由的印度人民的自由是一种危险。他们感到遗憾，政府在这方面没有与全印报纸编辑会议协商，恢复了原有的压制性法律。

同时，民政部长向人民院保证，一部更全面的立法将提交国会，使新闻出版方面的法律与宪法的精神相符。总理进一步重申，这些修正案与民主过程一致，"只是稍微保持中庸之道，以避免对自由民主过程带来危险"。他指出，该修正案仅仅授予立法机构防止出版自由堕落为放荡不羁。

全印报纸编辑会议通过了一项决议，抗议他们认为是新的向新闻出版业施加束缚的企图。该会议常务委员会对政府给出的保证不满意，并坚持要求撤销该修正案。根据他们的说法，该修正案取消了宪法向公民保证的新闻出版自由这项基本权利。一次特别的全印新闻编辑会议全体会议决定，1950 年 7 月 12 日一天暂停发行报纸，作为抗议对表达自由无理由和不必要侵犯的标志。

1951 年 8 月 31 日，《新闻法草案》提出，并经过某些修正后被通过。该法摒弃了事前审查制度，并且禁止任意的安全要求（demand of security）。该法的另一个特征是安全要求或查封命令不能由行政机构作出，而只能由法官作出。上诉至高等法院的权利也得到承认。该法只规定了某些非常明显的犯罪行为。它规定：①报纸不得包含或发表将会煽动或鼓励人们推翻或破坏政府的内容，也不能煽动或鼓励人们通过暴力或破坏活动这样做。②报纸不得包括煽动或鼓励任何人从事谋杀、破坏活动或任何涉及暴力的犯罪行为。③报纸不得发表煽动或鼓励一个人妨碍食物或其他必要商品或服务的供给和分配的内容。④报纸不得发表易引诱任何联邦军队或警察队伍中的任何成员堕落的内容。⑤报纸不得发表促发印度民众的不同部分之间敌对和憎恨情绪的内容。⑥报纸不得发表包括非常粗鄙或下流或淫秽或意图敲诈勒索的内容。根据该法，政府宣布某些出版物被没收的权利也受制于法律总顾问或国家首要法律官员或印度司法部长的建议，并且必须具有一份证明相关报纸包括可禁止内容的文件。不难看出，1951 年《新闻法》的上述规定更加尊重新闻出版自由，这极有可能是新闻界积极抗议的结果。

（二） 近年的个案

然而，由于法律条款不可避免的模糊性，加上政府压制言论的自然倾向，言论和新闻自由的获得和维持不可能一劳永逸。最近几年，印度仍然不时发生个人言论受到不当压制的情况。网络的发达给言论的发表提供了便利，但是印度的政府部门同时也加强了网络言论管制。

2011 年，印度信息科技部发布了《信息科技规则》，允许官员和公民要求网站和服务提供商删除根据一长串标准清单被认为是令人反感的内容。该清单包括"威胁印度的统一、完整、国防、安全或主权、与外国的友好关系或公共秩序"的任何内容。即使在这些新规则出台前，印度也限制网上言论。比如，印度官员已经要求像 Orkut 这样的社交网站删除被认为冒犯种族和宗教团体的帖子。然而，根据网络和社会研究中心执行主任 Sunil Abraham 的说法，新的网络规则比现有的印度法律和限制更严苛。比如，新规则要求网站在 36 小时之内回应任何删除冒犯性内容的要求。而且，该法不允许言论制造者为他们的行为辩护或者就删除内容的决定提起上诉。当时，新德里的一个辩护团体公民自由人民联盟的一位官员说，该团体正在考虑就该新规则的合宪性提出法律挑战。据《纽约时报》报道，这些规则是基于印度国会于 2008 年恐怖袭击孟买之后不久制定的信息科技法而制定的。该法授予行政当局宽泛权力，为了国家安全目的去监视电子通讯。自由言论和公民自由的拥护者抱怨 2008 年的法律在侵犯印度人的权利方面做得太过火了。[1]

2012 年也发生了一个引人关注的言论事件，它始于 Facebook 上的一条评论。11 月 17 日，印度教民族主义政党湿婆神军的领袖 Bal Thackeray 在孟买去世。该党成员经常与穆斯林发生冲突，并因他们的街头争吵而为人所知。当他们的领袖去世后，政党的坚定分子告诉孟买的商人第二天关闭商店以表对 Thackeray 的尊重。18 日下午 7 点，帕尔加尔镇一个著名穆斯林家庭的一员 Shaheen Dhada，在她的 Facebook 留言板上评论了 Thackeray 和他是否值得如此特殊待遇。Dhada 在结论中写道："今天，孟买闭市是出于恐惧，而不是出于尊重！"18 日下午下点半，警察来到了她的门前，要求她跟他们去警察局写一份书面道歉。警察指控 Dhada 和回应支持她的一位朋友侮辱宗教感情，并且基于印度《信息科技法》中一个鲜为人知的规定对他们立案。该法允许对在网上发表"非常有冒犯性或具有威胁特征或者引起烦恼、不便、憎恶、危险、阻碍、侮辱"的内容的人施加 3 年刑期的处罚。[2]

Dhada 事件并不是孤立事件。同年 10 月，警察监禁了一位商人 Ravi Srinivasan，原因是财政部长 Palaniappan Chidambaran 的儿子 Karti Chidambaran 控告他发表了"损坏名誉和恶言诽谤"的微博。该微博比较了 Karti 的财富和执政的国大党领袖索妮亚·甘地的女婿的财富。在该事件引起广泛关注之后不久，Srinivasan 被保释。当年 9 月，漫画家 Aseem Trivedi 被捕，原因是他在网上发表了一些素描，抨击政府的腐败。他被指控煽动叛乱，但随后被释放。[3]

由于 Dhada 案件如此轰动一时，法院立刻考虑了申诉。11 月 30 日，法院传唤了总检察长 Goolam Vahnvati，让他解释利用《信息科技

〔1〕 India Restricts Free Speech Online, *Information Management Journal*, July/August, 2011, p. 18.

〔2〕 Adi Narayan, In India, a Facebook and Free - Speech Debate, *Bloomberg Businessweek*, December 17 - December 23, 2012.

〔3〕 Adi Narayan, In India, a Facebook and Free - Speech Debate, *Bloomberg Businessweek*, December 17 - December 23, 2012.

法》第66A条逮捕一个在Facebook上发表帖子的人的合法性。总检察长告诉法院，政府正在收紧指导方针，以制止第66A条的滥用。他说，该法的目的没有错，只是马哈拉施特拉邦的逮捕行为无正当理由。针对该事件，媒体总结道："印度人正在抗议一部法律，该法律授予警察宽泛的权力去逮捕那些在网络上发表任何具有争议性言论的人。"[1]

从最近几年的这些事件来看，印度的言论和新闻自由仍然不时受到执法者的侵犯，频率看上去仍然很高，这可能是因为整个政府当局和具体执法者还没有形成明确的尊重言论和新闻自由的传统。但是，我们也不难发现，一旦发生类似事件，民众往往还能够发表意见，制造舆论氛围，而政府也不是铁板一块，一味压制讨论，有时还能纠正一线执法者对言论自由的不当侵犯。

(三) 印度的新闻自由指数

以上内容仅涉及印度建国初期的言论和新闻自由状况和近年的一些个案，无法反映印度新闻自由的全貌。无国界记者组织每年都基于各国前一年的新闻自由记录编辑出版各国的新闻指数排名，旨在反映每个国家中记者、新闻组织和网民享有表达自由的程度，以及政府当局尊重这项自由的程度。

该报告是部分根据调查问卷得出的，调查问卷发给无国界记者组织的合作伙伴，即分散于五大洲的18个表达自由非政府组织，以及它遍及世界各地的150名通讯记者，还有其他记者、研究人员、法学家和人权活动家。该问卷中的问题涉及多元主义、媒体独立性、言论环境和自我审查、立法框架、信息透明度等方面。最终结果是分数越高，新闻自由度越小。按照这个方法，2014年印度的新闻自由得分为40.34，在所有180个国家中，排名第140位。作为参照，加拿大、德国都在10分左右，排名在十几位，美国都是23分多，排名在50位左右，而印度略微领先于马来西亚、俄罗斯、菲律宾、新加坡和墨西哥等国家。[2]

值得注意的是，印度的排名虽然很靠后，在180个国家中排名第140位，仅仅领先越南34位，但是在这项指数中，分数并不是按照排名均匀分布的，也就是说，两个名次之间的分数差并不相同。因此，排

---

〔1〕 Adi Narayan, In India, a Facebook and Free – Speech Debate, *Bloomberg Businessweek*, December 17 – December 23, 2012.

〔2〕 参见 http：//en. wikipedia. org/wiki/Press_ Freedom_ Index.

名第 140 位与第 50 位之间虽然排名差距 90 位，但它们之间的分数差未必大于第 140 位与第 174 位之间的分数差，尽管后者的排名差距只有 34 位。事实也是如此，印度虽然排名第 140 位，比排名第 46 位的美国落后 94 位，但它们之间的分数差只有 16.85 分（美国的得分为 23.49），而虽然印度的排名仅领先越南 34 位，但它与越南之间的分数差却高达 32.02 分（越南的得分为 72.36）。因此，笔者想提醒大家的是，在看印度的新闻自由指数时，更多关注它的得分情况，而不是它的排名情况。直观效果请见图 1。

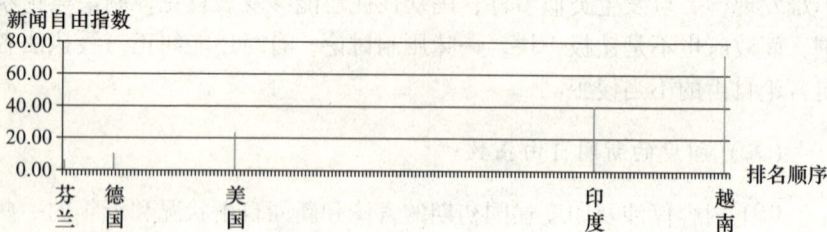

图 1　新闻由指数排位图

此外，印度的新闻自由指数排名有下降趋势，2009 年至 2014 年的排名分别为第 105 位、第 122 位、第 131 位、第 140 位、第 140 位。[1] 这可能与这几年网络发展给发表言论带来的便利和印度政府对网络言论的不当限制有关。

三、印度的法治与分权

（一）司法审查

1. 宪法对司法审查权的规定

许多学者都曾为印度法院的司法审查权力寻找宪法依据，[2]并且他

---

〔1〕参见 http：//en. wikipedia. org/wiki/Press_ Freedom_ Index.

〔2〕例如，P. Sharan，"Constitution of India and Judicial Review"，*The Indian Journal of Political Science*，Vol. 39，No. 4（Oct – Dec. 1978），pp. 526~537；霍立刚：《印度司法审查制度研究》，山东大学 2009 年硕士学位论文；Vibhuti Singh Shekhawat，"Judicial Review in India：Maxims and Limitations"，*The Indian Journal of Political Science*，Vol. 55，No. 2（April – June 1994），pp. 177~182.

们的发现有同有异。笔者通过阅读《印度宪法》，部分同意这些学者的观点，认为 P. Sharan 在其文章中提到的《印度宪法》第 32 (1) 条、第 132 条、第 133 (2) 条、第 226 条和他没有在文中提到的第 228 条正是印度最高法院和高等法院行使宪法审查权力的明确宪法依据，第 13 (2) 条[1]和第 246 条[2]并没有明确规定印度的法院有对立法的司法审查权，充其量可以依据这两个条款使用马歇尔大法官在"马伯里案"中的逻辑将这项权力推导出来。

P. Sharan 认为，第 32 (1) 条和第 226 条明确规定了对基本权利的保护，并且引入了对立法的司法审查原则。[3]笔者赞同这个观点。第 32 (1) 条规定，为了执行本部分赋予的权利，通过适当程序向最高法院提起诉讼的权利受到保障。第 226 (1) 条规定，无论第 32 条规定了什么，为了执行第三部分赋予的权利，以及达到任何其他目的，各高等法院有权在其司法辖区内对任何个人或机构（包括在适当的情形中向其辖区内的任何政府）发布指令、命令或令状（包括人身保护状、命令状、禁令追究权利以及移送复审令等性质的令状）。笔者认为，这两个条款授予最高法院和高等法院基于宪法中的基本权利条款行使宪法审查权力的意图的确很明显。

P. Sharan 还认为，第 132 条和第 133 (2) 条赋予最高法院解释宪法条款的权力，并且作为支持宪法这一任务的附带结果，最高法院可以审查提交到它面前的立法，判断该立法是否与宪法的规定相一致。[4]《印度宪法》第 132 条规定，无论是在民事诉讼、刑事诉讼还是其他诉讼中，如果高等法院根据第 134A 条确认案件涉及关于宪法解释的重大法律问题，该高等法院的任何判决、宣告或最终命令，应当向最高法院提出上诉。第 133 (2) 条规定，无论第 132 条作何规定，依据第 1 款上诉至最高法院的任何一方可以在该上诉中主张关于宪法解释的一个重

---

[1] 该条规定，"政府不能制定法律，剥夺或限制本宪法第三部分赋予的权利，任何违背本条款而制定的法律无效"。

[2] See Vibhuti Singh Shekhawat, "Judicial Review in India: Maxims and Limitations", _The Indian Journal of Political Science_, Vol. 55, No. 2 (April – June 1994), pp. 177 ~ 182。第 246 条规定了印度联邦议会和邦议会有权立法的事项。

[3] P. Sharan, "Constitution of India and Judicial Review", _The Indian Journal of Political Science_, Vol. 39, No. 4 (Oct – Dec. 1978), pp. 526 ~ 537.

[4] P. Sharan, "Constitution of India and Judicial Review", _The Indian Journal of Political Science_, Vol. 39, No. 4 (Oct – Dec. 1978), p. 530.

大法律问题判决错误，并将此作为上诉的理由之一。很明显，这两个条款赋予了最高法院解释宪法的权力。也就是说，最高法院可以将宪法作为最高法，在案件判决中直接适用，对立法的宪法审查也就顺理成章了。正是在这个意义上，笔者赞同 P. Sharan 的观点。

P. Sharan 没有提到的是《印度宪法》第 228 条。该条规定，如果高等法院确信某个下级法院的未决案件涉及关于宪法解释的重大法律问题，而处理该案件又必须首先解决这一问题，它应当提走该案件，并且可以：（a）自行处理该案件，或者（b）裁决上述法律问题后，将该案件连同对该问题的裁决副本发还原法院，该法院收到后应依照高等法院的裁决继续处理该案。笔者认为，该条赋予高等法院解释宪法的权力，借助该项权力，高等法院可以行使包括审查立法在内的宪法审查权。

我们不难发现，《印度宪法》在关于宪法审查的规定方式上，不同于其他国家的宪法通常所采取的方式。例如，《德国基本法》第 93 条直接规定了联邦宪法法院应决定宪法争议和违宪申诉。[1]又如，《韩国宪法》第 111 条规定，宪法法院有权裁决以下事项：①诸法院提交的某项法律是否违宪的事项；……④有关中央机关之间、中央与地方自治团体之间，以及地方自治团体之间的权限争端事项；⑤法律规定的有关宪法申诉事项。[2]可见，这些国家的宪法对法院宪法审查权的规定更直接和明显，而《印度宪法》对宪法审查权的规定则更加隐蔽，没有使用"宪法审查"（constitutional review）等明确的字眼。

2. 宪法审查的实践

最高法院通过判例的形式，确认并巩固了自己和高等法院的司法审查权。在著名的 *Gopalan* 案中，最高法院判决，一个有效的法律必须在所有情形中与宪法要求相一致，而且应由司法机构决定任何法律是否合宪。[3]有学者认为，印度最高法院宪法审查权的基础就是在 *Gopalan* 案的判决中真正确立的，从这个意义上，该案在印度的地位与"马伯里诉麦迪逊案"在美国的地位相当。[4]

---

〔1〕 参见《联邦德国基本法》第 93 条。

〔2〕 参见《韩国宪法》第 111 条第 1 款。

〔3〕 *A. K. Gopalan v. State of Madras*, All India Reporter（AIR），1950，Supreme Court（SC），New Delhi, p. 27.

〔4〕 See Samirendra Nath Ray, "The Crisis of Judicial Review in India", *The Indian Journal of Political Science*, Vol. 29, No. 1（January – March 1968）, p. 33.

在 1987 年的 *S. P. Sampath Kumar v. Union of India* 案[1]中，法院认为，司法审查是宪法的基本和本质的特点。如果司法审查权被绝对剥夺了，宪法则无生命力。如果立法排除了最高法院所享有的宪法赋予的司法审查权，而又无其他可替代的司法审查机制，就违反了宪法的基本原则，则此项立法超越了国会立法权力范围。在 1997 年 *L. Chaiadra Kumar v. Union of India* 案[2]中，最高法院更加明确地指出，《印度宪法》第 226 和第 32 条分别授予最高法院和高等法院对既有立法的司法审查权是宪法的不可分割的、本质的要素，司法审查本身构成宪法的基本原则之一。

最高法院的判决也涉及一些具体的宪法问题。在实体问题上，*Gopalan* 案被认为界定了"法律确定的程序条款"的含义。[3]本案中，被告律师提出，官方根据法律确信拘留一位公民的必要性，从而行使行政裁量权对其进行监禁，不能在第 21 条之下获得正当理由，该条保证人们得到法律确定的程序的保护。他主张，"根据法律确定的程序（according to procedure established by law）"与"法律正当程序（due process of law）"相同。但是，代表印度联邦政府出庭的总检察长提出，法律确定的程序保障"仅仅是胜任的立法机构制定的法律所规定的程序"提供的保护。制宪大会已经拒绝了"正当程序"条款以及它在美国宪法中的所有含义。第 21 条中的"法律"这一字眼的意思是制定法，而不是自然法。因此，印度最高法院没有像美国最高法院根据正当程序条款所宣称的司法审查权。所以，如果一个人被立法机构制定的法律剥夺了生命或个人自由，那么无论这项法律多么严厉和不合理，他也是被正当地剥夺了生命和自由。印度最高法院采纳了总检察长的意见。

1959 年的 *Express Newspapers v. Union of India* 案彻底讨论了出版自由在其最广泛的方面是否得到《印度宪法》第 19（1）（a）条赋予的自由的保护。[4]最高法院认为，"出版自由是该条保障的言论和表达自

---

〔1〕　(1987) 1 SCC 124 at 128. 参见姜玉梅、孟虹："印度司法审查制度评述"，载《南亚研究季刊》2004 年第 3 期。

〔2〕　(1997) 3 SCC 261. 参见姜玉梅、孟虹："印度司法审查制度评述"，载《南亚研究季刊》2004 年第 3 期。

〔3〕　P. Sharan, "Constitution of India and Judicial Review", *The Indian Journal of Political Science*, Vol. 39, No. 4 (Oct – Dec. 1978), p. 527.

〔4〕　P. Sharan, "Constitution of India and Judicial Review", *The Indian Journal of Political Science*, Vol. 39, No. 4 (Oct – Dec. 1978), p. 528.

由的核心部分，因此，出版社享有自由发行和传播的权利，不受任何事前限制"。在 1962 年的 *Sakel Paper's v. Union of India* 案中，最高法院走得更远，推翻了《报纸（价格和页码）法》（该法管制报纸的页数和价格）。[1]

1962 年的 *Kameshwar Prasad v. State of Bihar* 案中，最高法院有机会处理《印度宪法》第 19 (1) (a) 条和第 19 (1) (b) 条所保障的权利。[2]《比哈尔邦政府雇员行为准则》中的一个规则规定，政府雇员不能参加任何游行示威活动，也不能诉诸任何形式的与其工作条件有关的罢工。该规则的有效性受到挑战，理由是它侵犯了公务员的言论和表达自由权，以及和平集会的权利。最高法院判决，由于该规则禁止任何形式的游行示威，甚至禁止不破坏公共安宁因而完全清白的行为，因此无效。但是，最高法院清楚地表示，采取破坏秩序的方式游行示威将不受保护。

1952 年的 *State of Madras v. V. G. Row* 案，是最高法院处理的第一个关于公民结社权利的案件。[3]1908 年印度刑法修正案中的一项条款定义了"非法结社"，根据该定义，"政府在政府公报上通过告示的方式基于该告示说明的理由宣布为非法"的结社为"非法结社"。政府这样做的理由在这些规定中有详细说明。最高法院表达了它的观点，认为根据《印度宪法》第 19 (1) (c) 条，该法律对结社权利的限制是不合理的，因此该法律违宪。

在 1950 年的 *Chiranjit Lal* 案中，最高法院的多数法官界定了"法律的平等保护"的含义和效力，指出："法律的平等保护意味着平等法律的保护（protection of equal laws）。它禁止归类立法，但不禁止基于正当的区别理由所做的归类。它不禁止限于针对某些对象的立法，也不禁止限于某些领域有效的立法。它要求所有受制于该立法的人在类似的情况和条件下得到类似的对待，无论是被授予的特权，还是被施加的义

---

[1] P. Sharan, "Constitution of India and Judicial Review", *The Indian Journal of Political Science*, Vol. 39, No. 4 (Oct – Dec. 1978), p. 528.

[2] P. Sharan, "Constitution of India and Judicial Review", *The Indian Journal of Political Science*, Vol. 39, No. 4 (Oct – Dec. 1978), p. 528.

[3] P. Sharan, "Constitution of India and Judicial Review", *The Indian Journal of Political Science*, Vol. 39, No. 4 (Oct – Dec. 1978), pp. 528 ~ 529.

务。"[1]

关于财产基本权利，1967 年最高法院在 *Golak Nath* 案中的判决是最重要的。[2]该案中，首席大法官 Subba Rao 先生认为，通过修改宪法消灭所有权相当于一场革命。该判决阐明了以下原则，即《印度宪法》第三部分包含的基本权利是"不可变的"，并且"在国会的权限之外"。Subba Rao 首席大法官撰写的判决清楚地确立了司法审查在基本权利和国会立法修改基本权利问题上的重要性："什么是基本权利？它们是我们的宪法保护的人们的权利。'基本权利'是我们传统上所称的'自然权利'的现代名称。它们是人们个性发展所必需的原始权利。因此，人们将看到，基本权利在我们的宪法之下被赋予了一种先验地位，不受国会权力的干预。"

该判决还阐明了以下两点：①国会修改宪法的权利来自《印度宪法》第 245、246 和 248 条，而不是第 368 条，后者仅处理程序问题。宪法修改是一种立法过程。②修正案是《印度宪法》第 13 条所指的"法律"，因此如果它剥夺或限制了第三部分赋予的权利，它将是无效的。

后来，国会通过了第 24 修正案，该修正案规定，国会有权修正宪法，包括第三部分（基本权利）。根据这条修正案，国会可以通过任何宪法修正案，"不管宪法中有何规定，并且可以通过添加、违反或废止宪法的任何部分来行使修宪权"。在 1973 年的 *Kesavanand Bharati v. State of Kerala* 案和其他案件中，该修正案受到挑战。最高法院多数意见支持了第 24 修正案的有效性，它给予国会修改宪法任何规定的无限权利，包括基本权利条款，但最高法院指出，国会在根据第 368 条行使其修宪权时，不能摧毁或删削宪法的"基本结构"。因此，司法机构仍然可以根据宪法的基本结构审查任何宪法修正案的合宪性。[3]

（二）司法独立

司法独立具有双重含义，它不仅意味着独立于外来影响，还意味着

---

〔1〕　P. Sharan, "Constitution of India and Judicial Review", *The Indian Journal of Political Science*, Vol. 39, No. 4 (Oct – Dec. 1978), p. 529.

〔2〕　P. Sharan, "Constitution of India and Judicial Review", *The Indian Journal of Political Science*, Vol. 39, No. 4 (Oct – Dec. 1978), p. 528.

〔3〕　P. Sharan, "Constitution of India and Judicial Review", *The Indian Journal of Political Science*, Vol. 39, No. 4 (Oct – Dec. 1978), p. 533.

个体法官能够独立工作。一个法官必须能够自己独立思考，他不应当只受到一方论证的影响，而对另一方的论证置之不理。他必须能够独立评价双方的论辩，从而得出正确的结论。他应当依靠自己而不是顺从于别人。我们应当从这两个方面观察一个国家的司法制度是否有利于实现司法独立。

一般来说，确保司法独立的最低要求有四个：①法官必须豁免于民事责任。一个法官在其权限范围内工作时，不应为其判决承担民事上的责任。法官还应当受到关于蔑视法庭的法律的保护。这些法律保护他们不受不适当的攻击。②在任命或遴选法官时，必须最多地考虑候选人的品质和能力。具有丰富学识和对人类事务具有深刻理解力的法官能够以正确的方式主持正义。③法官要独立必须因其工作得到适当的经济报酬。我们不能期望法官的日常行为建立在理想之上。法官的薪水和其他工作条件必须能够使法官体面地生活。④必须保证法官不受任意罢免。他们应当有一个相当长的任期，不能有任何因素诱惑他们偏离公正，比如承诺他们在退休之后得到可观的收入。我们可以根据这些具体标准来看印度的司法独立程度。

笔者借鉴 Vishnu Parshad 和 Vishnu Prasad 的方法，将印度的司法体系分为三个层面，分别观察这些层面中法官的独立性。第一个层面是印度各邦内的高等法院和位于德里的最高法院；第二个层面是位于中间的地区层面的法院；第三个层面是位于最底层的村级争议解决组织（Gram Katchery 或 Nyaya Panchayat）。因为各层面的司法制度不同，对法官独立性的影响也不同，这种分层观察的方法是适当的。

1. 最高法院和高等法院

我们首先来看最高法院和高等法院。根据《印度宪法》第217（1）条，高等法院的法官应当由印度总统通过签字和盖章的委任状任命，在此之前，需要与印度首席大法官和邦长磋商，如果不是任命高等法官的首席大法官，还应当与相应的高等法院首席大法官磋商。印度最高法院的法官由总统与印度首席大法官磋商后任命。

有人质疑在上述任命过程中，印度首席大法官的建议在多大程度上被接受。一些有影响力的人，包括最高法院和高等法院的退休法官，以及印度法律委员会的成员力主这项任命权应交给首席大法官。总统应当按照他的建议行事，就像总统根据总理的建议行事一样。[1]有的学者则认为这样走得太远了，认为仅一个人（如印度首席大法官）不能被授予组建高等法院和最高法院的专有权力，并主张应建立一个全国层面的司法高级委员会，该委员会由最高法院的首席大法官、全印律师委员会的2名代表、印度高等法官中2名最资深的法官和人民院选出的2名代表组成。总统应当根据该委员会的推荐任命高等法官的法官以及最高法院的首席大法官和其他法官。[2]笔者认为，要选出品质和能力卓越因而胜任法官的人，的确应当由更擅长和更可能具备这种选择能力的组织来选择，而不是由总统一人决定。《印度宪法》仅规定总统在任命这些法官时与其他机构磋商，但没有实质性制约机制，总统一人决定法官人选是可能的。而总统在决定法官人选时受到个人好恶、党派倾向或其他因素影响的可能性很大，不能像美国任命联邦法官那样谨慎。这种状况长期没有得到改变，直到1988年，仍然有学者建议，法官应当由一个基础更广泛的委员会通过更公开的程序任命。[3]

还有一个宪法规定受到反对，即任命高等法院的额外法官。该规定的确不利于司法独立。《印度宪法》第224（1）条规定，如果高等法院的事务临时增加或者工作堆积，在总统看来，那家法院的法官数量应当暂时增加，总统可以任命合格的人在他规定的不超过2年的时间段内成为该法院的额外法官。这项规定没有规定同一个人能否被连续任命，实践中，额外法官第一次被任命任职2年，但他们的任职被不断延期。可以推测，一个希望重复被任命的法官不太可能保持独立，尤其是当这一任命取决于总统一个人的决定时。

值得注意的另一个问题是：法官的工资和其他报酬。独立的司法机构要求法官的工资和工作条件是优裕的。有学者指出，印度法官的工资实际上没有随着生活成本的提高而增加，反而降低了。一方面，个人所得税税率在增加，生活成本在提高，而高等法院和最高法院的法官的收

〔1〕 See Vishnu Parshad and Vishnu Prasad, "Independence of Judiciary in India", *The Indian Journal of Political Science*, Vol. 25, No. 3/4, (July – September – December, 1964), pp. 307 ~ 312.

〔2〕 See Vishnu Parshad and Vishnu Prasad, "Independence of Judiciary in India", *The Indian Journal of Political Science*, Vol. 25, No. 3/4, (July – September – December, 1964), pp. 307 ~ 312.

〔3〕 See Vijay Lakshmi Dudeja, *Judicial Review in India*, New Delhi: Radiant Publishers, 1988, Chapter 8.

入是固定的，规定在宪法第二附表中。因此，有学者建议应当适当考虑法官生活的物质条件。[1]

印度高等法院和最高法院法官的任职期限也不利于司法独立。根据《印度宪法》，高等法院的法官达到 62 岁时退休，最高法院的法官 65 岁退休。有学者正确地指出，这种有限的任职期限有很多坏处：①有丰厚收入的独立而勇敢的律师不愿意接受高等法院的法官职位。②法官面临一种诱惑，希望在退休之后能够在某个法庭或其他类似机构重新得到职位。③在几种情况下，法官也可能在长年司法生涯结束后从事律师职业。在印度，很普遍的情况是，法官在退休之后在下级法院审理的案件中担任律师。如果允许这种情况普遍发生的话，正义的源泉不可能保持纯洁。[2]此外，这种任命和退休之间的期间通常太短，法官没有足够的时间获得经验和走向成熟。因此，有学者建议印度采取法官终身制，从而纠正现有法官任职期限规定导致的众多弊端。[3]

2. 地区法院

地区法院的法官由邦长与相应的高等法院磋商后任命。其他司法官员都由邦长与邦公共服务委员会和高等法院磋商后任命。在邦的司法服务机构的职位、晋升和其他人事控制权由高等法院掌握。这一层面的司法服务大部分是终生职业。工作人员直接来自律师界的比例很小，几乎可以忽略不计。在邦的司法机构中，最底层的职位由任命产生，更高的职位通过晋升填补。这种司法机构是邦的公共服务机构的一个分支，邦公共服务委员会所充当的角色，与它在邦的其他公共机构中充当的角色相同。

这一层面的司法机构更值得注意，因为大量案件就是在这一层面处理的。但是这一层面的司法独立问题也不理想。由于这些司法职位大部分是终身职业，有一种可能的危险是：在职人员对晋升的渴望可能使他

---

〔1〕 See Vishnu Parshad and Vishnu Prasad, "Independence of Judiciary in India", *The Indian Journal of Political Science*, Vol. 25, No. 3/4, (July – September – December, 1964), pp. 307 – 312.

〔2〕 See Vishnu Parshad and Vishnu Prasad, "Independence of Judiciary in India", *The Indian Journal of Political Science*, Vol. 25, No. 3/4, (July – September – December, 1964), pp. 307 ~ 312.

〔3〕 See Vishnu Parshad and Vishnu Prasad, "Independence of Judiciary in India", *The Indian Journal of Political Science*, Vol. 25, No. 3/4, (July – September – December, 1964), pp. 307 ~ 312.

们自己迎合有权力的人。

此外，邦公共服务委员会在录用司法官员的程序中所扮演的角色也不恰当。司法机构应当是邦公共服务的独立分支，该分支所需要的人员类型根本不同于邦公共服务机构的其他分支。其他公共服务机构中，被雇用的人员从事行政工作，而司法服务人员需要根据法律在个人之间以及个人与政府之间主持正义。正义的质量主要取决于解释法律的人的资质。在遴选司法服务人员时应当极其谨慎。邦公共服务委员会在为各种邦的公共服务机构录用合适的人员这项工作中已经负担过重。如果允许使用同样的竞争性考试或同样的录用机制来为司法服务机构招录工作人员，结果不可能令人满意。这也不能不让人联想到我国法官的遴选过程。因此，有学者建议，可以成立一个邦司法委员会，负责录用、提升或其他控制邦司法职位的工作。该委员会应当由邦长、相应高等法院的首席大法官和其他这类成员组成，使其具有足够广泛的基础，从而排除政治压力、政治交易和偏见的影响。该建议不可谓没有道理。

3. 村级争议解决组织（Gram Katchery 或 Nyaya Panchayat）

村级争议解决组织的建立是为了将司法服务送到村级并降低司法成本。这个体系成本小、普遍并且迅捷。它适合印度的乡村条件、印度民众的贫穷以及村庄的分散且交通不便的实际情况。村级争议解决组织的"法官"（Panches 和 Sarpanches）由村里的成年人口选举产生。在许多地方，Panches 由间接选举产生，而在其他地方，他们由直接选举产生。这种机构的成员的任期从 3 年到 5 年不等。这些职位是荣誉性职位，因此，薪水等问题没有被提出来。

这些司法机构成员由普选产生的机制招致了大量批评。据说选举方法影响司法独立。它鼓励政治因素的介入。Panches 和 Sarpanches 可能被政治老板玩弄于股掌之中。选举产生的法官必然具有政治意识，而且在态度上具有强烈的党派倾向。而且，选举方法无法保证法官的更长任期。渴望继续任职的 Panches 和 Sarpanches 将会小心谨慎地避免冒犯强势群体和当地有影响的人。在受派别支配和种姓支配的印度村庄中，这种选举的体制不会促进司法独立。[1]

从三个层面来看，总的来说，印度司法独立的程度并不理想。最底

〔1〕 See Vishnu Parshad and Vishnu Prasad, "Independence of Judiciary in India", *The Indian Journal of Political Science*, Vol. 25, No. 3/4, (July – September – December, 1964), pp. 307 ~ 312.

层的司法机构至少在制度上完全受政治左右；地区法院的法官类似于我们国家的法官，他们在遴选机制上与其他行政机构的公务员无异，这不仅无法保证法官在品质和能力上胜任法官职位，也使他们具有强烈的升职期待，因而无论从独立思考还是从避免外来影响两个方面来看，都无法保证他们能够独立地主持公正；高等法院和最高法院的法官，受限于遴选过程、额外法官的存在、薪资水平和任职期限，或多或少地影响了自身的资质和独立性。

(三) 印度的法治指数

以上介绍了印度司法审查和司法独立的情况。这里，我们借助世界正义工程（The World Justice Project）发布的法治指数（Rule of Law Index）[1]来了解一下印度的整体法治状况。

在世界正义工程看来，加强法治是全世界的各国政府、捐赠者、企业和公民社会组织的一个主要目标，而有效推动法治的发展需要首先弄清楚法治的基本特征，也需要对法治发展程度进行准确的评估和衡量。为此，世界正义工程开发了法治指数，以定量测量的方法提供一个国家法治实践的全面图景。[2]

世界正义工程 2014 年的法治指数是根据 9 个综合指标计算出来的，这 9 个指标是：对政府权力的约束、没有腐败、公开政府、基本权利、秩序和安全、政府规章的执行、民事司法、刑事司法、非正式司法。这 9 个综合指标又被分解为 47 个具体的次级指标。比如，第一个综合指标"对政府权力的约束"被分解为政府权力受到立法机构的有效限制、政府权力受到司法机构的有效限制、政府权力受到独立审计和审查的有效限制、政府官员因不端行为被制裁、政府权力受到非政府制衡、权力交接受制于法律等 6 个次级指标。然后，他们根据这个框架设计了 5 份调查问卷，分发给 99 个国家中的 10 万多位公民和法律专家，调查他们的真实经验和认知。这样就使该指数成为世界上从普通人民的视角衡量一国法治状况的最全面和仅依靠原始资料的数据。

根据世界正义工程的法治指数，印度法治状况的总体得分为 0.48 分（满分为 1 分），在被统计的 99 个国家中排名第 66 位。作为参照，

---

〔1〕 See http://worldjusticeproject.org/sites/default/files/files/wjp_rule_of_law_index_2014_report.pdf.

〔2〕 See WJP Rule of Law Index, Preface.

马来西亚、南非、巴西、印度尼西亚、泰国、蒙古、土耳其、越南都排在印度之前，印度的法治状况实在不理想，仅略微领先于埃及、墨西哥、俄罗斯、伊朗、肯尼亚、巴基斯坦等国家，在分值上比倒数第二位的阿富汗高 0.14 分。[1]

在 8 个综合指标中[2]，印度在"对政府权力的约束"上得分为 0.61 分，全球排名第 35 位；"没有腐败"得分为 0.39 分，全球排名第 72 位；"公开政府"得分为 0.53 分，全球排名第 30 位；"基本权利"得分为 0.54 分，全球排名第 63 位；"秩序和安全"得分为 0.51 分，全球排名第 95 位；"政府规章的执行"得分为 0.4 分，全球排名第 81 位；"民事司法"得分为 0.39 分，全球排名第 90 位；"刑事司法"得分为 0.44 分，全球排名第 48 位。

此外，第一个综合指标"对政府权力的约束"中的第 2 个次级指标"政府权力受司法机构的有效限制"、第 4 个综合指标"基本权利"、第 7 个综合指标"民事司法"以及第 8 个综合指标"刑事司法"尤其可能与印度的司法独立状况直接相关。从以上数据看，印度在这方面的成绩并不理想，除可能对法官腐败的监督不力外，另一个原因可能是印度的司法独立状况仍然有待改善。

四、结论

至此，我们已经初步了解了印度的宪制进展。如果把民主、新闻自由和司法独立比作三把剑，印度显然已经获得了一把利剑，那就是可以和民主发达国家相媲美的正常运转的民主选举制度。虽然因为成人识字率相对较低、民主政治文化尚不够发达等因素，这把利剑还有一些瑕疵，但瑕不掩瑜，这把利剑已经能够为印度的平稳前行保驾护航，印度这艘大船已经不太可能因人祸而倾覆了。

印度的新闻自由这把剑已经成形，虽然还不十分锋利，但已经露出锋芒。它不仅得益于正常运转的民主制度，同时也成为民主制度的重要支撑。虽然它作为一项基本权利，得到保护的程度还不理想，但是最高法院已经通过判例证明自己是新闻出版自由的保护者。在印度，一个人

---

〔1〕 See WJP Rule of Law Index, Preface, pp. 172 ~ 173.

〔2〕 "非正式司法"这一指标的数据没有被统计在最后的指数中。See WJP Rule of Law Index, Preface, p. 188, note 2.

可能因为 Facebook 上的一篇帖子被逮捕，但我们同时也能看到法院会因此传唤总检察长，让他解释政府行为的合法性。另一方面，从印度独立以来的历史看，新闻出版自由一直都具备助推理性选举的基本功能。可以说，在新闻自由方面，印度一直处于正常国家的行列，它的世界排名虽然靠后，但在分数上与上游国家差别不大，反而远远领先于排名上与之相近的极权国家，这种现象恰恰说明了基本没有新闻自由的国家已经为数不多了。

印度的法治状况的确是一把羞于出鞘的钝剑。官员腐败盛行、民事和刑事司法不公成为印度法治方面的污点；印度宪法虽然确立了司法审查制度，最高法院和高等法院在基本权利的保护上也不是无所作为，但由于其法官的遴选、待遇、任期等制度存在明显瑕疵，它们应有的作用没有得到充分发挥；下级法院存在的问题更大，简直需要系统的改良。

总的来说，笔者还是认为印度已经在宪制方面取得了可喜的成就，因为它已经具备了两把最重要的还算锋利的宝剑，那就是定期选举和新闻出版自由。定期选举使印度民众掌握了自己国家的命运，而他们一般不会把自己的国家葬送。言论和新闻自由通常被认为是最重要的基本权利，没有它，其他权利也将无法得到保障。正是在这种民众掌握自己国家命运、没有什么不能拿出来开放讨论的环境中，问题的解决就没有了根本障碍。因此，笔者认为，印度的宪制发展有很多值得我们借鉴之处，值得我们深入研究。

和同之辩：卡尔霍恩与美国早期的国体论争

米诗雅*

1787 年 7 月 16 日，制宪会议。代表们对经过修改的制宪委员会报告进行表决，其中规定联邦议会第二院各邦[1]席位平等，每邦均享有 1 席。表决结果：马萨诸塞代表赞成、反对各半，康涅狄格赞成，新泽西赞成，宾夕法尼亚反对，特拉华赞成，马里兰赞成，弗吉尼亚反对，北卡罗来纳赞成，南卡罗来纳反对，佐治亚反对。5 邦赞成，4 邦反对，1 邦代表赞成、反对各半。大会通过了这个报告，即通过了联邦议会第二院各邦席位平等的决议，决定在联邦议会第二院，每邦均享有平等的 1 席[2]。这便是美国宪法史家所称的"大妥协"（Great Compromise）。

1787 年，面对充满敌意的世界，年轻的美国感到不安和无助，服务于独立战争的《邦联条款》已难以捍卫自身安全和利益，美国继而兴起了一场加强中央政府权力的立宪运动。5 月 25 日到 9 月 17 日，各邦代表在费城召开制宪会议，确立新宪法。

制宪会议可谓一波三折。以麦迪逊[3]、威尔逊[4]和汉密尔顿[5]为代表的联邦派主张建立一个全国性政府，扩大中央政府权力。相反，

---

* 米诗雅，华东师范大学政治学系硕士研究生。

〔1〕 邦（state）：本文将 state 译为"邦"，以便与邦联和联邦对应一致。

〔2〕 ［美］詹姆斯·麦迪逊：《辩论——美国制宪会议记录》，尹宣译，译林出版社 2014 年版，第 304 页。

〔3〕 詹姆斯·麦迪逊（James Madison, 1751～1836），弗吉尼亚代表，被称为"联邦宪法之父"。

〔4〕 詹姆斯·威尔逊（James Wilson, 1742～1798），宾夕法尼亚代表。

〔5〕 亚历山大·汉密尔顿（Alexander Hamilton, 1755～1804），纽约代表。制宪会议后，汉密尔顿任第一任财政部长。

以路德·马丁[1]、奥利维·艾尔斯沃斯[2]等为代表的邦权派则强调各邦的独立特性，反对联邦权力对邦权的侵蚀，这彰显出在构建美利坚宪法过程中联邦主义和邦权主义间的对抗。双方在众多关键议题上唇枪舌剑、互不相让，其中议会席位分配问题更是争论了近 2 个月之久。

1789 年 3 月 4 日，这部出身坎坷的宪法正式生效，即便如此，邦权与联邦权力之间的争执并未平息，联邦主义与邦权主义的矛盾由此延续。联邦主义与邦权主义的胶着态势不仅展现在政治、国家、创立宪法的层面上，也可在美国人身上追寻。约翰·考德威尔·卡尔霍恩（John Caldwell Calhoun）在政治上和思想上的演进就是一个生动的例子。

卡尔霍恩，1782 年 3 月 18 日出生于南卡罗莱纳的一个农场主家庭，家境殷实。1800 年，进入耶鲁大学，攻读法律，毕业后不久便成为一名律师。1808 年，他被选入南卡莱罗纳邦议会，从此开始了长达四十余年的政治生涯。

卡尔霍恩 29 岁时被选为国会众议员，对 1812 年美国对英宣战一事起了重大的推动作用。战后，卡尔霍恩接受了门罗总统的任命，担任战争部长。他倡导建立强大国家、中央政府，呼吁增加军费，建立常备军。卡尔霍恩被看作强大的联邦政府和有力的国家主义政策的主要支持者[3]。

然而，南部各邦（特别是他的家乡南卡罗莱纳）政治和经济的变化，使他在诸如关税法案及奴隶制等议题上立场陡变。19 世纪 30 年代，在关税问题上，卡尔霍恩与当时任总统的安德鲁·杰克逊[4]产生尖锐冲突，最终与其彻底决裂。1832 年，卡尔霍恩辞去副总统一职，回到国会，任参议员，继续为南方利益与关税制度抗争。1844 年，卡尔霍恩在竞选总统失败后，接受了约翰·泰勒[5]的邀请，任其内阁国务卿。1845 年，柏克尔当选总统，卡氏回到参议院。

在卡尔霍恩后期的政治生涯中，奴隶制问题深深困扰着他，废奴运动威胁着整个南方蓄奴邦的根基。为保住联邦，捍卫南方利益，他成为奴隶制和邦权论的坚定支持者。1850 年 3 月 4 日，重病体弱的卡尔霍恩

---

〔1〕 路德·马丁（Luther Martin, 1744~1826），马里兰代表。

〔2〕 奥利维·艾尔斯沃斯（Oliver Ellsworth, 1745~1807），康涅狄格代表。

〔3〕 [美] 罗伯特·卡根：《危险的国家——美国从起源到 20 世纪初的世界地位》，袁胜育、郭学堂、葛腾飞译，社会科学文献出版社 2011 年版，第 194 页。

〔4〕 安德鲁·杰克逊（Andrew Jackson, 1767~1845），美国第七任总统（1828~1836）。

〔5〕 约翰·泰勒（James Tyler, 1790~1862），美国第十任总统。

进行了最后一次演讲。他发出警告，联邦均势被打破之时就是内战爆发之日。面对重重压迫，他提出南方有退出联邦的权利。仅 26 天后，即 3 月 31 日，卡尔霍恩在远离家乡的华盛顿病逝。

1861 年，内战爆发，南方组建新政府，建立美利坚联盟国，卡尔霍恩正是他们的理论导师。4 年后，北方邦在林肯[1]的带领下取得胜利，废除奴隶制，开启新时代。然而，这难道是邦权论的终结吗？在笔者看来，卡尔霍恩的政治思想未因南方战败而被抛弃，联邦权论与邦权论的角逐并未因战争而息，两者作为美国宪制的两个核心支柱共同维系着联邦政制的有效运转，它们似乎是美利坚政体构造不可缺少的两面，既相辅相成，又彼此制约。那么，其内在机理究竟如何呢？

本文将主要关注卡尔霍恩的两部著作，即《政府论》与《关于宪法和政府的论述》，这两部作品对探寻美国联邦主义与邦权主义的内在张力极为重要。前者展现了卡尔霍恩对政治构造的整体理解；后者在前者的对照下，敏锐地点出美利坚政体的特质，但也指出了其所面临的危机和挑战。笔者在分析两部作品后，再将卡尔霍恩带入实际的政治舞台，剖析缠绕其多年的关税问题，简析卡尔霍恩对关税的看法及解决途径。在本文的最后，笔者试图脱离对政体的理性部分的探讨，揭开美利坚政体的另一层面纱。

一、《政府论》与美国宪制

在卡尔霍恩的所有作品中，《政府论》最能展现他对政治的理解与思考，这部遗作彰显了卡尔霍恩四十多年政治实践中积累得出的政治理念。在这本书中，卡尔霍恩不仅分析了美国宪制政府的政体根基，更揭示了一个对政治构造的更为大胆的新理解。

（一）人之自然的构成法则与政府的必要性

为了弄清楚政府之自然（nature）和目的，则必须准确了解人之自然的构成法则，因为政府的起源正在于此。为此，卡尔霍恩分别通过三个认定事实论析。

事实一：人就其构成方式而言是一个社会性存在。无论是生理的构

---

〔1〕 亚伯拉罕·林肯（Abraham Lincoln, 1809～1865），美国政治家、思想家，黑人奴隶制的废除者，第十六任美国总统。

造，还是道德上的倾向和欲望，都迫使人与他人接触和往来。人处在这样的社会状态里，道德和实践上都获得全面提升。

事实二：在人之生存的社会状态里，必须要求政府存在，人的社会性存在离不开政府。

那么，到底人之自然的构成是什么，以至于人必然要和他人往来，也使政府必须存在呢？答案基于事实三：人对于自身产生的直接感觉要强于通过他人而获得的间接感觉，或者说，个人的直观情感要强于因同情他人或通过他人而产生的社会情感。这是人类偏私的来源，也是彼此冲突的动因。

一面是人的社会性存在，一面是人因其自然本性而易发生的冲突，两者之间存在某种张力。如何让两者保持平衡，让两者的矛盾可以接受，是政府存在的目的。换言之，人之本性的独特，使政府存在成为必需。政府对于社会的存在必不可少，社会对于人的存在及完善必不可少。社会保存完善人类，政府保存完善社会，两者都为人类的生存和完善所必需，且甚至可说是出于神命。[1] 通过三个认定事实，几何式地推导出人、社会和政府的关系，并强调因人偏私的自然构成，使其虽离不开社会，却可毁灭社会。

（二） 政府与宪制

政府出现虽是必然的，但政府由人构成，因此也分享着人之自然的构造法则，故而也有忽视他人、滥用权力、压迫共同体、导致社会失序的强烈倾向。授予政府的权力若无有效管理，便将转化为政府压迫共同体的工具。

那么，如何抵制政府滥用权力、压迫共同体的倾向？

普选权是建立宪制不可缺少的基本原则，会形成统治者与被统治者之间的平衡。然而，仅靠普选制度的完善，远不足以实现宪制，甚至会适得其反，导致专制政府。因为普选不能抗衡政府压迫民众、滥用权力的本能（倾向）。关键在于，选举只能改变政府方式，不能改变人性，产生的政府同样受到人性的偏私影响，也会滥用政府的权力。因此，无论政府形式如何，无论它是由一人统治、少数人统治，还是多数人统治，都无法抑制政府滥权的倾向，即掌握权力的一方都有压迫他人及滥

---

[1] John C. Calhoun, *Union and Liberty: The political Philosophy of John C. Calhoun*, Liberty Fund, 1992, pp. 5~7.

用权力的倾向[1]。不仅如此，政府行为是最难以制衡的。越是纷繁复杂的共同体，政府行为越难以制衡，滥用权力、压迫他人的行为也越发可能[2]。

因此，普选本身并不能抵挡压迫的倾向。问题的要害不是权力的来源，而是权力的构成与组合，正是这点从严格和有限的意义上来说创造了宪法。卡尔霍恩认为，对抗压迫的倾向只有一种方法，即用权力来制衡权力。政府利用自身的有机组织（如果必要的话，也是共同体的有机组织）重新分配权力，使每一部分或每种利益都可通过适当的组织构造，对立法、行政和司法的过程表达意见，或使他们拥有对法律的否决权。只有当不同的利益、社团、阶层或群体处在这样的有机构造中，权力才能得到有效约束，它们之间的冲突和斗争才能被抑制，共同体才可以严格说是有机构成的（constitutional），从而也是基于宪制的。宪法的目的是管理政府权力，防止权力滥用。宪法之于政府，正如政府之于社会。

承接"力"的相互制衡原则，卡氏杜绝外在制约政府权力，走向内在制约。这一解决问题的关键不是运用权力的绝对值或绝对量，而是塑造权力的架构方式。通过共同体内部的有机构造，运用宪法抵制政府的滥权倾向，实现宪制。

上述有机组织与普选制度的结合，构成了宪制的基础。有机构成并非背离普选，而是分化、深化普选。单一的普选机制以一次多数的计算方式获得共同体的民意，而与有机组织相结合的普选机制则通过多次多数的计算方式收集共同体的民意。后者通过多个多数或局部多数使得每一部分的民意得到充分表达，使共同体内各个分区、阶层或群体有表达自身权利、意见、主张或异议的机会，否则便可退出共同体[3]。

---

[1] 亚里士多德根据统治者的目的和人数两项主要标准，把政体分为两类六种。两类是指正宗政体和变态政体。在前者，统治者的目的是促进公共利益；在后者，统治者的目的是牟取私利。六种是指君主政体、贵族政体、共和政体、平民政体、寡头政体和僭主政体。前三种属于正宗政体，后三种属于变态政体。君主政体和僭主政体的统治者为一人，贵族政体和寡头政体的统治者为少数人，共和政体和平民政体的统治者为多数人。卡尔霍恩总体上将政体划分为两大类，专制政府及宪制政府，无论是君主政体、贵族政体，还是民主政体，都将按照政体内部是否实现宪制来划分。

[2] John C. Calhoun, *Union and Liberty: The political Philosophy of John C. Calhoun*, Liberty Fund, 1992, pp. 17 ~ 19.

[3] John C. Calhoun, *Union and Liberty: The political Philosophy of John C. Calhoun*, Liberty Fund, 1992, pp. 21 ~ 23.

（三）数量多数 vs. 共识多数

1. 两种多数

以此，出现两种组织共同体的形式：

（1）单一的普选制，通过一次性的多数决判断共同体的利益。这种组织方式将数字看作唯一要素，也把整个共同体看作只有一个共意的单位，即把多数作为表达利益的唯一要素。卡氏将这种依靠单一普选制，运用一次数量计算的方式称为"数量多数"，也称为绝对多数。

（2）通过有机组织与普选制的结合，即凭借种种不同利益的有机联合和普选多数以组织共同体。每一分区、阶层或群体都能通过适当的职权机构与普选多数收集该区的意见，将各分区意见的联合作为共同体的民意。这种组织形式被称为宪制多数（constitutional majority），也称"共识多数"（concurrent majority）。

数量多数把"人民"看作单一的整体，人民的利益也是单一的利益体。基于数量多数的政体通过普选原则（即一次性投票）实现民主，人民的多数即代表了人民的利益所向。然而，基于共识多数的民主政体则大不相同，这种多数是一种构成性多数。此类多数原则使群体中的少数通过不同的有机组织永远有机会成为多数，让自己的意志得到表达。卡氏的卓见不在于对"人民"的合法性确认，而在于他对"人民"的"科学"理解。因人之自然的构成法则，"人民"并不是单一的整体，而是存在着各个分区、阶层或群体，人民的利益也非整齐划一，而是多元的。共识多数抛弃了单一的"人民"计算方式，通过复合多次的计算方法，"科学"地理解人民，实现人民的意志。于此，数量多数只是一次性多数的实现，共识多数则渗透到生活中，持续不断地多数和计算，彰显民意[1]。

2. 共识多数与数量多数的区别以及前者的好处

在以共识多数为原则的共同体内，通过有机组织的权力运作，每个分区、阶层或群体都有对抗其他分区、阶层或群体的否定权力（negative on the others）来保护每个分区的利益。否定权力包括否决、干预、宣布无效、制衡、分权等。共识多数通过有机组织的权力运作赋予每个分区、阶层或群体以否定权力，防止其受到他者的侵害，而正是制衡彼

---

[1] John C. Calhoun, *Union and Liberty: The political Philosophy of John C. Calhoun*, Liberty Fund, 1992, pp. 23～24.

此利益的否定权力构成了宪法。数量多数型政府由于没有否定权力，则没有宪法，这必然导致绝对专制政府的出现[1]。

绝对专制政府的原则是暴力，而宪制政府的原则是妥协。绝对专制政府因不能防止压迫和侵权现象的出现，使利益得不到表达的分区、阶层或群体只能靠暴力来夺得政权，对这些人的恐惧必然导致掌权者需运用更多的暴力来抵御造反。与之相比，宪制政府认可人民共同体预先存在着不同分区、阶层或群体的利益，并通过相应的有机组织和普选多数将其利益得以表达，并与其他分区的利益制衡[2]。因此，各个分区、阶层或群体的利益会以彼此制衡的方式妥协地达成联合，以此促进共同体各分区及整体的繁荣。

因异得同与因同得异。看似矛盾的是，共识多数原则因承认人群利益的差异，恰恰找到了真正的共同点。在此过程中，虽然预先设定着人之自然的"偏私"法则，但基于人类保存和共同体繁荣的"必要"使得个体需承认他人的权利，这两点被内化在共同体的事业中。任何一方想要实现自身繁荣，不仅要考虑自身利益，也要相对地顾忌他者利益。个体的利益被融入共同体的整体利益之中，汇集了利益之众的共同体也紧密地与各种利益相连[3]。因此，共识多数原则以承认共同体内部存在种种不同利益的方式，团结整个共同体。暗示着：只有以真正的"异"为前提，才能以非暴力、妥协的有效方式达到"同"。与此相反，数量多数以承认共同体内部利益的一致性始，以将共同体分裂为两大对立派系终。绝对专制政府以"同"为前提，却导致了人民以暴力形式的分裂，实则为"异"。

（四）历史与趋势

航海罗盘、印刷术、火药的发明，化学和机械、蒸汽机的应用，世界被完全探索出来，知识的传播和对进步文明的向往，伴随着精神的力量与活力，民意被赋予了巨大的力量，在社会与政治方面产生难以预料的后果。但似乎在政治领域和物质领域存有一套法则：巨大的变革必然

[1] John C. Calhoun, *Union and Liberty：The political Philosophy of John C. Calhoun*, Liberty Fund, 1992, pp. 28~30.

[2] John C. Calhoun, *Union and Liberty：The political Philosophy of John C. Calhoun*, Liberty Fund, 1992, pp. 30–31.

[3] John C. Calhoun, *Union and Liberty：The political Philosophy of John C. Calhoun*, Liberty Fund, 1992, p. 24.

伴随着混乱和革命，不管这些变革终究被证明多么有益，最初必然引起灾祸。

在卡氏看来，新时代的开启，历史的推移，大众民主势不可挡。这是一个充满希望的时代，人类渴望新生。但另一方面，这也是充满陷阱的时代，大众民主宪制的塑造之难增加了建立"人民之国"的偶然性，甚至需要幸运的眷顾。若未能如愿建立适宜的宪制，后果则不堪设想，人类完全可能堕入全面持久的仇杀而万劫不复。[1]

如此时刻，卡氏指出，美国政体应承担起民主宪制的责任典范，实现一个基于共识多数原则的宪制政府。在接下来的章节里，卡氏详细剖析了在联邦主义与邦权主义之间挣扎建立的美国宪制，并以共识多数原则的视角展现出一个正处于宪法危机下的美国。

二、处于美国宪法危机的政府论——《关于宪法和政府的论述》

1787 年制宪会议上，联邦派与邦权派在几个关键议题上争执不下。从他们各自的论述中，两派对美利坚联邦政体的各自看法得以彰显。在卡尔霍恩看来，美国政府体系特征是联邦制，是由一些彼此分离独立的邦政府组成的联邦，即为美利坚联合政府。邦先于联邦存在，邦政府和联邦政府都是由宪法设计构成的，权力来源于各邦人民。邦政府与联邦政府的结合就是美国政制的全部构造。

（一）美国宪法和政府体系概述及创立初衷

美国政府的特征是联邦性，而不是国民性。在邦联政府末期，制宪会议确立了组建联邦政府的计划。联邦政府成立后，各邦依然保有"自由、独立、拥有主权"的特性。与美国邦联时期的政府特性类似，各邦在彼此同等的关系下组成联邦政府。

同时，美国政府也是一个典型的共识多数型政府，而不是基于数量多数原则的绝对民主政府，这从宪法和政府组织两个角度得以展现。

1. 宪法的形成、确认和修改

在宪法形成的历史过程中，"邦"作为独立主体参与宪法制定。由

---

[1] John C. Calhoun, *Union and Liberty: The political Philosophy of John C. Calhoun*, Liberty Fund, 1992, pp. 55~57.

几个邦的代表组成的安纳波利斯大会通过大多数代表的决议，向邦联时期的国会提交宪法起草计划，宪法必须在 13 个邦中取得至少 9 个邦的承认才能生效。由此可见，联邦政府是以邦为单位，而非个人[1]。

2. 邦（states）vs. 联邦民数（federal numbers）

美国联邦政府体系包含两个要素，即邦（states）和联邦民数（federal numbers）。后者包括全体自由人、为共和国服务过一段时间的人（除去不交税的印第安人）和 3/5 的黑人。联邦政府分为三个部门，即立法、行政和司法部门。联邦宪法制定后，这两个要素也在政府运行过程中体现着截然对立的两种利益：各邦利益（即邦元素）和联邦的全国利益（即联邦民数元素）。

立法部门的国会分为参议院和众议院，参议院是由各邦立法机构选举代表产生的，体现"邦"元素；众议院是由各邦人民选举代表产生的，代表席位按照各邦的联邦民数的数目分配（即体现"联邦民数"的元素）。因此，在联邦的立法部门中，两种元素并存于两院之中。

与国会不同，行政部门并未划分两个独立的分权机构。在选举总统的过程中，两种元素（邦元素和联邦民数元素）并非分立，而是相互混合，所以两种元素未能并存于行政部门之中。因此，相比之下，总统选举过程不那么民主，共识多数原则难以实现。

在司法部门中，这两种元素也同样混合存在：总统提名法官候选人，参议院对候选人加以审查或否定。

总之，宪法制定者的目的是促使上述两种元素共存，或彼此分离，或共识行动，或彼此否决，相反相成地维系政府的存在。

（二）双重否定的权力

政府离不开权力分配，而权力分配一共存在四种分权模式。最重要、最原始的分权是独立的、拥有主权特性的各邦权力，这是整个美国政治的基础；接着是制宪权和立法权的分离；再者是委托给联邦政府的权力和留在各邦政府的权力的划分；最后是分别存在于联邦政府和邦政府内部的权力划分。

卡尔霍恩曾强调，为了防止部分分区压迫其他分区的利益、侵权的倾向，必须通过有机组织的权力运作，赋予各分区以对抗其他分区的否

[1] John C. Calhoun, *Union and Liberty*: *The political Philosophy of John C. Calhoun*, Liberty Fund, 1992, pp. 121 ~ 123.

定权力，以此保护共同体内各部分的利益不受侵蚀，达成制衡。因此，美国宪法通过给予每个分权部门以"否定"的权力，保证权力彼此不受到侵蚀，维持政体稳定。

这是因为宪法条款虽然明确列举了让渡给联邦的权力和保留在各邦的权力具体职责，同时对联邦政府和邦政府的权力范围加以限定，但仅靠宪法条款的规约远远不够。

制宪会议期间，立宪者围绕的中心议题是：权力的哪一方更容易受侵蚀？立法者因此议题形成两大政党：联邦党（Federalist）与共和党（Republican）。联邦党担心邦权过大导致联邦解体，共和党则担忧联邦权力过大导致集权[1]。但在卡尔霍恩看来，邦权逐渐处于劣势。因为联邦政府控制着两个元素（邦元素和联邦民数元素）的大多数，即将两个元素控制在权力一方手中，而相应地，各邦只能掌握两个元素中的少数。况且各邦并没有形成集权的意愿，各邦试图掌控联邦权力的意图也并不明显。反之，作为掌握一定权力的联邦政府，在行使职权的过程中，始终抱有夺得权力的强烈欲望，单单这欲望就足以催生一个数量多数的国民型政府[2]。

鉴于以上缘由，本来就处于弱方的邦权更加难以防止联邦权力的侵蚀。所以，必须赋予邦权以否定权力，形成权力之间的彼此制衡（mutual negative）。作为联邦宪法的创造者，以及作为宪法契约的签约方，各邦有权判定联邦政府的行为是否符合宪法契约的条款，并有权抵制联邦偏离宪法条款的行为[3]。卡氏直言："宪法是一项契约，各邦在其中均以主权者的身份出现，一旦缔约各方对契约的解释发生分歧时，每一方均有权自行判断其履约范围[4]。"

于此，必须赋予邦权双重否定的权力（twofold negative），这也是基于各邦本身带有的双重特性，即让渡权和保留权。双重否定权力的含

〔1〕 麦迪逊曾在制宪会议上表明自己的观点：①总体政府侵蚀各邦政府权力的危险，小于各邦政府侵蚀总体政府权力的危险；②总体政府侵蚀各邦政府的权力，不会致命，各邦政府侵蚀总体政府的权力，可能致命。

〔2〕 John C. Calhoun, *Union and Liberty: The political Philosophy of John C. Calhoun*, Liberty Fund, 1992, pp. 160～167.

〔3〕 John C. Calhoun, *Union and Liberty: The political Philosophy of John C. Calhoun*, Liberty Fund, 1992, pp. 169～171.

〔4〕 John C. Calhoun, *Union and Liberty: The political Philosophy of John C. Calhoun*, Liberty Fund, 1992, p. 197.

义：一是通过宪法赋予邦政府和联邦政府相互否定的能力；二是以邦介入的方式，保护各邦的权力不受侵蚀。所以，只有两种方法能够保存邦权：一是在制定和施行法律的过程中，所有邦都共识性地参与；二是各邦都握有对联邦行为的否决权。后者最终得到了宪法的采纳，而前者（即共识性参与）很难达到目的。在政府运行的过程中，由于邦数过多，提案难以征得所有邦的同意。

因此，必须借助保留给各邦的权力来制衡联邦权力。当双方对各自权力涉及范围存在异议而发生冲突时，只有通过彼此的否定权力才能防止一方的侵蚀，而当这种否定能力有可能导向联邦的失序和解体时，修宪权即足以平稳地解决问题。因此，若权力无法自我保存，则不能保证分权，没有分权就没有宪法，没有宪法就没有自由。

（三）宪法史：联邦的僭越与邦权的反抗

1. 对联邦制的偏离

作为基于共识多数型原则建立的美国政府，在卡氏看来，因联邦政府侵权的倾向，导致诸多僭越邦权的现象发生，展现出一个处于宪法危机下的美国。紧接着，卡氏探讨了自联邦政府建立后的六十多年时间里的五个偏离联邦制度正轨、走向国民制度的条款。

（1）1789 年 9 月 24 日，《司法条例》第 25 条由国会授权通过。该条例强调，凡被认为违反了《联邦宪法》第 6 条[1]（即联邦宪法、法律和条约为全国最高法原则）的案件都可上诉到联邦最高法院，并赋予联邦最高法院以复审邦法院判决的权力。因此，相对于各邦而言，联邦最高法院成为宪法最后和最高解释者。该规定明确把邦法院置于联邦法院的上诉管辖权之下，各邦最高法院处于附属地位，服从合众国政府的命令，把联邦至上原则贯彻到司法制度中。在卡氏看来，这打破了邦法院和联邦法院的平等关系，将邦法院降到低于联邦法院的位置。不宁唯是，它也打破了邦政府和联邦政府的平等关系，让邦政府附属于联邦政府。国会因通过这一条款，便授权联邦法院自行决定自己的权力范围的能力。这一条款实则是联邦权力对邦权的僭越，使美国政体偏离了联邦

---

[1]《联邦宪法》第 6 条：宪法、为实现宪法而制定的联邦立法、根据联邦授权已经缔结和将要缔结的条约，为联邦最高法律；各邦宪法和立法若与联邦最高法律抵触，各邦法官受最高法律约束。

制轨道，再难扳正过来[1]。

（2）1833 年 3 月 3 日的"进口关税征收令"条款。这项条款授权国会，使其正当地赋予联邦法院征收关税的权力。以宪法中"保障条款"为例，条款规定："联邦应当向各邦保证共和政府这一形式，通过立法或者行政手段，保护各邦免遭内部暴力。"即国会有权判定各邦是否符合宪制政府的标准，以此保障各邦议会、司法、行政机关的运作符合宪制原则，以此预防各部动乱。但宪制政府是由各邦创造并定义的，联邦国会无权制定此类标准。同时，若联邦政府被地方性政党控制，那联邦所认可的各邦的宪制标准，就可能臣服于党派利益。

（3）在国会未批准的情况下，总统有权开除没有被宪法固定任期的政府官员，这是另一个偏离联邦轨道的政策。这一默认对联邦制政府造成的危害不亚于《司法条例》第 25 条。因为，宪法明确授权给国会审查并认可总统关于政府官员的人事提名，该权力涉及联邦政府多个部门。这项授权是为了保证政府各个部门相互独立，防止各个部门权力职权冲突，预防行政部门及总统权力的扩张。然而，总统随意开除官员这一政策脱离了国会的权力范围。

正如上文所说，组成并控制着立法、司法和行政部门的两个基本元素，即邦元素和联邦民数元素并不平均分布在这三个部门中。所以，若想保持三个部分之间的平衡，首先要保持这两个元素的平衡。但在行政部门中，两个元素混合，彼此没有明确的互相制衡的机制，无法持久地维持两者的平衡。这会使联邦民数元素压倒邦元素，进一步影响三部门之间的平衡[2]。

（4）宪法授权各邦只能用金币和银币来作为偿还联邦政府债务的流通货币，然而汉密尔顿不顾宪法条款，授权政府接受纸币的支付，这使联邦政府有权采取任何必要且妥当的措施稳定纸币的币值，从而导致了国家银行的产生。这将大大偏离联邦制政府的轨道，改变政府的性质[3]。

（5）财政部长关于制造业的报告宣称，联邦政府不仅可以为保护

[1] John C. Calhoun, *Union and Liberty*: *The political Philosophy of John C. Calhoun*, Liberty Fund, 1992, pp. 224 ~ 238.

[2] John C. Calhoun, *Union and Liberty*: *The political Philosophy of John C. Calhoun*, Liberty Fund, 1992, pp. 242 ~ 244.

[3] John C. Calhoun, *Union and Liberty*: *The political Philosophy of John C. Calhoun*, Liberty Fund, 1992, pp. 245 ~ 246.

制造业增收进口税，联邦议会有对公共福利项目的自由裁定权。在它的裁定下，政府有权向诸如农业、制造业和商业等投入资金。卡氏认为，这是对宪法的重大僭越，宪法没有授权国会自由裁量公共福利，更不会授权政府依据议会裁决动用财政数额。只有主权者才有权宣告普遍福祉的范围和界限。而主权只能是创造宪法的各邦人民，绝不是联邦政府[1]。

在卡氏看来，以上条款和法令都大大损害了美利坚合众国的联邦制特性，至今也未得恢复。

2. 邦的反抗与失败

由杰弗逊领导的共和党曾对联邦政府的行为做出反抗。共和党也被称作"邦权党"，政纲的主线是保护各邦权力，抵制联邦侵权。在1800年的总统选举中，杰弗逊成功当选总统，标志着共和主义的兴起。他上任以后，废除了诸多联邦法令，抑制联邦制政府向国民型政府转变的进程。

但是，他的努力并没有改变联邦侵蚀邦权的趋势。杰弗逊卸任后，继任的麦迪逊总统更是被牵扯到与大英帝国的战争中，而战争进一步将联邦制政府向国民型政府推进。最终，杰弗逊的政治原则被抛弃。随后，联邦权力愈发集中，党派斗争也随之激烈，数量多数成为政府的主要构成要素。卡氏认为，如不采取措施阻止这一进程，联邦制政府要么成为君主专制政体，要么由于弱者的抵抗而解体[2]。

三、卡尔霍恩的关税论证

在第一章中，卡尔霍恩详细论述了民主宪制依托的共识多数原则，并通过与数量多数原则的对比，展现了一个充满诸多复杂利益的共同体通过有机组织的权力运作过程。他在第二章谈到以共识多数原则为基点的美国联邦制政府所面临的宪法危机，本就处于强势的联邦权力在一系列法条政策的推进下侵蚀邦权，造成多数对少数的侵权和压迫。关税议题是卡尔霍恩关注联邦僭越的核心议题之一，本章节将具体剖析卡氏对

---

〔1〕 John C. Calhoun, *Union and Liberty*: *The political Philosophy of John C. Calhoun*, Liberty Fund, 1992, pp. 256~258.

〔2〕 John C. Calhoun, *Union and Liberty*: *The political Philosophy of John C. Calhoun*, Liberty Fund, 1992, pp. 257~263.

保护性关税的见解，揭示出违背共识多数原则的关税政策的可怕后果。

（一）背景介绍

从 1789 年到 1820 年，美国政府的外贸政策基本贯彻着贸易保护主义原则。在汉密尔顿的支持下，1789 年国会通过了具有提高联邦政府财政收入和保护美国工业双重目的的关税法。1791 年，汉密尔顿又向国会提交了著名的贸易保护主义文献《制造业报告》，建议政府执行保护性关税法令，保护新兴工业，对美国急需的原料进口实行免税，等等。然而在 1815 年前后，美国不同地区的经济发展日益显示出差异，南北方矛盾的焦点很大程度集中在外贸政策（尤其是关税税率）上。

然而，国会于 1824 年和 1828 年先后两次通过了提高关税的法案。其中，1828 年出台的税率政策达到了南北内战前的峰值，被南方奴隶主称为"可憎的关税"。在南方各邦的竭力反对下，国会又于 1830 年和 1832 年两度修改了关税率，把税率降到 1824 年的数值。然而，南方各邦仍不满关税政策。南卡来罗纳邦议会毅然废除了联邦 1828 年和 1832 年关税法令，宣布其无效，这致使联邦出现分裂危机。为了打破僵局，国会于 1833 年通过了一个折中的关税法，规定在其后的 9 年内逐步降低关税。

（二）解释与抗议

在卡尔霍恩看来，国会的关税法令连同整套的进口税立法违宪、不平等，颇具压迫性，这套法令是以牺牲其他产业为代价来保护某个特定产业。1828 年秋，在美国第二十届国会休会期间，应南卡来罗纳邦议会的请求，卡尔霍恩匿名撰写一份陈述[1]，即《解释与抗议》。卡尔霍恩从具体问题出发，发展了一套对权力、自由、责任的总体分析，并控诉了被他称作多数暴政的关税制度[2]。

卡尔霍恩在报告中强调，国会滥用了宪法授予的权力。宪法规定，国会设立并征收进口税，必须证明相关权力得到了宪法的明文授予，若有除此之外的其他权能，也要证明该权能是为施行宪法授权所必需且恰

---

[1] John Niven, *John C. Calhoun and the Price of Union: A Biography*, Louisiana State University Press, 1988, p. 158.

[2] John Niven, *John C. Calhoun and the Price of Union: A Biography*, Louisiana State University Press, 1988, p. 159.

当的。宪法授予国会进口税方面的立法权，是为了财政收入方面的目的。保护性关税滥用了宪法授予国会的权力，以牺牲某个地区产业为代价发展其他地区的产业，因此宪法授权的初衷遭到了篡改。

卡尔霍恩运用数据解释关税议案造成的不平等后果。美国进口税的年均额度达到 2300 万美元，而税收主要由南方各邦来承担，而非制造业各邦，因为南方是大宗出口商品的主要产地。就南方的利益而言，出口税和进口税几乎没有区别，增加进口税相当于等额收取南方邦的出口税，因为南方出口恰恰是为了进口。出口的目的是用南方的劳动果实交换他国的劳动果实，属于物物交换。南方邦的土壤气候适合生产大米、烟草和棉花这样的大宗出口品，而那些人口稠密、资本集中的国家提供南方需要的产品。由此，双方互利的贸易基础得以奠定。所有税收，无论是针对出口品还是进口品，都由生产者承担。对进口商品征税相当于对出口商品征税，本质上没有区别。

美国出口农产品的年均额度是 5300 万美元，其中，南方各邦生产的棉花、大米和烟草约占 3700 万美元。按出口额度计算，南方邦同美国其他邦的年均农产品出口额度即是 3700 万美元对 1600 万美元，远远高出 2:1 的比率。然而，按人口的计算来说，南方邦的人口数量远少于制造邦，等于联邦的 1/3 人口生产了超过 2/3 的联邦出口额度。然而，联邦的进口税率从 37.5% 增长到 45%，增幅率为 7.5%，而由于南方的出口额度为 3700 万美元，那么南方相当于承担了高达 1665 万美元的税收负担，但制造邦的消费者并没有为此埋单。

通过关税体制的运作，承担了一些负担的消费者实际上得到了补偿，且抵偿的额度甚至超过了消费品价格提升的额度，因此提升了制造业各邦的产业控制力，维持国内制造品市场的垄断地位。此外，南方邦作为纯粹的消费者，付出了劳动，还要接受制造邦的高价商品，但关税机制并没有给予南方消费者抵偿。因此，进口税使得负担完全地转嫁给南方邦，南方承载着维持联邦政府所需的开销。

制造业邦的奖励是以南方邦为代价的。关税不仅使国内制造品价格提升，也提高了南方邦本可以购买的国外制造品价格，但南方邦的农产品却没有得到相应的提升。然而，农产品价格必然取决于购进商品的价格，后者价格高，农产品的获利就少，在国际市场上的竞争力也随之缩小。相比之下，制造邦产品只需垄断国内市场就可得利，南方邦的农产品却在国内外市场失利。

如此一来，商业战争可能爆发。关税体制导致欧洲的纺织品进口贸易几近停止，商业战争的征兆已在眼前，其必会导致南方邦农业体系毁灭。国内市场只能满足南方邦 1/4 的消费产量，价格还要受制造邦消费者的摆布。此外，若商业战争爆发，制造邦将完全掌控国内市场。农业部门将被压至无利可图的地步。南方邦更不可能升级产业与制造业竞争，那将引火上身，制造邦定会向南方邦的劳动体系（奴隶制）发动攻击引发危机。

因此，南北双方的格局由税务、拨款和制造业邦的垄断三个因素铸成。这三个因素紧密关联，构成了一个完整的关税体制。通过税收体系，南方对联邦财政的年度贡献达到了 1665 美元。通过拨款体系，这笔年度贡献补偿给了制造邦，使得这笔由南方支付的额度并未相应地返给南方邦。接着，垄断造就了制造业对国内市场的绝对控制，使得制造业者可以在国内市场上以不低于国外同类商品的价位向南方邦销售他们的产品。以此，通过税收、拨款、垄断这三个元素，关税体制产生的收益尽归制造邦，大大提升了制造邦的消费能力，同比例地降低了南方邦的消费能力，这严重违背了公正原则[1]。

所以，南方邦仅有的救赎之路，便是降低他们购买商品的价格、开放国内自由的市场竞争。南方邦反对的并不是制造业的繁荣，而是为了繁荣所采取的手段，不公正的违宪手段将摧毁南方甚至整个国家。《联邦宪法》第 1 条第 3 款授权国会为了财政收入方面的目的可以设立并征收进口税。倘若关税体制是一套温和的、基于财政收入的目的征税体制，南方邦愿意为制造业提供保护。若制造业邦还需得到进一步保护，制造业邦可运用宪法给予各邦的权能，对本邦制造业施行直接补贴，这个方法成本最小也最为有效，因为制造邦有权在自身的范围内对自己的公民提供保护以对抗外来竞争，由制造邦自行判断保护的程度。最稳定、最可靠、最确定的规则，是认定各方拥有平等的能力，可以理解各自的利益；并且，在一切体制或条款对自身利益产生多大影响的这个问题上，每一方较之另一方都是更好的评判者[2]。以此，卡尔霍恩反对政府过分干预私人生活，因为各邦的人民要比政府更了解自身的利益。

在论述这套关税体制的偏私、压迫特性及其运作机理后，卡尔霍恩

---

〔1〕 John C. Calhoun, *Union and Liberty*: *The political Philosophy of John C. Calhoun*, Liberty Fund, 1992, pp. 313 ~ 334.

〔2〕 John C. Calhoun, *Union and Liberty*: *The political Philosophy of John C. Calhoun*, Liberty Fund, 1992, pp. 335 ~ 337.

接着讨论这套体制是如何造成联邦政府的偏离，以及如何摧毁国家和人民的自由。

国家的自由和权力的责任担当相一致。权力来源于人民并且应当交付给能够公正且恰当行使权力的人。然而，若共同体中多元的利益不能公正地得到表达，某个分区、阶层或群体的利益则被不平等地转移给另一个分区、阶层或群体。此时，共同体内部的对立利益必然会造就众多敌对的党派，强势党为争夺利益，想方设法夺得多数、压迫弱势党，国家便不再是集多元利益的民主之国，而是弱者服从强者利益的党魁之国。对立利益格局中的一方为求多数，则与其他利益联合夺取主导地位。由此，对立格局中的弱势方则遭到了更多的压迫。所以，关税体制致使南北双方的利益呈现对立状态，而且单凭基于普选的代表体制不足以抗拒如此对立的利益格局。那么，到底如何抵制权力的侵蚀、防止压迫？卡氏认为，必须赋予一方否定性权力（也是宪法赋予的），通过有效的遏制来保证长久的自由。为了阻止统治者滥用选民的信托，则通过普选控制代表，要求代表对选区负责；为了阻止强势群体压迫弱势群体，宪法必须赋予弱势方遏制强势方暴政的权力和方法。所以，宪法提供的制衡机制是唯一有效的遏制手段。

所以，卡氏认为，作为主权者的各邦基于宪法契约建立联邦政府，契约的任何一方都可以诉诸权力拒绝履行联邦政府的违宪条款，以捍卫自身权利。因此，若联邦政府对当前违宪的关税体制不加修改，那么作为主权者的各邦即可实施否决权，迫使联邦政府放弃违宪权力。

五、新教国度的"政治学"：邦权与奴隶制，政治与拯救

（一）政治之内

亚里士多德在《政治学》的开篇提到："每一个城邦各是某一种类的社会团体，一切社会团体的建立，其目的总是为了完成某些善业。"[1]城邦，即政治社团，是最高且包含最广的一种社会团体，因此它寻求的善业也最高而最广的。在亚氏看来，自然生成的城邦先于个人，个人必须依托城邦存在。无论是一个人、一匹马，还是一个家庭，

---

[1]　[古希腊] 亚里士多德：《政治学》，吴恩裕译，商务印书馆 2014 年版，第 3 页。

只有待它成长后，才能见其自然本性，因为每一自然事物生长的目的就是显明其本性。城邦是社会团体发展的终极产物，因此城邦体现了社会的本性，是自然所趋向的至善的社会团体。

卡尔霍恩似乎延续了亚氏对城邦、人和自然的理解，将人性法则视作与自然法则一致。他认为，人首先是一个社会性存在。但由于人之自然的构成法则使人与人之间易发生冲突，为使两者平衡，使人在社会中得以保存，政府成为必需。社会保存完善人类，政府保存完善社会，两者都为人类的生存和完善所必需。卡氏虽未将城邦看作至善的事业，但他强调，人的保存和完善要依靠社会与政府，并通过对政府的内在制衡和有机组织实现人类的保存完善，在此他摒弃了脱离政治之外的力量存在。

因此，"人生而自由且平等"这一新教的根本要义并不是卡氏思考的出发点。他在 1848 年 6 月 27 日的俄勒冈议案演说的后半部分详细论述了这一点。首先，人不是生出来的，只有婴儿才是生出来的，人只有经历了成长才称其为人。一切人都只有在经历了成长之后，才配得上自身的环境所允许的自由。正如亚氏所言，每一自然事物生长的目的就是显明其本性，因此，只有当人依着自然趋向从婴儿成长为人时，才能显其本性。在卡氏看来，人依托城邦而存在，要依据自身环境来评判个人的平等与自由。因此，城邦是第一要务，先于个人。

卡氏继而否定了人先于政治的自然状态。人不能生活在离群索居的自主的状态里，因为人就其本性而言是社会的，而后者依托政府而存在。因此，政治状态才是真正的自然状态，且最糟糕的政府也好过无政府状态。个体的自由必须服从为保护社会免遭外忧内患的权力，社会的安全和福祉高于个体的自由，正如人类的安全和福祉高于个人的安全和福祉一样。这也应和了亚氏之言，城邦事务先于个人。

人生来不仅处于父权之下，也处于国家的法律和政治制度之下，因此，自由绝非平等地赋予每一个人，若是将条件的平等看作自由必不可少的要素，将会摧毁自由，阻碍社群进步。因为条件的不平等是自由的必然结果，同时也是发展社群不可缺失的要素。人与人之间在智识、能力、习惯、所处环境等方面大不相同，使其自主奋斗以改善自身条件，必造成彼此不平等的结果。若强行限制天赋的强者，使他们从事与天赋弱者相同的事务；或剥夺强者赚取的幸福果实，都将摧毁强者想要改善自身条件的欲望。若政府干预，硬将强者拉与弱者同齐，或是弱者被赋予强者的地位，将阻碍社群的发展。所以，在卡氏看来，自由是努力赚取的奖励，不是白得的恩赐。自由是对有智识、爱国、富有美德之人的奖励，绝不是无知者的福利。

卡尔霍恩将城邦看作第一要务，是人类生存的必要堡垒。不仅如此，卡氏更是采用内部制衡手段，实现宪制与共同体的自由。在此，卡氏彰显其特有的华盛顿时代的欧洲贵族特性。正如他在《解释与抗议》中所讲："我们能不能效仿罗马人，在事实上恢复宪法当初已经赋予了的制衡机制以应有的效能，并由此恢复我们那差不多已经失落了的共和国德性和爱国精神呢?"[1]

（二）政治之外

卡氏将共同体看作第一要务。卡尔霍恩早年强调建立大政府，加强基础设施建设，军队现代化，后转而捍卫南方利益，反对联邦政府对邦的侵蚀，抗议"违宪"关税法案。但卡尔霍恩认为，他自始至终都是一个坚定的邦权论者[2]。

谈到卡尔霍恩，不得不涉及奴隶制。在卡尔霍恩大部分政治生涯中，捍卫奴隶制、捍卫南卡莱罗纳的利益占据了重要位置。作为邦权论者，卡尔霍恩似乎用同样的理论和思考解读奴隶制的存在。于是，很多学者将捍卫奴隶制看作卡氏寻求保护南方邦利益不受联邦侵犯的另一努力。然而，在笔者看来，奴隶制的确是一个新的话题，对该议题的探讨不可与邦权对等。南方蓄奴制度牵涉了美国政体的内质，在卡氏死后不久爆发的南北内战更被看作美国政体又一次建国大业。奴隶制牵涉着美国政体机理的内在奥秘，它的衰亡是美利坚民族的新生，为后来的腾飞注入了新活力。

对于奴隶制问题，南方决不能妥协，因为废除奴隶制将使南方陷入危局。托克维尔在《论美国的民主》中曾试图揭示废除奴隶制对南方蓄奴邦产生的后果。南方蓄奴邦的经济发展建立在奴隶制度之上，白人依靠黑人的劳动而活，南方利益离不开奴隶制。由于缺少竞争的劳动机制，南方与北方的经商能力产生惊人的差别，财富差距也逐渐拉大。不仅如此，在北方各邦废除奴隶制之后，急需大量的自由工人，而他们高

---

[1] John C. Calhoun, *Union and Liberty: The political Philosophy of John C. Calhoun*, Liberty Fund, 1992, p. 341.

[2] John Niven, *John C. Calhoun and the Price of Union: A Biography*, Louisiana State University Press, 1988, p. 127.

效的生产能力将缺少竞争力的奴隶赶向南方蓄奴邦，南方缺少竞争的劳动机制也吸引着他们，致使南方本就多的奴隶人口进一步增加[1]。仅是巨量的黑人人口就使废除南方奴隶制带来巨大的危险，一旦自由的曙光普照在二百多万黑人的头上，压迫者必定寝食难安。此外，由于长期以来的耕种制度与自然环境，南方偏向于种植烟草、棉花和甘蔗等适于奴隶劳作的农作物。废除奴隶制意味着南方必须改变原有的耕种制度，才可与北方竞争。因此，对于北方来说，废除奴隶制只是一个商业和工业的问题，而对南方则生死攸关。

19 世纪 30 年代起，奴隶制逐渐成为一个联邦无法跨越的难题。美国迎来了一个新时代，它正处在民主政治普世之道即将爆发的阶段。南方蓄奴邦面临着道德、经济和政治的多重压力，但他们也无法走向废奴之路，否则后果不堪设想。因此，面对着濒临分裂的国家和人民，卡尔霍恩为保住联邦、捍卫南方利益而不得不要求北方妥协。他在 1837 年 2 月 6 日《关于废奴请愿书的演说》中讲道："我不愿在抽象的问题上谈论奴隶制是不是一种善，而是基于当前的境况而探讨奴隶制。"[2]在卡氏看来，人类的保存才是最终的目的，而这离不开共同体的整全。卡氏已敏感地察觉到，奴隶制问题威胁着国家，南北方的对峙若恶化，共同体必将解体。城邦既是第一要务，卡氏必当倾尽全力保住共同体，避免战争。保存共同体、避免战争的任务应置于"自由"之上。他认为，奴隶制存在的正确性是因为两个不同的种族寻求共存。南方的奴隶制度使两个种族在其中都臻于繁盛境地。南方黑人人口翻番，白人保持着同样的人口增幅，南方的白人在爱国精神、智识、人性道德以及勇敢美德等方面不亚于北方白人。南方蓄奴邦的当前格局，乃是自由稳定的政治制度最为牢固、经久的根基所在，政治境况也较北方稳定。战争、无政府状态是卡氏最不愿看到的结果，因为正如他所言，人类的安全福祉是其生存、发展的第一要务。

古希腊时期的人民，生来就是城邦的，城邦之外非神即兽。保卫城邦抽离了人的全部，战士精神深入骨髓。近代欧洲大陆的匆匆历史离不开战争，强烈的民族国家化进程也使人全面进入政治状态。在卡尔霍恩

---

〔1〕 ［法］托克维尔：《论美国民主》，董国良译，商务印书馆 2004 年版，第 452 页 45 注。

〔2〕 John C. Calhoun, *Union and Liberty: The political Philosophy of John C. Calhoun*, Liberty Fund, 1992, p. 468.

看来，人生来就是政治动物，政体的稳固是人类保存的基础，一个稳定的政体是人类生存的前提，一个彼此制衡的制度是人类获得自由的前提。

然而，传经布道式的美国人冲破了这个历史图景，他们永远不会被政治穷尽，政治之外另有天，即上帝被造的那部分。在约翰·洛克（John Locke）看来，人的前政治状态才是自由最根本的来源，人在自然状态下拥有自然权利。所以，美利坚人民的自由无法用政治的手段穷尽。人们经同意建立契约结束了自然状态，走进政治社会，但这种结束并非不可逆。当政府违背了它的原则和目的，政治社会便解体坠入战争状态，人们便可重新诉诸原初的自然权利，重新建立政府。

现实的政治生活只是人存在的一部分，宪制并不是自由的前提，而是确保自由的手段。在前政治的自然状态中，人与人平等而自由。新教教徒将世俗的生活与永世的生活真正合一，他们入世修行，也可随时退出世俗生活而走向永世生活，被上帝所造的那部分远远大于人被政治化的部分。这便是对亚里士多德的城邦至上论的怀疑和突破，围墙内的事业不是完善的，人无法在城内寻求绝对完善的存在，那城外的部分才是人的最初来源。

一些近代政治思想家也强调“政治之外”。格劳修斯说，人民可以把自己奉送给一位国王。然则，在把自己奉送给国王之前，人民就已经是人民了。在卢梭看来，这种奉送行为本身就是一种政治行为，它假设了一种公共的意愿[1]。因此，人民是通过什么行为而成为人民的？这一行为要先于人民选国王的行为，这才是社会真正的基础。卢梭强调人在组成社会契约之前，要追溯到一个最初的约定。人的自由不是因为社会契约而产生，而是通过社会契约以保住人的自由；人与人之间的不平等是结果，不是因。人人平等、自由是先定的，人与人建立契约之前就已存在。

政治之外，也正是林肯解放黑奴、发起战争的根由，或者说，城邦的善业并非整全，人最终无法在城邦里寻求终极的善。美国深处的另一层面纱最终被彻底地揭开。美利坚民族在望不尽的肥沃土地面前，在探不到边的荒野面前，在未知的恐惧面前，展现了平等和自由的爆发力。

---

[1] ［法］卢梭：《社会契约论》，何兆武译，商务印书馆2013年版，第17页。

（三）邦权与自由

托克维尔在民主之乡的美国感受着平等的力量，但同时畏惧着随之而来的危害。民主国家热爱平等比热爱自由更强烈、更持久，而强大的平等将催生专制。随着身份日趋平等，大量孤立的个体也随之涌现。他们习惯独立思考，手里似乎掌控着自己的命运。人与人之间的爱护情谊虽然广泛，但却稀薄了[1]。当每个人只关心自身事务时，公共领域便留出空地，专制随之肆意侵入。然而，在托克维尔看来，美国人用自由解救了平等可能导致的专制灾难。而在笔者看来，这种自由离不开邦权派对联邦派的挑战，他们对"有限政府"的追求展现了他们对自由的理解。

诉诸邦权，正是少数避免被多数压迫的努力。制宪会议上，联邦派与邦权派针对联邦议会的上院和下院的席位分配议题展开了近 2 个月的激烈角逐。联邦派强烈要求上下两院按人口比例分配议席，而邦权派则要求维持邦的独立，即以邦为单位平等分配席位。人口众多的邦代表强烈要求参议院按照人口分配议席，声称联邦的主体是每一个美利坚公民，联邦政府的权力来源也是人民。他们强调联邦政府正是越过了邦政府，基于人人平等之上建立的政府。相反，邦权派的代表强调邦是基本单位。他们认为，若是参议院也如众议院一般按人口比例分配议席，那么像人口较少的小邦将在政府中遭到人数众多的大邦强力的打压，失去平等的话语权。在邦权派看来，邦政府先于联邦政府存在，在幅员如此辽阔的国家里，没有邦政府的合作，不可能支撑一个共和政府。正如艾尔斯沃斯所说："最大的邦，治理最差……要想支撑住总体政府，唯一的机会，就是把总体政府嫁接到一个一个的邦政府上去。"[2]在笔者看来，捍卫邦权的努力实则是与民主国家普遍平等带来的危险做抗争，正是通过少数获得表决权或否定权的法律途径，得以保护自身利益，抵制多数暴政。邦先于宪法的历史性存在，是美国的幸运之处。

邦权的力量正是来源于自由，基于人人平等的自由，这一点又何尝不是卡尔霍恩共识多数原则的表现呢？所以，奴隶制似乎是另一个话题，它是历史的产物。它缠绕在邦权之中，碰撞在时代的交汇点。正如

---

[1] [法] 托克维尔：《论美国民主》，董国良译，商务印书馆 2004 年版，第 626 页。

[2] [美] 詹姆斯·麦迪逊：《辩论——美国制宪会议记录》，尹宣译，译林出版社 2014 年版，第 187 页。

麦迪逊所说："利益的真正分野，不在大邦小邦之间，而在北部与南部之间。"是的，邦权派与联邦派的分歧终究抵不过奴隶制带来的危险，而这是历史的进程，是革新的话题。

1850 年 3 月 4 日，重病下虚弱的卡尔霍恩撰写了演说稿——《关于接纳加利福尼亚为成员邦问题的演说，兼及联邦的普遍状态》，由马森参议员宣读。他要求北方对奴隶制作出妥协，重新恢复曾经的南北方均势局面。他发出警告，联邦均势摧毁的那一天，战争随之而来。针对北方的压迫，他提出南方退出联邦的权利。他说："倘若北方的诸位同仁不能依据正义和责任这一宽广的原则达成解决方案，那就让我们代表的各邦在和平中分道扬镳吧。但若你们不能接受和平分手，请告知我们，一旦你们将问题推进到要么屈服、要么反抗的地步，我们就知道如何做了。"[1]

在卡尔霍恩身上，笔者看到了卢梭的身影，在承认个体的前提下寻求公意。然而，也许是奴隶制或美国幼年时民族化的历史影响，卡尔霍恩最终没能摆脱环境对他的塑造。权利、自由只能是城邦的，但那远离城邦之外的秘密却始终没被他揭示。实然，身为农场主的他最快乐的时光正是那自然、粗犷的田野家乡。那里有他劳作后的自然果实、妻子、最疼人的女儿、惹事的儿子，还有频频拜访的邻友。在这个意义上，笔者不会认为华盛顿的时代终究被林肯代替，因为他们都属于美国历史构造的一部分，彼此衔接。直到今天，卡尔霍恩的思想从未走远，他的志向依然受众人追随，这也是美利坚政体的奥秘，合众为一。

---

〔1〕 John C. Calhoun, *Union and Liberty：The political Philosophy of John C. Calhoun*, Liberty Fund, 1992, p. 600.

论不动产登记错误之赔偿

王江*

一、问题的提出

在《中华人民共和国物权法》（以下简称《物权法》）颁布以前，我国法律体系中并未对不动产登记进行统一的规定，而是由多部法律规制[1]、多个部门管理。我国 2014 年颁布的《不动产登记暂行条例》，虽然建立了统一的不动产登记制度，但仍有许多问题需要解释，尤其是关于不动产登记错误的法律责任及其赔偿问题已经成为理论界和实务界讨论的焦点。最新颁布的《最高人民法院关于适用〈中华人民共和国物权法〉若干问题的解释（一）》（以下简称《物权法司法解释（一）》）也未对这一问题作出正面回应。

目前，我国法律、法规、司法解释[2]已经明确了不动产登记机构

---

* 王江，北京航空航天大学法学院民法学博士研究生。

[1]　包括《中华人民共和国土地管理法》《中华人民共和国城市房地产管理法》《中华人民共和国森林法》《中华人民共和国草原法》《中华人民共和国农村土地承包法》《中华人民共和国海域使用管理法》《中华人民共和国渔业法》等。

[2]　《物权法》第 21 条对不动产登记错误进行了直接的规定，包括当事人原因造成的错误登记、登记机构及其工作人员原因造成的登记错误两种类型，同时还涉及追偿的问题；《国家赔偿法》第 2 条和第 4 条虽然没有直接对不动产登记错误进行明确规定，但通过国家赔偿的定义和赔偿范围，不难发现，不动产登记错误的赔偿应属于《国家赔偿法》的范围；《房屋登记办法》第 92 条对《物权法》第 21 条进行了细化和解释，同时对不动产登记错误适用《国家赔偿法》作了接入式的规定。其他涉及不动产登记错误的规定包括：《最高人民法院关于审理房屋登记案件若干问题的规定》第 1 条、第 9 条、第 12 条、第 13 条，《最高人民法院关于行政机关根据法院的协助执行通知书实施的行政行为是否属于人民法院行政诉讼受案范围的批复》，《最高人民法院办公厅关于房地产管理部门协助人民法院执行造成转移登记错误，人民法院对当事人提起的行政诉讼的受理及赔偿责任问题的复函》，等等。

应该就其登记过程中发生的错误进行赔偿，但是对不动产登记错误赔偿责任的性质、归责原则和救济方式问题等并没有明确、统一的规定，不免造成实践中的混乱。

笔者通过中国裁判文书网对不动产登记错误赔偿相关案件进行了检索，共发现民事案件 34 件，其中，有效研究对象 31 件，剔除关键词相关但非本文所研究的案件 3 件。而在行政案件中，仅房产登记错误的案例就有 7178 件，其中，涉及赔偿案件共有 514 件。媒体报道了 1 件行政附带民事诉讼案件。[1]

表 1　案例统计

类型		案件事实		案件数量（件）	
民事诉讼	判决书	单纯当事人过错导致的错误登记	10	21	31
		单纯登记机构过错导致的错误登记	1		
		当事人提供虚假材料，登记机构过失导致的错误登记	2		
		登记机构和当事人均无过错	8		
	裁定书	裁定属民事诉讼	0	10	
		裁定属行政诉讼	10		

上表的数据虽不能穷尽实践中的所有案例，但也可从中略窥一二。首先，在实践中如若发生不动产登记错误的情况，民事诉讼和行政诉讼都是当事人可以选择的诉讼模式，当然也不排除以后会出现更多行政附带民事诉讼的案件，而关于诉讼模式的选择则无规律可循；其次，在司法实践中，绝大多数案件都是通过行政诉讼的方式解决的，除当事人在诉讼模式的选择上可能更倾向于行政诉讼外，法院对不动产登记错误案件的态度似也偏向于行政诉讼，因为在当事人的提起的民事诉讼中，法院通常会裁定其不属受案范围而将其指向行政诉讼的解决路径；最后，在民事案件中，由于当事人原因造成的错误登记案件远多于其他两种类型的案件，因此，法院判决当事人和登记机构均无过错的案件比例较大，这说明：目前就不动产登记错误问题，当事人通过民事诉讼获得赔偿的可能性较低。

---

〔1〕　董小军、陈雷："全国首例行政附带民事诉讼案在宁波开审"，载宁波在线网站，http：//zjnews. zjol. com. cn/05zjnews/system/2010/09/21/016948730. shtml，2016 年 11 月 21 日访问。

由于我国法律、法规、司法解释就不动产登记错误内容规定不一，在一定程度上造成了诉讼模式的无序，当事人选择何种诉讼模式不再具有确定性，这看似给予了当事人选择的权利，实际上则可能造成法院内部推诿扯皮，不免出现类似案情因选择的诉讼模式不同而造成判决结果迥异的情形，这对保护权利人的合法利益是不利的，也有司法腐败之嫌。诉讼模式的无序本质上由是对不动产登记行为性质及不动产登记错误赔偿责任的性质认识不一致而造成的。比如，在焦作发生的"房产纠纷案"被称为"超级马拉松诉讼"，该诉讼经历了"一个纠纷、两种诉讼、三级法院、十年审理、十八份判决"[1]，不仅严重影响了司法效率，也对权利人利益的实现造成了障碍。因此，在司法实践中，迫切需要法律对不动产登记错误问题作出明确统一的规定或合理的解释，以解决因不动产登记错误而引起的赔偿纠纷，终结当下无序混乱的局面，以维护法的安定性和法律部门间的体系协调问题。

二、不动产登记错误概论

不动产错误登记，是指因登记而导致的登记簿记载之权利状态与物权实际的权利状态不一致。由于我国《物权法》对不动产登记赋予排他效力，因此，无论登记机构出于何种目的对不动产的权利状态进行登记，公众都会对不动产登记簿的记载状况深信不疑并以不动产登记簿所记载的内容作为交易依据。因此，如果登记机构对不动产登记错误不进行赔偿，不对当事人提供救济，公众将对不动产登记簿所记载的内容产生质疑，不动产登记机构的公信力也将不再是不动产交易的保障，这对不动产交易市场和经济秩序的发展是极为不利的。此外，不动产登记簿所记载的权利状况是不动产权利人表彰权利的唯一表现形式，不动产错误登记会造成相关权利人的损失，真实权利人可能因错误登记导致其无法正常行使权利，而善意第三人也可能因误信登记簿所记载的内容而蒙受损失。在利益致损的情形下，无论何方当事人都会提起错误登记的赔偿请求。

（一）不动产登记错误的含义

不动产错误登记有广义和狭义之分。广义上认为，只要不动产登

---

〔1〕 王贵松主编：《行政与民事争议交织的难题——焦作房产纠纷案的反思与适用》，法律出版社 2005 年版，第 108～109 页。

记簿所记载的权利状况与实际不符，就属于不动产错误登记，具体包括由于登记机构全部或部分原因造成的登记错误和由于当事人原因造成的错误登记；狭义上则专指因登记机构过错而导致的登记错误。前者体现为一种结果意义上的错误，后者是指可归责于不动产登记机构的错误。

我国《物权法》对不动产错误登记的含义并没有明确的规定，有学者认为我国实际上也区分了登记错误和错误登记，[1]《物权法》第21条第1款规定当事人原因造成的错误属于错误登记，第21条第2款规定了登记机构原因造成的错误属于登记错误，有学者对二者进行了深入的分析[2]。本文将主要对不动产登记错误（即可归责于登记机构的错误）进行研究。

（二）不动产登记错误的类型

根据造成登记错误的原因不同，可将不动产登记错误分为两种类型。

1. 单纯登记机构错误

这种类型的登记错误是由于登记机构或其工作人员自身的原因造成的，当事人在登记的整个过程中提供了真实合法的登记材料并履行了应尽的义务，只是登记机构在登记的过程中由于操作原因或者工作人员故意造成登记错误，这种错误类型是比较少见的。单纯由于登记机构而导致的错误应由登记机构承担责任，只不过是民事还是国家赔偿责任的选择不同而已。

2. 当事人与登记机构共同错误

这种错误类型最为复杂，不能简单地认定登记错误是由于某一方的原因造成的。学者认为这种错误类型还要具体划分为三种：登记当事人故意、登记机构疏忽大意；登记当事人的故意与登记机构或其工作人员的故意导致的恶意串通；登记当事人的过失、登记机构的过失导致的共同过失。[3]

---

〔1〕 参见全国人大常委会法制工作委员会民法室：《中华人民共和国物权法条文说明、立法理由及相关规定》，北京大学出版社 2007 年版，第 33 页。

〔2〕 参见朱晓将："不动产登记机构赔偿责任若干问题探讨——析《物权法》第 21 条第 2 款"，载《法治研究》2011 年第 1 期；朱岩、高圣平、陈鑫：《中国物权法评注》，北京大学出版社 2007 年版，第 127 页。

〔3〕 参见刘保玉："不动产登记机构错误登记赔偿责任的性质与形态"，载《中国法学》2012 年第 2 期。

（三）不动产登记的功能

不动产登记制度并不是现代社会所独有的，土地作为最重要的不动产，其登记和管理制度自古以来就存在，最早可以追溯到国家的出现，夏朝的"普天之下，莫非王土"就体现了土地从无序管理到"王有制"集中管理的转变。而之后建立的国家为了能够控制税收实施了一系列土地管理措施，从而奠定了不动产登记制度的基础。。

自封建国家建立以来，我国历朝历代均重视土地的管理，最早可以追溯到商代设立的"耤臣""小耤臣"。封建王朝设立土地管理机构（也就是现在的不动产登记机构）的主要目的是征收田租、赋税，因为土地在当时的社会背景下是最重要的生产工具，是一个"国家"实力最直接的体现，如周朝设立的"大司徒"作为周朝中央土地管理机构的负责官员位列"三有司"，有着极高的政治地位，其后各朝代对土地管理的官员都赋予了极大的权力。有据可考的是，春秋战国时期的秦国不仅设立了土地管理机构，还设立了山林、海洋管理机构——少府，历代也根据秦的惯例设立了分管不同类型资源的管理机构，但这些机构最主要的任务就是完成税收。清代的《大清民律草案》中虽进行了土地立法，规定了一系列土地登记规则，但尚未实施就随着辛亥革命的到来而寿终正寝。[1]我国近现代意义上的不动产登记制度（土地登记制度）建立于民国时期，历经南京临时政府、北洋政府、南京国民政府三个时期，除南京临时政府存续较短，仅提出了"平均地权、核定地价、使耕者有其田"的土地管理指导思想以外，北洋政府和南洋政府都力图建立完善的土地登记制度（不动产登记制度），代表性的立法成果有：北洋政府制定的《不动产登记条例》和南京国民政府制定的《土地法》《土地登记规则》。北洋政府制定的《不动产登记条例》[2]说明民国时期的土地登记不仅仅将土地管理作为征收田赋的依据，还能明确土地权属关系。[3]值得一提的是，南京国民政府曾尝试建立土地金融制度，这在一定程度上反映了我国在国民政府时期的土地登记制度（不动产登记制度）制度体系建设已相对完备。

可见，近现代意义上的不动产登记功能有公共管理功能和公共服务功能之分。公共管理功能是最早设立土地登记机构的主要原因，土地作

〔1〕 蒲坚：《中国历代土地资源法制研究》，北京大学出版社 2011 年版，第 7 页以下。

〔2〕 北洋政府制定的《不动产登记条例》第 3 条规定："不动产相关权利的设定、保存、转移、变更、限制或消灭应为登记。"

〔3〕 杨松龄：《实用土地法精义》，五南图书出版股份有限公司 2015 年版，第 17 页以下。

为社会生产的重要工具，统治者为了能够将农民束缚在土地上以便及时、准确、高效地征收赋税，专门设立土地登记机构进行田地丈量、土地登记。而近现代意义上的不动产登记制度也继承了这一功能，不动产登记是国家机构为了履行公共管理职能而进行的，本质上是服务于国家管理的。公共服务功能则是随着社会发展而演化出的一种新功能，旨在维持高效安全的交易秩序，保障权利人的合法权益，其本质是服务于私人利益的。而近现代意义上的不动产登记的两个功能在一定程度上是可以实现分离的。因此，公共管理功能的指向是国家管理，而公共服务功能的指向是公民私权，两种功能的发展脉络是由公共管理功能到公共服务功能。公共管理功能是国家机构为了履行其职责而进行的；公共服务功能出现后，出于节约成本、提高效率等目的，将公共服务功能的服务机构附着于功能管理功能的管理机构，从而出现当下由一个登记机构承载两种登记功能的现状。

三、不动产登记错误赔偿责任

（一）不动产登记行为性质

不动产登记行为的性质直接关系到不动产登记错误赔偿责任的性质。[1]不动产登记行为的性质一定程度上是研究整个不动产登记错误的关键。从整体把握不动产登记行为的性质对于完善不动产登记错误研究有着重要的意义。

1. 不动产登记行为性质争议

关于不动产登记行为的性质，民法、行政法的学者并未囿于其所属的学科而作出单一的判断，形成了既有民法学者支持的行政行为说观点，也有行政法学者支持的民事行为说观点的局面。目前，关于不动产登记行为的性质，主要观点有民事行为说、行政行为说和复合行为说三种。

（1）民事行为说。主张不动产登记行为的性质属于民事行为的学者认为，登记的效力肇始于登记的意思表示，登记的意思包括当事人的意思表示和登记机构的意思表示，而登记行为的效力是基于当事人意思

---

〔1〕　参见刘志刚：“不动产登记错误致人损害赔偿的法律适用”，载《河南财经政法大学学报》2015 年第 1 期。

表示的，没有当事人的意思表示是无法产生登记效力的。[1]登记机构的登记行为或审查行为都是依照当事人的意思表示进行的，是一种消极被动的接受，登记机构的登记意思表示是无法改变登记效力的。[2]登记的效力首先是为了解决物权变动的公示公信问题，权利相关人可以通过查询登记而确信物权的效力，进行有安全保障的交易。由此可见，登记行为产生了民法上的效果，而非公法效果。登记行为的特殊之处在于不动产登记的登记机构是为了履行公共职能而依职权进行的，其并不能从本质上改变不动产登记的民事行为性质。立法者应当明确且坚持不动产登记行为的民事行为性质，摒弃传统的行政管理观念，去除行政机构的特权，凸显行政机构作为公共服务部门为当事人服务的立场，保障不动产交易市场的安全，提高不动产交易市场的效率。

（2）行政行为说。主张不动产登记行为的性质属于行政行为的观点曾经一度是国内学界关于不动产登记性质的通说，这是由于我国对登记行为的管理具有很强的行政色彩，土地作为非私有财产，国家对土地实行严格的管理制度，主要是为了实现行政目的。[3]目前，我国不动产的统一登记机构是国土资源管理部门，而国土资源管理部门的性质是国家行政机构，其实施的不动产登记行为是行政行为，而且不动产登记行为具有一定的强制性，主张这一观点的学者认为，不动产登记行为在行政行为的类型划分中属于羁束性的行政行为。[4]不动产登记行为虽产生了一定的私法效果，然公众信赖不动产登记簿所记载的内容，而不论登记簿所记载的内容是否正确，只要登记行为不经登记机构撤销，不动产登记簿所记载的内容便依然具有"合法性"，这样的情况当然是登记机构所实施的行政行为产生的私法效果。有的学者认为，不动产登记作为

---

[1] 持此观点的学者包括：姚辉：《民法学原理与案例教程》，中国人民大学出版社2007 年版，第 244 页；王洪亮："不动产物权登记立法研究"，载《法律科学》2002 年第 2期；孙宪忠：《德国当代物权法》，法律出版社 1997 年版。

[2] 参见李昊："物权法背景下的不动产登记法"，载《清华法律评论（2006 年第 1 卷第 1 辑）》，清华大学出版社 2006 年版，第 62 ~ 85 页。

[3] 持此观点的学者包括：阎尔宝："不动产物权登记、行政许可与国家赔偿"，载《行政法研究》1999 年第 2 期；崔建远：《中国房地产法研究》，中国法制出版社 1995 年版，第 238 页；刘志刚："不动产登记错误致人损害赔偿的法律适用"，载《河南财经政法大学学报》2015 年第 1 期；刘璐、高圣平："解释论视野下的不动产登记错误的司法救济——从民事诉讼和行政诉讼交错的视角"，载《海南大学学报（人文社会科学版）》2011 年第 6 期；王达："对不动产登记的行政法思考"，载《行政法学研究》2007 年第 2 期。

[4] 参见申惠文："论物权登记错误的诉讼救济模式——行政诉讼受案范围泛化的冷思考"，载《厦门大学法律评论（2015 年第 25 辑）》，厦门大学出版社 2015 年版，第 152 ~ 167页。

行政行为并没有弱化对民事主体的民事权利保护，其目的也意在保护民事主体的民事权利，这一点与登记行为的性质属于民事行为并无区别。[1]还有学者认为，在不动产登记错误的情况中，如果将不动产登记行为定性为行政行为，将不动产登记错误的赔偿责任归为国家赔偿责任，选择行政诉讼由国家进行赔偿，当事人可获得最基本的救济，而通过民事赔偿责任则可能面临无法获得赔偿的情况。[2]

（3）复合行为说。有学者认为，将不动产登记行为归为民事行为或者行政行为均有考虑欠妥之处。不动产登记行为是登记机构作为国家机构依其职权并按照相关的法律、法规而行使的权力，但不动产登记行为是当事人启动的，不动产登记机构的登记行为不能改变当事人申请的内容和范围，也无权介入当事人之间达成的合意。不动产登记机构的登记行为对物权变动进行了公示并以国家保证其公信力，相关当事人可以信赖国家机构所颁发的不动产登记凭证，无论凭证记载的内容是否正确，登记行为产生的是私法上的效果。[3]因此，不动产登记之民事行为说的观点忽略了不动产登记机构在登记过程中所发挥的作用，如果没有不动产登记机构所颁发的凭证，不动产登记便丧失了公信力，不仅无法产生不动产物权变动的效力，也会降低不动产交易市场的活跃度。而不动产登记之行政行为说观点则忽略了不动产登记行为的产生是由当事人启动的，而非由不动产登记机构启动，其产生的是私法上的效果，主要是为了完成物权的变动，将不动产登记行为认定为行政行为也是有失偏颇的。

不动产登记是国家公权力行为与私权利行为的结合，二者互为表里。国家机构进行登记是为了保障交易安全，维持高效运转，这一目的是行政性的，但是这一宏观目的并不能通过不动产登记机构来实现，而是需要通过单个的登记行为实现物权变动来完成，公权力行为与私权利行为是密切相关、不可分的，割裂二者的关系而单独从某一方面来认定不动产登记行为都是无法完全解释的。进而，有些学者从登记行为的整

---

〔1〕 孟强：“论不动产登记机构登记错误的赔偿责任”，载《政治与法律》2014 年第 12 期。

〔2〕 参见刘璐、高圣平：“解释论视野下的不动产登记错误的司法救济——从民事诉讼和行政诉讼交错的视角”，载《海南大学学报（人文社会科学版）》2011 年第 6 期。

〔3〕 持此观点的学者包括：申卫星：“从物权法看物权登记制度”，载《国家检察官学报》2007 年第 3 期；原永红：“论不动产登记机构错误登记责任”，载《山东社会科学》2009 年第 7 期；王利民、郭明龙：“逻辑转换与制度创新——中国不动产登记瑕疵救济模式的体制性调整”，载《政法论丛》2006 年第 5 期；朱岩、高圣平、陈鑫：《中国物权法评注》，北京大学出版社 2007 年版，第 120 页。

体性出发，以时间维度和涉及主体为对象进行分析，认为不动产登记行为包括当事人登记申请行为和登记机构的审查行为。[1]登记申请行为是当事人达成合意而进行的登记，本质是一种民事行为，这种民事行为是当事人之间的物权设定行为，因当事人的原因造成不动产登记错误，理应由当事人承担赔偿责任。而登记机构的审查行为则是依照《国家赔偿法》《不动产登记暂行条例》等相关法律法规行使职权，本质是一种行政行为，发生不动产登记错误是由于登记机构或其工作人员造成的，则应当按照《国家赔偿法》等的规定承担赔偿责任。

2. 不动产登记行为的本质属性

不动产登记行为的性质根本上是由不动产登记的功能所决定的。[2]有学者论述道："不动产登记既是物权法的重要内容，也是行政法的重要内容。"[3]国家设立不动产登记机构进行登记并不是单纯为了满足个别当事人的需求，或维护单例不动产交易的安全，而是为了尽可能地维护每例不动产登记交易的公平安全，以使整个不动产交易市场形成良性循环和高效运转。这就说明了国家设立不动产登记机构同时也是为了完成一系列的宏观功能，不动产登记行为本身还承担了维护公共利益的职能[4]。

主张复合行为说的学者从不动产登记的过程将其分为当事人申请和登记机构审查两个方面，进而得出其并非单一属性的行为性质。复合行为说的学者认识到了单一属性的行为性质无法完整地解释不动产登记的相关问题，但其划分登记过程从而得出登记行为性质的解释方法只局限于登记这一过程的整体，而非从登记功能出发完整准确地解释不动产登记行为的性质。在方法上，主张单一性质说和复合性质说的学者都没有从本源出发进行解释。以下将从不动产登记的功能出发说明不动产登记行为的本质属性。

从不动产登记功能的分析来看，不动产登记具有公共管理功能和公共服务功能。①公共管理功能最初仅仅为国家的赋税而服务，随着社会的不断发展，衍生出如供公众查询不动产信息等附属性的公共管理功

〔1〕 参见原永红："论不动产登记机构错误登记责任"，载《山东社会科学》2009 年第 7 期；朱岩、高圣平、陈鑫：《中国物权法评注》，北京大学出版社 2007 年版，第 120 页。

〔2〕 李明发："论不动产登记错误的法律救济——以房产登记为重心"，载《法律科学》2005 年第 6 期。

〔3〕 参见王卫国：《中国土地权利研究》，中国政法大学出版社 1997 年版，第 19 页。

〔4〕 例如，设定统一的不动产登记簿方便当事人查询，为国家宏观调控、税收政策制定提供基础数据，等等。

能，但这并不能改变公共管理功能的初始目的。②公共服务功能是近现代意义上的不动产登记制度所赋予的，这一功能主要是面向当事人的，是为了协助当事人完成物权变动。由此就可以得出一个结论，不动产登记的两个功能决定了不动产登记行为是具备两个性质的，但是不动产登记的两个性质是否为上述学者所支持的复合行为说呢？

主张民事行为说、行政行为说、复合行为说的学者是在"一体两面"的基础上展开的。"一体"就是登记机关，"两面"是登记行为的属性。各种观点都暗含地认为，登记机构是登记行为的主体，而且是唯一主体；同时认为，登记行为本身兼具有行政行为和民事行为的两重外观。所不同的是，各种观点各自从本质上论证只应该接纳其中一面。[1]其中，主张民事行为说的学者并未否认登记机构作为登记的主体具有行政属性，也不否认登记行为是登记机构按照法律、法规规定赋予其职权而进行的，是一种带有行政行为色彩的行为，但民事行为说的学者坚持认为，登记行为从效果上来看，引起了私法上的效果，其本质上仍属民事行为。主张行政行为说的学者认为，不动产登记机构属于国家行政管理机构，其实施的不动产登记行为也是为了保障交易安全，落实物权法上的公示公信原则，是一种公权力实施行为，本质上仍然是行政行为。主张复合行为说的学者则认为，不动产登记行为具有的两个性质是在登记过程中产生的，而非因为登记行为承载了两个功能所具有的，本质上还是坚持登记行为的一面性，在"一面"中进行论述分析，抑或说复合行为说所主张的此"两面"非本文所述之彼"两面"。

三种学说在一定程度上认识到了登记行为的"一体两面"，而且以传统"两面"的思维惯式进行讨论，试图通过选择"一面"来解决不动产登记产生的问题。从整个不动产登记体系和不动产登记功能出发来看，登记机构所实施的登记行为是"两体两面"。如前所述，不动产登记行为中的登记机构承载了两个功能——公共管理功能和公共服务功能，这两个功能在不同的领域、不同的登记事项、不同的登记程序中承担不同的主体身份和职责，其登记活动不是"一体一面"或者"一体两面"，而是"两体两面"。按照我妻荣教授的归纳，不动产登记作为将一定事项记载于登记簿的行为，近代法以来，虽然在以权利登记为重心而发生转型，但是本身仍然包含由早期与土地账册或房屋账册这种纯粹体现国家不动产管理属性（隶属于国土管理、税收等需要）的要求

---

[1] 龙卫球、刘保玉主编：《最高人民法院物权法司法解释（一）条文理解与适用指南》，中国法制出版社 2016 年版，第 13 页。

发展而成的标示登记（明治 35 年不动产登记法修改实现了土地账册、房屋账册与登记簿的一元化），区分标示登记与权利登记两个部分，分别隶属于行政行为和民事行为（物权变动的公示确认）两个范畴。[1] 由此，不动产登记行为主要服务于国家税收的公共管理功能在不动产登记体系构建的制度上表现为不动产管理登记（标示登记），而不动产登记行为主要服务于当事人完成不动产物权变动的公共服务功能在不动产登记体系构建的制度上表现为不动产权利登记。[2] 以上两种不同的登记制度指向了不动产登记行为的不同性质，是为"两体两面"。

3. "两体两面"解释路径下的不动产登记行为

（1）不动产管理制度下的不动产登记行为，是指不动产管理登记制度下的不动产登记机构为了实现其公共管理功能而进行的标示登记或初始登记。标示登记作为国家对不动产管理功能的发挥，旨在帮助登记机构或国家确认每个不动产的同一性，将其客观存在的事实准确无误地标示于登记簿。日本自近代开始，这种标示登记是新产生的土地或者建筑物的所有人的法定义务（明治 32 年不动产登记法第 80 条、第 93 条），而且登记机关或登记官本身也可直接依据职权进行标示登记，避免登记盲区（明治 32 年不动产登记法第 25 条）。标示登记是为了准确反映不动产物权的客观状态，既可以是当事人申请登记，也可以是登记机构依职权登记，登记机构和当事人均负有进行标示登记的义务。[3] 在标示登记时，不动产登记机构的"一体"是不动产登记的管理机构，是为了实现公共管理功能而进行的，不动产登记行为具有国家行政管理行为的特质，当属行政行为无疑。

（2）不动产权利登记制度下的不动产登记行为，是指不动产权利登记制度下的不动产登记机构为了协助当事人完成物权变动，对不动产登记当事人所申请的物权归属和变动提供一种独立客观的确认，从而使得不动产物权的变动具有公信力，在不动产权利登记制度下，当事人和登记机构都没有启动登记的义务，只是当事人希望通过不动产登记机构的第三方确认具有公信力，从而能够更加顺利地完成不动产物权的变动而主动进行申请登记的。在不动产权利登记制度下，当事人进行不动产

---

〔1〕 龙卫球、刘保玉主编：《最高人民法院物权法司法解释（一）条文理解与适用指南》，中国法制出版社 2016 年版，第 14～16 页。

〔2〕 龙卫球、刘保玉主编：《最高人民法院物权法司法解释（一）条文理解与适用指南》，中国法制出版社 2016 年版，第 14～16 页。

〔3〕 参见 [日] 我妻荣：《民法讲义Ⅱ新订物权法》，[日] 有泉亨补订，罗丽译，中国法制出版社 2008 年版，第 79 页。

登记是一种趋利的选择，不动产登记是当事人之间形成合意后主动发起的，具有很大的自主权，登记机构只能对当事人的申请内容和范围进行登记，而不能选择自主选择登记的事项。这一登记过程是基于当事人的主动选择而开始的，登记机构只是因法律法规赋予其的权力依照登记机构的职责而被动参与，从整个过程来看，登记行为是当事人的行为，而不是登记机构的行为。因此，不动产权利登记制度下，登记机构是因当事人申请而被动参与的，为当事人的申请事项进行审查和登记，从而保证不动产物权的变动具备公信力，不动产登记机构是公示机构、第三方机构，其所从事的不动产登记行为并不具备"独立性"，是一种附属行为，当事人作为不动产权利登记行为的主体启动不动产登记，向不动产登记机构申请，登记机构公示不动产登记，当事人接受其所公布的公示结果，完成不动产登记。因此，不动产权利登记制度下的不动产登记行为主要是私法上的行为，应为民事行为。

（3）"两体两面"解释路径下，不动产登记行为的区别。结合对我国不动产登记功能的分析和日本我妻荣教授的观点，近代以来的不动产登记制度是从管理登记制度向权利登记制度发展的，但现代不动产登记制度并非完全的不动产权利登记制度。

不动产登记的实质是对不动产物权的保存登记或变更登记，管理登记在于法律设定了登记机构和当事人的登记义务，两个主体均有义务对法律规定应当登记的不动产物权进行登记。而权利登记则是当事人有权对不动产物权进行登记，当事人并没有登记的义务，登记机构更是如此，除非当事人启动不动产物权登记，登记机构是无权对不动产物权进行登记的。

对于权利登记而言，不动产登记是对民法权利的一种确认或者公示，不动产登记机构是根据当事人双方的共同意思表示进行的[1]，没有当事人的申请，登记机构进行的不动产登记是不被认可的。在权利登记中，登记涉及登记权利人、登记义务人以及登记机构三方主体，在此登记主体关系中，登记当事人是整体登记行为的真正利益主体，登记产生的效果由登记当事人双方直接承担，故权利登记主要依据登记人和登记义务人共同的意思表示，登记机构作为登记第三方，并不是无条件地直接接受申请进行登记，而是应当对不动产登记当事人的申请进行一定程度的审查，以通过审查而保障登记权利人的交易安全。

---

〔1〕　一般情况下，由不动产登记当事人双方共同申请，但法律规定可单方申请的除外。见《不动产登记暂行条例》第14条。

因此，权利登记与管理登记存在根本性的区别，也是民事行为说和行政行为说的主要争议点，在权利登记的过程中，登记权利人和登记当事人才是真正的登记相对方，登记机构作为登记第三方并不是登记行为的主导方，登记机构所为之行为是依附于民事行为的，其性质当然也就是民事行为。但所不同的是，在管理登记时，不动产登记机构是国家行政管理机构，其依职权所进行的不动产登记行为是行政行为，而在当事人申请进行管理登记中，登记机构并不是权利登记中的第三方，而是为了履行公共功能而进行不动产登记的国家行政管理机构，当事人的申请只是为了配合登记机构履行公共管理职能，所以管理登记的登记行为是行政行为。

（二）不动产登记错误赔偿责任性质

不动产登记的性质厘清后，对于不动产登记错误赔偿责任的性质研究就非常重要，不动产登记错误赔偿责任对不动产登记错误赔偿救济的方式产生了直接的影响，通过对不动产登记错误的赔偿责任性质的分析来厘清我国不动产赔偿救济方式，具有重要的理论和现实意义。而我国《物权法》第 21 条没有明确不动产错误赔偿责任的性质。在民法学会关于《物权法司法解释（一）》的讨论稿中，第 12 条规定了登记错误的赔偿责任，但同时也指出了另一种意见，关于登记错误赔偿责任的性质仍然存在一定的争议，不适合在本条进行规定[1]，显然最终颁布的《物权法司法解释（一）》接受了民法学会讨论稿中的另一种意见，并没有作出明确的规定，理论界和实务界对此莫衷一是。

1. 不动产登记错误赔偿责任性质理论争议

理论界目前对不动产登记错误这一问题的主要争议在于不动产登记错误赔偿责任的性质以及由此而立的归责原则、诉讼方式等问题。不动产登记错误涉及民法、行政法、诉讼法等多个部门法，理论界不同领域的学者对此也有着不同的见解，观点之间存在很大的分歧。

关于不动产登记错误赔偿责任性质的认定，首先需要说明的一个问

---

[1] 《最高人民法院关于适用〈中华人民共和国物权法〉若干问题的解释（一）》（民法学会讨论稿）第 12 条规定："因登记错误受到损害的人，以登记机构为被告，向人民法院提起侵权诉讼的，人民法院应予受理。在因申请登记的人与登记机构工作人员恶意串通造成登记错误的侵权诉讼中，人民法院可以将申请登记的人与登记机构列为共同被告。"讨论稿同时还列出了另一种意见："登记错误赔偿责任的性质还有争议，登记机构承担赔偿责任的归责原则、登记机构承担的赔偿责任如何确定、赔偿的可能性等，涉及登记制度的重大问题，目前以不作本条规定为宜。"

题就是国家赔偿责任与民事赔偿责任的关系。自我国颁布《国家赔偿法》以来，国家赔偿就从民事赔偿中独立出来，形成两种不同的赔偿责任，而关于国家赔偿责任与民事赔偿责任的关系，理论界对此观点不一，有学者认为国家赔偿责任与民事赔偿责任是一种绝对的相互独立的状态，有学者认为国家赔偿责任与民事赔偿责任存在一定程度上的竞合。[1]但实务中普遍的做法是将国家赔偿责任与民事赔偿责任区分开来，国家赔偿责任是行政责任，通过行政诉讼的方式解决。鲜有通过民事诉讼的方式由国家承担民事责任而适用国家赔偿的。我国《行政诉讼法》第61条规定了行政附带民事诉讼，却没有相关的司法解释和成熟的规范设计，查询北大法宝和中国裁判文书网也没有相关的案例[2]，而关于在此类案件中如何适用国家赔偿责任与民事赔偿责任则更无规定，所以就目前来看，国家赔偿责任与民事赔偿责任是一种分离的状态，分别适用，并无互通。国家赔偿责任与民事赔偿责任在我国属于相互独立的责任性质。[3]

关于不动产登记错误的赔偿责任性质认定，目前理论界主要观点有民事赔偿责任说、国家赔偿责任说、双重责任说和责任不明说四种。

（1）民事赔偿责任说。从不动产登记的功能来看，主张不动产登记错误赔偿责任属于民事赔偿责任的学者认为，不动产登记的功能主要是有关于民事的，不动产的登记与民事功能是密不可分的，而不动产登记的行政功能却可以通过其他手段实现剥离，只是不动产登记的附带功能。[4]从不动产登记行为的性质来看，不动产登记虽然由国家机关进行，但其本质是一种民事行为，登记机构及其工作人员登记错误侵害当事人合法权利是一种民事侵权行为，不能因其主体之性质而决定赔偿责任之性质。从不动产登记行为的类型划分看，不动产登记行为中，民事

---

〔1〕 江必新："国家赔偿与民事侵权赔偿关系之再认识——兼论国家赔偿中侵权责任法的适用"，载《法制与社会发展》2013年第1期。

〔2〕 宁波鄞州区人民法院2010年审理了全国第一个行政附带民事诉讼的案例。董小军、陈雷："全国首例行政附带民事诉讼案在宁波开审"，载宁波在线网站，http：//zjnews. zjol. com. cn/05zjnews/system/2010/09/21/016948730. shtml，2016年11月21日访问。

〔3〕 参见刘志刚："不动产登记错误致人损害赔偿的法律适用"，载《河南财经政法大学学报》2015年第1期。

〔4〕 持此观点的学者包括：刘保玉："不动产登记机构错误登记赔偿责任的性质与形态"，载《中国法学》2012年第2期；王崇敏："我国不动产登记制度若干问题探讨"，载《中国法学》2003年第2期；李明发："论不动产登记错误的法律救济——以房产登记为重心"，载《法律科学》2005年第6期。

行为属性应当是一种基本行为，而行政行为属性则是一种补助行为[1]，行为属性类型化的分析认为，不动产登记错误的赔偿责任性质应当依据其基本行为的属性而决定，也就是民事赔偿责任。如果将不动产登记错误赔偿责任的性质认定为国家赔偿责任，不如民事赔偿责任更能保护合法权利人的利益，因国家赔偿责任只赔偿直接损失，而民事赔偿不仅可以请求赔偿直接损失，还可以请求赔偿间接损失。国家赔偿责任的诉讼程序也较民事赔偿责任的诉讼程序复杂，当事人需先向义务赔偿机关提出申请，义务赔偿机关如果不赔偿或者双方没有达成一致才能提起行政诉讼，这无疑增加了当事人的义务和成本。国家赔偿责任的赔偿原则是违法性，如果登记机构及其工作人员可以证明登记错误行为不具备违法性，则当事人无法得到赔偿，只能自行承担损失，显然有失公平。有学者进一步分析道，《民法通则》第 121 条、《民法通则意见》第 152 条及《侵权责任法》第 34 条的规定均可解决不动产登记错误问题，无需另用国家赔偿责任解决。[2]

（2）国家赔偿责任说。主张不动产登记错误赔偿责任属于国家赔偿责任的学者认为，进行不动产登记的是国家行政机构，不动产登记机构在履行职责行使职权进行登记的过程中发生错误，自然应当承担的是行政责任即国家赔偿责任。[3]不动产登记行为是行政机构所实施的具体行政行为，当不动产登记这一行政行为发生错误时，应当按照行政行为错误的路径来进行分析，通过《国家赔偿法》中关于违法行政行为的救济途径解决不动产登记错误问题。我国《国家赔偿法》第 2 条第 1 款和第 4 条第 4 项的有关规定可以解释为登记机构作为国家机构，在行使职权的过程中侵害了权利人的合法利益，则国家应当承担国家赔偿责任，进行国家赔偿。还有学者从民法的角度进行了分析和论证，认为当事人与登记机构之间不是合同关系，双方的地方并不平等，不动产登记行为本身也不是双方友好协商的结果，是登记机构依权实施的具体行政

---

〔1〕 参见刘保玉："不动产登记机构错误登记赔偿责任的性质与形态"，载《中国法学》2012 年第 2 期。

〔2〕 刘保玉："不动产登记机构错误登记赔偿责任的性质与形态"，载《中国法学》2012 年第 2 期。

〔3〕 持此观点的代表性学者包括：江平：《中国物权法解释及应用》，人民法院出版社2007 年版，第 75 页；梁蕾："不动产登记中的损害赔偿责任研究"，载《行政法研究》2008年第 3 期；梁慧星主编：《中国物权法草案建议稿——条文、说明、理由与参考立法例》，社会科学文献出版社 2000 年版，第 180 页；常鹏翱：《不动产登记法》，社会科学文献出版社2011 年版，第 11 页；孟强："论不动产登记机构登记错误的赔偿责任"，载《政治与法律》2014 年第 12 期。

行为。登记机构与当事人也并不是等价有偿的关系，登记费用并不能体现双方的等价关系，只是一种行政管理收费，如果按照民事赔偿责任，登记费用并不能弥补赔偿的损失缺口，也就不能笼统地将不动产登记错误的赔偿责任认定为民事赔偿责任。[1]

（3）双重责任说。部分学者认为，不动产登记错误赔偿责任由于《物权法》及《不动产登记暂行条例》的相关规定与《国家赔偿法》的相关规定产生了竞合关系[2]，所以当事人可以选择依据《国家赔偿法》的有关规定以行政诉讼的方式要求国家承担国家赔偿责任，也可以根据《民法通则》《物权法》《侵权责任法》的有关规定通过民事诉讼的方式要求国家承担民事赔偿责任。

（4）责任不明说。这种观点主要是立法者为了法律的制定适应社会的发展和行政体制的改革而主张的。[3]"目前对此问题意见不一致，有待随着行政管理体制的改革进一步明确，目前不宜把登记机关的赔偿责任规定为国家赔偿责任或民事赔偿责任。"[4]《物权法》实施之时，我国的不动产登记属于多头管理，但是随着《不动产登记暂行条例》的出台，我们已经着手建立统一的不动产登记制度，将不动产登记错误赔偿责任性质明确下来的时机已经成熟，所以这种观点只是过渡性质的，终将被明确化的不动产登记错误赔偿责任所替代。

2. 不动产登记错误赔偿责任性质实践争议

实务界对不动产登记错误问题也没有统一的做法。通过搜索中国裁判文书网关于不动产登记错误的相关案例发现，多数案件属于行政诉讼案件。[5]而且较多的做法是将不动产登记错误赔偿责任作为行政责任采用国家赔偿的方式解决，其中最著名的是广东深圳市国土规划局因为不动产登记错误而依照《国家赔偿法》的相关规定赔偿深圳某公司870万

---

〔1〕 参见孟强："论不动产登记机构登记错误的赔偿责任"，载《政治与法律》2014 年第 12 期。

〔2〕 持此观点的学者包括：王利明：《中国民法典学者建议稿及立法理由·物权编》，法律出版社 2005 年版，第 61 页；原永红："论不动产登记机构错误登记责任"，载《山东社会科学》2009 年第 7 期。

〔3〕 全国人大常委会法制工作委员会民法室：《中华人民共和国物权法条文说明、立法理由及相关规定》，北京大学出版社 2007 年版，第 22 页。

〔4〕 参见全国人大常委会法制工作委员会民法室：《中华人民共和国物权法条文说明、立法理由及相关规定》，北京大学出版社 2007 年版，第 22 页。

〔5〕 参见表 1。

元的巨款。[1]作为不动产登记主管部门的国土资源部，在这一问题上也倾向于将不动产登记行为作为行政行为，其赔偿责任则为行政赔偿责任，通过行政诉讼的方式解决。国土资源部曾在 2010 年发布《全国土地登记规范化和土地权属争议调处工作检查方案》[2]的通知，在土地登记规范化检查汇总表中提及"因登记机关错误登记引发行政诉讼或复议情况"，可见国土资源部将不动产登记错误赔偿责任作为一种行政赔偿责任。同时，在国土资源部政策法规司编著的《〈不动产登记暂行条例〉释义》一书中明确说明不动产登记错误属于国家赔偿[3]，将不动产登记错误赔偿责任视为行政责任。但是也有支持将不动产登记错误赔偿责任作为民事赔偿责任的，如浙江省曾颁布的《浙江省城市房屋产权户籍管理条例》明确将不动产登记错误赔偿责任定性为民事责任[4]。

3. "两体两面"下不动产登记错误赔偿责任的性质。如前所述，不动产登记功能具有公共管理功能和公共服务功能两种，从而区分出不动产管理登记制度和不动产权利登记制度，因不动产登记机构在两个制度中的主体地位和性质不同，不动产登记行为具有行政行为和民事性质两个性质，以上简称"两体两面"。不动产登记的性质对不动产登记错误赔偿责任的性质产生直接的影响，下面就将从"两体两面"的解释路径分析不动产登记错误赔偿责任的性质。

（1）不动产管理登记制度下的不动产登记错误赔偿责任性质。不动产管理登记制度下的不动产登记是登记机构作为国家行政管理机关履行公共管理职能而进行的登记行为，这一行政行为属性的登记行为如果发生了登记机构或其工作人员登记错误的情形，则应认定不动产登记错误赔偿责任是行政赔偿责任，也就是国家赔偿责任，应当通过行政诉讼的方式解决。不动产管理登记是不动产登记机构或者不动产当事人启动

---

〔1〕 参见郭国松："870 万：最大国家赔偿案尘埃落定"，载《南方周末》2003 年 7 月 10 日。

〔2〕 国土资源部网站：http://www.mlr.gov.cn/zwgk/zytz/201101/t20110120_813013.htm，2016 年 11 月 21 日访问。

〔3〕 国土资源部政策法规司、国土资源部不动产登记中心编著：《〈不动产登记暂行条例〉释义》，中国法制出版社 2015 年版，第 200 页。

〔4〕《浙江省城市房屋产权产籍管理条例》第 31 条规定："房地产业行政主管部门工作人员，错发房屋权利证书或房屋权利证书登记内容有误的，房地产业行政主管部门应自发现之日起 5 日内予以改正。给权利人造成损失的，应依法承担民事责任。房地产业行政主管部门工作人员玩忽职守、滥用职权、徇私舞弊、收受贿赂的，对有关责任人员给予行政处分，构成犯罪的，依法追究刑事责任。房地产业行政主管部门及其工作人员违法行使职权，给权利人造成损失的，依法承担赔偿责任。"但此条例已经在 2014 年被废止。

的，由登记机构对不动产的客观状态进行登记，应当履行审慎的审查义务，防止不动产的客观状态登记不实，我国第一例行政附带民事诉讼案例中，案件所争议的房屋进行首次登记，鄞州区政府向行政诉讼第三人盛某颁发了房产证，没有核实盛某所称的房屋属祖传的情况〔1〕，就属于典型的登记机构没有尽到合理的审慎义务，发生不动产登记错误情况。在这一案件中，不动产登记是由鄞州区政府作为不动产登记机构而启动的，鄞州区政府的主体性质是国家行政管理机构，按照公开的说法是开展土地、房产情况调查登记工作〔2〕，这是典型的依照职权对辖区内尚未登记的不动产进行首次登记，并非基于当事人的意思表示进行，是一种行政管理性质的行为。从而，不动产登记机构进行不动产管理登记，发生不动产登记错误，应当承担国家赔偿责任（行政赔偿责任）。

（2）不动产权利登记制度下的不动产登记错误赔偿责任性质。不动产权利登记制度下的不动产登记机构是作为登记的第三方被动参与不动产登记过程的，其依照登记权利人和登记义务人的共同意思表示对不动产登记所申请的事项进行审核，通过不动产物权变动完成。在这一过程中，不动产登记机构的行为是依附于不动产登记当事人的民事行为的，不具备"独立性"。如果发生不动产登记登记机构或其工作人员登记错误的情形，则应该认定不动产登记错误赔偿责任是民事赔偿责任，通过民事诉讼的方式解决。在永州市零陵区农村信用合作联社与被告永州市零陵区房产局虚假登记损害责任纠纷一案〔3〕中，永州市零陵区房产局因未对贺某提交的不动产申请材料履行审慎的审核义务，为其办理了房产证，永州市零陵区农村信用合作联社因信赖不动产登记机构所颁发的不动产登记簿而向贺某借款25万元，导致无法实现抵押权。在这个案件中，永州市零陵区房产局没有主动启动不动产登记程序，是由不动产登记的当事人发起的，其作为不动产登记第三方被动参与不动产登记的过程，根据不动产当事人的意思表示，为了实现不动产物权的变动进行登记，仅负审核义务。在审核过程中没有核验当事人提交的材料，导致不动产登记错误，这一行为是因当事人申请登记的民事行为属性决定的，不动产登记机构在不动产权利登记制度下应当承担民事赔偿

〔1〕 参见乐俊刚："行政附带民事诉讼在不动产登记案件中面临的困境及选择——以全国首例行政附带民事诉讼案为分析对象"，载《政治与法律》2012 年第 3 期。

〔2〕 国土资源部网站：http://www.mlr.gov.cn/zwgk/zytz/201101/t20110120_813013.htm，2016 年 11 月 21 日访问。

〔3〕 参见中国裁判文书网：http://wenshu.court.gov.cn/Content/Content? DocID = c6650769 -0d0d -453e -8e9e - d212b4e6ed07，2016 年 11 月 21 日访问。

责任。

（三）不动产登记错误赔偿责任归责原则

归责原则是不动产登记错误赔偿责任的基本问题。对不动产登记错误赔偿责任归责原则的研究，应当首先说明不动产登记错误赔偿责任的归责事由，即承担责任的基础从何而来。归责事由与损害密切相关，不动产登记错误会导致相关权利人的权益受损，因而需要有"人"对损害承担责任，使得损害发生转移，按侵权法的一般原理，归责事由分为主观归责事由和客观归责事由两种。归责原则是归责事由的基本规则，不动产登记错误赔偿责任的归责原则因其归责事由不同而不同。因不动产登记错误赔偿责任的性质不同，有国家赔偿责任和民事赔偿责任之分，在国家赔偿责任中，主要是违法性归责原则，在民事赔偿责任中，分为有过错责任说、过错推定责任说、无过错责任说三种。

1. 不动产登记错误赔偿责任归责原则争议

（1）过错责任原则说。主张过错责任原则的学者认为，不动产登记机构只要尽到应尽之义务，就无需承担赔偿责任。[1]这一观点是建立在不动产登记错误民事赔偿责任的基础上的。坚持此观点的学者认为，《物权法》第 21 条的规定陈述了由于登记机构及其工作人员和当事人两个方面的原因造成的登记错误，不动产登记错误赔偿责任的归责原则应属过错责任原则。[2]还有学者认为，无过错责任和过错推定责任都属于法律直接规定的严格的责任类型，在法律没有明确指出某种责任属于无过错责任或者过错推定责任的情况下，将不动产登记错误赔偿责任的归责原则定性为过错责任原则是不合适的。[3]从实践情况的角度看，如果不动产登记错误赔偿责任的归责原则是无过错原则或过错推定原则，无疑是在变相地增加登记机构的义务，责任加重后的登记机构疲于应付各种诉讼，难免自顾不暇，反而会影响不动产登记机构的工作效率。通过无过错责任原则和过错推定责任原则，虽可平衡登记机构与登记当事

---

〔1〕 持此观点的学者包括：杨立新："论不动产错误登记损害赔偿责任的性质"，载《当代法学》2010 年第 1 期；姚辉："论不动产登记机构赔偿责任"，载《法学》2009 年第 5 期；程啸：《不动产登记法研究》，法律出版社 2011 年版，第 601 页以下。

〔2〕 参见林永康等："不动产登记错误的损害赔偿责任探讨"，载《福建法学》2007 年第 4 期；柴振国等："论不动产错误登记的赔偿责任"，载《安徽大学法律评论》2007 年第 1 期。

〔3〕 参见刘保玉："不动产登记机构错误登记赔偿责任的性质与形态"，载《中国法学》2012 年第 2 期。

人的不平等地位，但是登记机构在没有有效赔偿费用机制来源的情况下，无疑只能通过提高登记费用来解决日益增多的赔偿，这样其实对不动产登记的当事人是不利的。[1]还有一种观点是从替代责任的视角研究，因登记机构工作人员原因造成错误而使得登记机构承担赔偿用人单位责任，而用人单位是替代责任。按照我国《侵权责任法》第34条的规定，用人单位因其工作人员履行工作职责而造成损害，属于无过错责任。[2]登记机构的替代责任虽属于无过错责任，在替代责任的理论基础中，登记机构承担责任的前提必须是要工作人员存在过错情形，因此，在替代责任的分析视角下，登记机构因登记错误承担赔偿责任的归责原则应当是过错责任。

（2）过错推定责任原则说。主张不动产登记错误赔偿责任归责原则为过错推定责任原则的学者认为，登记机构在登记这一过程中只要存在瑕疵，就可以通过推定的方式认为不动产登记机构存在过错，如若不动产登记机构没有证据证明本身不存在过错，则应当承担赔偿责任。[3]主张此观点的学者应当将不动产登记行为认定为民事行为，登记错误赔偿责任的性质是民事赔偿责任。在不动产登记行为中，不动产登记机构居于强势的地位，而登记当事人处于弱势的地位，掌握登记信息最完整的是不动产登记机构，如果实行过错责任或者无过错责任，登记当事人都可能面临举证困难的情况，这是不利于保护登记当事人的权利的，也有违公平原则。通过过错推定原则实现举证责任倒置，则可以有效地解决登记当事人"登记难"的问题，当事人只需要证明登记机构有加害行为且加害行为与损害结果有因果关系即可。登记机构负担举证责任是通过归责原则来平衡登记当事人和登记机构权利义务关系的，在实现民法保护私权上是具有积极意义的。

（3）无过错责任原则说。主张不动产登记错误赔偿责任的归责原则为无过错原则的学者认为，《物权法》第21条第1款就明确了无过错

---

〔1〕 参见姚辉："论不动产登记机构赔偿责任"，载《法学》2009年第5期。

〔2〕 参见王胜明主编：《〈中华人民共和国侵权责任法〉释义》，法律出版社2010年版，第169页。

〔3〕 持此观点的学者包括许明月等：《财产权登记法律制度研究》，中国社会科学出版社2002年版，第314页；艾军："不动产登记机关赔偿责任的构成"，载《人民司法》2008年第21期；申卫星："内容与形式之间：我国不动产登记立法的完善"，载《中外法学》2006年第2期。

责任原则。[1]《不动产登记暂行条例》中关于法律责任的第 29 条也规定按照《物权法》的规定承担责任；国土资源部法规司编著的《〈不动产登记暂行条例〉释义》一书认为，不动产登记错误赔偿责任的归责原则是无过错责任。这一观点也将不动产登记行为的性质认定为民事行为，不动产登记错误赔偿责任是民事赔偿责任。无过错责任原则是指只要发生了不动产登记错误这一结果，不论原因为何，不动产登记机构均要承担赔偿责任。从不动产登记错误的类型来看，如果是不动产登记机构的原因造成的，其承担责任理所应当，但若为登记当事人与登记机构的共同原因造成，也由登记机构承担责任（尔后之追偿不在此论），未免不当。从立法的角度分析，由于造成不动产登记错误的原因很多，目前的立法技术无法将其类型化，所以采用客观描述性的词语"登记错误"，来表达所发生不动产登记错误之事实状态，也就是说，只要存在登记错误这一客观状态，登记机构就应当进行赔偿，因此，不动产登记错误赔偿责任归责原则为无过错原则。

（4）违法性原则说。主张不动产登记错误赔偿责任的归责原则为违法性原则的学者是在不动产登记错误赔偿责任是国家赔偿责任的角度下提出的[2]，我国的国家赔偿责任主要采用违法性原则[3]。在违法性原则下，只要登记机构和工作人员在登记中发生了登记错误，就应当承担赔偿责任，无论登记机构及其工作人员是否存在主观上的故意。《物权法》第 21 条规定，登记机构或其工作人员在结果上造成了损害的事实并且存在过错，就应当承担赔偿责任，登记机构的登记登记错误行为是一种行政侵权行为，而行政侵权行为是以行为的违法性为基础的，认定不动产登记错误赔偿责任的归责原则是违法性原则对于侵权责任的认定来说更加便利，有利于在诉讼中客观地认定不动产登记错误赔偿责任的标准，更加有利于审判工作，而其他性质的归责原则在程度上或多或少都存在一定的主观性，是不利于诉讼的。

---

〔1〕 持此观点的学者包括：江平：《中国物权法解释及应用》，人民法院出版社 2007 年版，第 75 页；王利明：《物权法研究（上）》，中国人民大学出版社 2013 年版，第 368 页；胡康生主编：《〈中华人民共和国物权法〉释义》，法律出版社 2007 年版，第 64 页；原永红："论不动产登记机构错误登记责任"，载《山东社会科学》2009 年第 7 期。

〔2〕 坚持不动产错误登记赔偿责任的归责原则为违法性原则的学者多为行政法学者，其在分析不动产错误登记赔偿责任属于国家赔偿责任后，就顺理成章地认为赔偿责任的归责原则是违法性原则。

〔3〕 参见姜明安主编：《行政法与行政诉讼法》，北京大学出版社、高等教育出版社 2007 年版，第 654 页。

2. "两体两面"下的不动产登记错误赔偿责任归责原则

（1）管理登记制度下的不动产登记错误赔偿责任归责原则。在不动产管理登记制度下所实施的登记是具体行政行为，赔偿责任的性质是国家赔偿责任，因此，归责原则应当是违法性原则。不动产登记机构依职权以实现不动产登记的公共管理功能为目的进行登记，这种登记多为阶段性大规模的统一登记。在大规模统一登记中，所面临的情况较权利登记更为复杂多变，而且不动产的证明材料愈加多样化，为了能够高效地完成不动产管理登记，登记机构面对繁琐的登记工作压力更大，所以认定不动产登记错误赔偿责任归责原则为违法性原则能够促进不动产管理登记工作的开展，登记机构只有在违法的情况下才承担赔偿责任，省去了诉累。而且管理登记制度的主要功能在于实现公共管理功能，只是登记不动产物权的客观状态，不应当对不动产登记机构施加更多的义务，这也是为了保证国家机构更好地履行职能的一种现实意义上的考量。

（2）权利登记制度下的不动产登记错误赔偿责任归责原则。不动产权利登记制度下的不动产登记行为的性质是民事的，登记机构在不动产登记中所进行的审核确认等行为是为了能够更好地服务当事人，不动产登记机构的行为是辅助性的，其性质应当依据不动产登记当事人所实施的行为性质来确定，在不动产登记错误的情形下，登记机构也应当承担民事赔偿责任。不动产登记错误赔偿责任的归责原则是在不动产登记错误赔偿责任下进行讨论的，赔偿责任的民事性质决定了归责原则是民事上的归责原则。但是民事赔偿责任也分为过错推定责任、过错责任和无过错责任三种类型，那么在"两体两面"的解释路径下，应当适用何种归责原则呢？

从登记功能这个本源出发，权利登记使不动产登记机构实现公共服务功能，不动产登记机构在权利登记制度中是第三方的地位，在权利登记中可能发生两种错误类型：第一种是与权利登记相关的不动产登记发生错误，登记机构承担的是民事责任，根据归责事由的两种情况（客观事由和主观事由），登记错误不论是故意还是过失，都属于主观事由，那么只可能选择过错原则和过错推定原则。过错推定责任的产生是为了对过错原则进行补充，现代社会的专业分工越来越细，受害人不可能具备专业的知识而证明行为人的过错，面临举证难的问题，所以通过过错推定责任来实现举证责任倒置，进而在不动产登记中，登记行为不再是对登记簿进行简单记载，记载的手段不断更新，记载的内容也逐渐专业，而且不动产登记机构在登记中属于第三方，登记当事人是无法全面了解登记的过程等情况的，所以应当适用过错推定责任。登记机构作为第三方，自然具备专业的知识而且能够掌握登记双方的情况，所以举证对于登记机构来说更加容易。另一种情况是由于登记机构或其工作人员与当事人的共同原因造成的不动产登记错误，这种原因造成的登记错误也应当是过错责任或过错推定责任原则，正如对第一种情况的分析，混合侵权更加复杂，如果登记机构工作人员和登记当事人有意思联络，那么受害人更加难以举证，所以从过错推定责任的产生来说，第二种情况也应当适用过错推定原则。综上，权利登记制度下不动产登记错误赔偿责任归责原则适用过错推定原则主要是对登记机构的专业性和在登记行为中第三方地位的考虑。登记机构的专业化建设在不断地推进，登记机构的工作人员也逐渐地实现专业化，登记机构的第三方地位使得登记机构最全面地掌握不动产登记双方的各项情况。

四、不动产登记错误赔偿诉讼模式

（一）不动产登记错误赔偿诉讼模式争议

1. 民事诉讼说[1]

主张不动产登记错误赔偿诉讼应当采用民事诉讼的学者通常将不动产登记行为视为一种民事行为，通过对不动产登记行为的民事性质进行论证以反驳将不动产登记行为视为行政行为的观点，认为不动产登记作为不动产物权变动原因的法律行为的一部分，登记机构在其中只是通过其具备的公信力对不动产物权的变动进行确认从而实现其民法上的效果。换言之，不动产物权登记不过是经权利人申请国家专门机构将申请人的不动产物权变动事实记载于国家不动产物权登记簿的事实，其本质上是一种公示方法或者说民事行为。[2]进而，不动产登记错误赔偿应当适用民事诉讼的纠纷解决机制，登记机构作为不动产登记的参与者，并

---

〔1〕 持此观点的学者包括：王利明：《物权法研究（上）》，中国人民大学出版社 2013 年版，第 305 页；孙宪忠：《中国物权法总论》，法律出版社 2014 年版，第 354 页；张步峰、熊文钊："行政法视野下的不动产物权登记行为"，载《行政法研究》2009 年第 1 期；申惠文："论物权登记错误的诉讼救济模式——行政诉讼受案范围泛化的冷思考"，载《厦门大学法律评论（2015 年第 25 辑）》，厦门大学出版社 2015 年版，第 152～167 页；吴光荣："不动产登记与不动产权属确认的实体与程序问题研究"，载《法律适用》2014 年第 10 期。

〔2〕 龙卫球、刘保玉主编：《最高人民法院物权法司法解释（一）条文理解与适用指南》，中国法制出版社 2016 年版，第 2 页。

不是决定登记性质的主体，登记机构为了服务登记当事人的利益而进行登记，不动产登记虽遵循一定的行政管理程序，但是这些都是登记行为的外壳，并不是进行行政管理，如果登记机构发生登记错误的情形，则首先应当依法向登记机构申请进行变更登记和更正登记，如果登记机构拒绝对当事人申请的事项改正，则当事人应当谋求诉讼的方式解决，采用的诉讼解决机制应当是民事诉讼而不是行政诉讼。

2. 行政诉讼说[1]

主张不动产登记错误赔偿诉讼应当采用行政诉讼的学者通常将不动产登记行为视为行政行为，登记机构作为国家行政管理机构依法对不动产登记进行管理，如果发生不动产登记错误情形，则应当按照行政诉讼的方式解决。其中，按照《国家赔偿法》的相关规定发生不动产登记错误应当首先向登记机构进行申请赔偿，在登记机构拒绝赔偿或者不处理时才能向法院提起行政诉讼。

3. 行政附带民事诉讼说[2]

主张不动产登记错误赔偿诉讼应当采用行政诉讼的学者认为，不动产登记行为的性质既有民事属性也有行政属性，通过任何一种解释都无法完整准确地解释不动产登记行为，如果发生不动产登记错误纠纷，最好的诉讼解决机制是行政附带民事诉讼。在我国《行政诉讼法》修改以前，很多学者就提议通过行政和民事诉讼一并审理的方式来解决不动产登记错误纠纷。[3]有的学者主张，当事人对于不动产权属有争议的，应直接通过民事诉讼途径解决；极少数情况下，如果登记行为对民事权益的实现产生影响，则应先通过行政诉讼解决不动产登记的效力问题，但也应充分考虑其产生的民事法律效果。[4]有的学者主张，综合考虑司

〔1〕 持此观点的学者包括：肖厚国：《物权变动研究》，法律出版社 2002 年版，第 220 页；杨寅、罗文廷："我国城市不动产登记制度的行政法分析"，载《法学评论》2008 年第 1 期。

〔2〕 持此观点的学者包括：孟强："论不动产登记机构登记错误的赔偿责任"，载《政治与法律》2014 年第 12 期。

〔3〕 关于民事诉讼和行政诉讼一并审理的相关理论，行政法学者提出了行政诉讼附带民事争议审查说、民事诉讼附带行政登记确认审查说，还有关于"先行后民"还是"先民后行"的争论。参见林莉红：《中国行政救济理论与实务》，武汉大学出版社 2000 年版，第 308 页；李金刚："诉讼救济途径的选择：行政与民事——从一起房地产行政案件引发的思考"，载《法学》2003 年第 1 期；杨海坤：《跨入 21 世纪的中国行政法学》，中国人事出版社 2000 年版，第 265 页。

〔4〕 杨威、贾亚强："不动产登记案件中民行交叉问题的处理"，载《天津市政法管理干部学院学报》2009 年第 4 期。

法既判力和行政行为效力的关系，考虑司法成本和诉讼经济以及法制的统一，应当尽力统一或协调不动产登记纠纷受理机制，设计的程序不能太复杂，尽量减少当事人的诉累，力求法律效果和社会效果的有机统一。[1]有的学者主张，行政、民事争议交叉案件审理机制的完善，首先需要法律对此予以明确规定，其次需要赋予法院、法官寻找新的路径的裁量权。[2]有的学者提出，应强化立案职能，实现不动产登记案件的民事、行政附带诉讼和审判组织的固定化，充分运用协调和解机制，同时发挥变更登记与异议登记的效用。[3]

行政附带民事诉讼说的学者主要出于简化诉讼、节约司法成本、方便人民的考虑，希望通过行政附带民事诉讼的诉讼机制解决不动产登记错误争议问题。但是行政附带民事诉讼不是行政诉讼和民事诉讼的简单叠加，而且由行政审判组织分别进行行政审判和民事审判，这样的叠加是毫无意义的，看似行政诉讼附带民事诉讼实现了简化，其实不然，行政诉讼和民事诉讼分别进行反而可能更有效率，行政附带民事诉讼可能因诉讼的程序不同而造成审判时间较普通行政诉讼和民事诉讼更长。目前，行政附带民事诉讼只有我国《行政诉讼法》第 61 条有规定，目前为止没有出台相关的实施方法解决行政附带民事诉讼案件的审理问题。我国属于大陆法系的国家，民事诉讼和行政诉讼分属不同的诉讼模式，由不同的审判组织审理，在程序法上，二者分别适用不同的法律，其审理程序也并不完全一致。而且按照审判专业的路径，行政庭的法官是否能够审理民事案件？主张行政附带民事诉讼观点的学者并没有通过分析决定不动产登记错误赔偿诉讼模式的基础，而是为了能够解决关于登记行为性质、不动产登记错误赔偿责任性质等问题，采用折中的观点提出了行政附带民事诉讼。这在不动产登记错误的理论上是站不住脚的，创设一种新的制度必须要有坚实的理论基础，没有对理论基础进行彻底分析而简单提出新制度是无法更好地解决问题的。

（二）不同诉讼模式选择的对比分析

在法无明文规定的情况下，适用何种诉讼模式在一定程度上也应当考虑不同诉讼模式下审理不动产登记错误案件的不同，何种诉讼模式更

---

〔1〕 黄学贤："行民交叉案件处理之探究"，载《法学》2009 年第 8 期。

〔2〕 杨建顺："行政、民事争议交叉案件审理机制的困境与对策"，载《法律适用》2009 年第 5 期。

〔3〕 梁宇菲："实践进路与争议解决：不动产登记纠纷民、行交叉的司法对策——以司法个案为视角"，载《行政法学研究》2014 年第 2 期。

有利于保护当事人的权利，更能平衡国家利益和当事人利益的关系。

1. 举证责任不同

一般来讲，行政诉讼中由被告负担举证的责任，而民事诉讼中则是谁主张谁举证。在不动产登记错误案件中，如果是原告故意提交虚假材料而登记机构疏忽大意导致的登记错误，按照行政诉讼的要求，登记机构应当举证，而在登记机构无法提交证据的情况下，登记机构作为被告则可能败诉。但在民事诉讼中，如果原告也无法提交证据证明登记机构没有尽到合理的审慎义务，则很可能判定原告败诉。这样就出现了在同一诉讼中因举证责任分配不同导致判决结果不同的现象。这样的结果对审判来说是十分混乱的。即使通过行政附带民事诉讼的方式解决，审理的法官也将面临无法审判的状况。

2. 审查标准不同

行政诉讼的审查标准是对行政主体、权限、内容、程序的合法性进行审查，即行政主体是否具备行政主体资格，行政主体是否在法定的权限内进行活动，有无超越权限的情况，行政行为的内容是否合法，行政主体所实施的行政行为是否按照法定的程序进行，有无违反法定程序的情况，等等。法院在进行审查的过程中只要认为行政主体所实施的行政行为有违法情形存在，就有可能判定行为无效从而导致撤销等结果的出现。而民事诉讼中的审查标准则是针对民事主体所主张的权利是否有依据而不论其所实施的民事行为的程序。如果在不动产登记中，当事人提交的材料合法有效，而登记机构的程序违法，在行政诉讼中，登记机构需要承担责任，而在民事诉讼中，登记机构无需承担责任。

3. 有无前置程序不同

在行政诉讼中，按照《国家赔偿法》第9条和第14条的规定，当事人如果要求国家机构承担赔偿责任，应当先向赔偿义务机构即登记机构提出。第一种情况是登记机构没有在法律规定的期限内回复是否作出赔偿决定，当事人在期限届满的3个月后才可以人民法院提起诉讼。第二种情况是当事人在提起行政诉讼时向登记机构提出赔偿申请。无论如何，当事人都不能绕过前置程序这一繁琐的程序向人民法院提起诉讼，这样就可能导致当事人不愿向登记机构提出赔偿申请，而且增加了当事人的义务，浪费了当事人的时间和精力。而在民事诉讼中，并没有规定前置程序，当事儿可以径行向人民法院提起诉讼。在不动产登记错误赔偿案件中，如果采用民事诉讼则无疑增加当事人获得赔偿的可能性。

4. 赔偿范围不同

行政诉讼中，按照《国家赔偿法》第32条和第36条的规定，国家赔偿是以直接损失为原则的，只对不动产登记错误已经发生的现实损失予以赔偿。而在民事诉讼中，按照《侵权责任法》的规定，不仅对因不动产登记错误而造成的直接损失进行赔偿，还包括因此造成的间接损失。[1]不动产的价值较大，尤其对于房产来说，价格增速很快，如果适用行政诉讼法，难免对权利人的损失赔偿不够，显失公平。

5. 抗辩事由不同

行政诉讼中，《国家赔偿法》只有第 5 条规定的 3 种情形。而在民事诉讼中，《侵权责任法》中的民事责任的抗辩事由则更加丰富，包括免责事由、减轻事由两大类。在登记错误的民事诉讼中，受害人存在过失是登记机构减轻责任的事由，但在行政诉讼中却不一定会对登记机构减轻责任。[2]

（三）"两体两面"下的不动产登记错误赔偿诉讼模式

2016 年出台的《物权法司法解释（一）》第 1 条规定了不动产纠纷的诉讼机制，龙卫球教授认为此条的解释应为："不动产登记纠纷，应当依据行政诉讼解决；但是，在涉及不动产物权权属争议，以及涉及作为登记基础的民事法律关系效力争议的两类情形，允许就此提起民事诉讼；不过，在前两种允许提起民事诉讼的情形，如果当事人就登记本身提起了行政诉讼，还同时就该两种情形提起附带民事诉讼，则只能按照行政附带民事诉讼的程序审理，当事人不能再就'不动产物权的归属，以及作为不动产物权登记基础的买卖、赠与、抵押等产生争议'单独提起民事诉讼。"[3]这样的规定无疑对当事人的私权保护也是不利的，行政诉讼附带民事诉讼的解决方式应当是一时的权宜之计。

1. 不动产管理登记制度下的不动产登记错误赔偿诉讼模式

在"两体两面"的解释路径下，不动产登记错误赔偿诉讼在不动产管理登记制度下，如果发生了不动产登记错误，登记机构作为行政机构应当承担行政责任，当事人可就此向人民法院提起行政诉讼。这样的诉讼模式选择对于平衡国家和当事人利益是合理的。登记机构为了实现

---

〔1〕 关于侵权责任法是否赔偿间接损失有所争议，但大多数人支持间接损失的赔偿。具体观点对比参见杨立新：《侵权责任法》，法律出版社 2010 年版，第 144 页；张新宝：《侵权责任法原理》，中国人民大学出版社 2005 年版，第 469 页。

〔2〕 刘保玉："不动产登记机构错误登记赔偿责任的性质与形态"，载《中国法学》2012 年第 2 期。

〔3〕 龙卫球、刘保玉主编：《最高人民法院物权法司法解释（一）条文理解与适用指南》，中国法制出版社 2016 年版，第 2 页。

公共管理功能，依其职权对不动产进行登记，是一种主动的管理行为，登记机构为了完成登记主动进行管理的行为耗费了大量的人力资源和时间成本，而且管理登记制度下的登记机构往往要承担很大的工作量，难免出现疏忽的情况，如果再规定登记机构承担民事赔偿责任，对其要求未免太高，而且让登记机构应对大量的民事诉讼对其来说也是不现实的。通过行政诉讼的方式，登记机构可以在当事人提起诉讼前利用前置程序进行处理，即使进行行政诉讼，登记机构也能支付相对较少的赔偿费用。不动产管理登记的性质决定了不动产登记错误赔偿诉讼应当进行采用行政诉讼的模式。

2. 不动产权利登记制度下的不动产登记错误赔偿诉讼模式

在权利登记制度中，不动产登记机构是作为第三方被动参与登记的，不动产登记是为了实现物权变动，不动产登记行为是一种民事行为。发生不动产登记错误有两种情况：第一种是所有与权利登记有关的纠纷，包括本登记、更正登记、涂销登记、异议登记等实际是当事人之间的意志不合或者利益抵触，登记机关通常是一种尴尬角色，所以有效的纠纷解决方式是当事人通过向登记的机关提起民事诉讼解决。于是，不动产登记法在技术上分别构建具有私权性质的确认登记请求权（确认之诉）、更正登记请求权、异议登记请求权等。请求权人是登记权利人，被请求人是登记义务人，登记机构是第三人。[1]另一种情况是由于登记机构和当事人的共同原因造成不动产登记错误，在这种情况下，往往是当事人故意提供虚假材料，而登记机构在材料审查中疏忽大意造成登记错误，在这种情况下登记机构因登记行为的民事属性也应当与虚假材料提供人一并承担不动产登记错误民事赔偿责任，通过民事诉讼的方式解决。

---

〔1〕 龙卫球、刘保玉主编：《最高人民法院物权法司法解释（一）条文理解与适用指南》，中国法制出版社 2016 年版，第 17 页。

书　评

《法律与革命》原著及其汉译本瑕疵评析

孙怀亮 *

伯尔曼的《法律与革命》（卷一、二）及其中译本在我国具有异乎寻常的影响，大多数中国学者正是通过它而获知了教会法的重要性。然而其原著和译本中却存在着相当多的可商榷之处。有鉴于此，有必要对原著及其译著给出简要的分析、评价和订正，以期使学界对该书的过度依赖能有所修正。

一、伯尔曼的研究方法简述

首先，关于方法论，伯尔曼是这样论述的：

我们需要克服：将法律化约为一套把事情搞定的技术性设计；将法律和历史相分离；把我们所有的法律都与国家法相等同和把法律的历史与国家法律的历史相等同；以及如下错误：排他性的政治的分析法学（即"法实证主义"），排他性哲学式的和道德式的法学（即"自然法理论"），排他性的历史的和社会—经济的法学（即"历史法学派"、法的社会理论"）。We need to overcome the reduction of law to a set of technical devices for getting things done; the separation of law from history; the identification of all our law with national law and of all our legal history with national legal history; the fallacies of an exclusively political and analytical jurisprudence "positivism", or an exclusively philosophical and moral jurisprudence ("natural – law theory"), or an exclusively historical and social – economic

---

* 孙怀亮，北京航空航天大学法学院博士研究生。

jurisprudence（"the historical school", "the social theory of law"）.[1]

在此基础上，伯尔曼提出要使用一种超越以上三种方法的综合性法学（an integrative jurisprudence）,[2]而这种方法的内涵，正如他在该书"导论"所解释的，在本质上即属"社会法学观"（A Social Theory of Law）。[3]我们暂且不论世上是真的否存在着能超越上述三大传统方法的法学方法论，也不论伯尔曼的方法论是否能具备这样的功能——相信绝大多数法律人都会对伯尔曼的方法论是否能承载如此巨大的功能而深表怀疑，但法社会学（legal sociology）或社会法学（sociological juris-prudence）与法学（jurisprudence）的关系素有争议则是众所周知的[4]，如拉伦茨在《法学方法论》"引论"的第一段中就开宗明义地指出，狭义的法学（Rechtswissenschaft）并不包括法史学和法社会学（rechtssoziologie）。[5]

事实上，这也正是《法律与革命》的政治学或历史学色彩比法学更浓厚的原因，同时这也是法学界在面对这本书时感到"不解渴"的原因：法学专业所首要期待的乃是实证制度的分析，而不是远离它们的思想性论述，这种思想性论述虽然对于教会法的理解大有帮助，但它更多地却只能研究人员的个人意见或观点，而不是教会法权威体系本身所作的陈述或规范。作为对比的是，法国学者高德麦教授（Gaudemet）的教会法史研究就以体制（istituzioni）的演变和沿革为中心，并因此被公认为世界一流的教会法史研究文献。

---

〔1〕 Harold J. Berman, *Law and Revolution: The Formation of the Western Legal Tradition*, Harvard University Press, 1985, "Preface": VI – VII. （以下简称 Berman, 1985.）汉译本参见[美]伯尔曼：《法律与革命（第 1 卷）（中文修订版）》，贺卫方等译，法律出版社 2008 年版，"序言"第 3 页。

〔2〕 Berman, 1985, "Preface": VII.

〔3〕 Berman, 1985, p. 41. 详见 "Introduction: Toward a Social theory of Law", pp. 41～45. 汉译本参见[美]伯尔曼：《法律与革命（第 1 卷）（中文修订版）》，贺卫方等译，法律出版社 2008 年版，第 39～42 页。

〔4〕 在美国的学科分类中，法社会学（legal sociology）总体上属于社会学范畴，其研究工具主要是社会学的，研究人员具有高度的学院性，并大多具有统计学的专业训练。而汉语中的"法社会学"所对应的英文却主要是 Law and Society 或 Law and Social Science，是非常泛泛的学科方向。

〔5〕 [德]卡尔·拉伦茨：《法学方法论》，陈爱娥译，商务印书馆 2003 年版，"引论"第 19 页。关于法学和法社会学、法史学关系的更为细致的论述，参见该书第二章"导论：法学的一般特征"，第 72～131 页。

二、原著瑕疵：以授职权之争和新教改革为例

方法论决定着伯尔曼对材料的选取和分析，也决定着他对某些法律文件的性质乃至某些重大历史事件的判断。这里以两个重大历史事件为例，即圣职授职权之争和新教改革，以说明其论述角度的特定性及瑕疵。

第一，关于亨利四世（Henrius IV, 1056 ~ 1106）和教宗格里高利七世（Gregorius VII, 1073 ~ 1083）在 1075 年的争执的直接原因，伯尔曼认为：

1075 年 12 月格里高利在给皇帝的信中公开了我们后世称之为《教宗宣言》（Papal Manifesto）的信件（注：为 Dictatus Papae 之别名）。[1]——那场革命的开端——在 1075 年的《教宗如是说》（Dictatus Papae）中——此前的政治和法律秩序被宣告废除。[2]

但国际主流学者认为它没有发表[3]，不具备法令的身份（将其译为"教宗敕令"或"教皇敕令"因而是不可取的）。就文件的性质而言，高德麦认为："其性质和写作对象并不十分清楚；它本身原被视为 1075 年 2 月罗马主教大会（il concilio romano）宗座训谕（allocuzione）的提纲，但教宗最终放弃了对其的宣读，或许它是为了该次大会而进行源初性构思的作品。"[4]正是因为它本身没有公开发表，高德麦才将它称之为"格里高利七世（立法）备案文书"（il Registro delle lettere di Gregorio VII）。[5]

既然《教宗如是说》没有公开发表，认为它直接引起了争执显然就缺乏强有力的依据。多数学者认为 1075 年的争执起源于对主教的授

---

〔1〕 Berman, 1985, p. 96. 汉译本见［美］伯尔曼：《法律与革命（第 1 卷）（中文修订版）》，贺卫方等译，法律出版社 2008 年版，第 92 页。

〔2〕 Berman, 1985, p. 104. 汉译本见［美］伯尔曼：《法律与革命（第 1 卷）（中文修订版）》，贺卫方等译，法律出版社 2008 年版，第 100 页。

〔3〕 乌尔曼也持有这种观点，See Walter Ullmann, *A Short History of the Papacy in the Middle Ages*, 2nd edition, Routledg, 2003, p. 99.

〔4〕 Jean Gaudemet, *Storia del diritto canonico: Ecclesia et Civitas*, Torino: San Paolo, 1998, pp. 348 ~ 349.（以下简称：Gaudemet, 1998）

〔5〕 Gaudemet, 1998, p. 348. 该表述源于拉丁文 lectio litereae，大体相当于立法文本的预备性本书。

职，对此高德麦是这样论述的：“皇帝在 1075 年对米兰大主教（arci-vescovo）以及对班贝格（Bamberga）、斯波莱托（Spoleto）[1]和科隆主教获选人的提名（la nomina，或译'指派''任命'）引爆了（scoppiare）冲突。”[2]而德国教会史学家毕尔麦尔也与高德麦一样认为是米兰大主教等的任命权问题直接引发了冲突。[3]

毫无疑问，圣职授职权之争才是争议的根本结症之所在，它既折射了圣座对授职权的态度和主张，也预示着其妥协的形式，而伯尔曼在这一重大问题上显得异常枝蔓而迂回。与此相关的是，他对《教宗如是说》具体条目的针对对象的论述也有相当大的争议，根据高德麦的说法，其第 8、9 条总体上是针对东部的，而不是直接针对西部的。[4]

第二，关于新教改革和教会法的关系，伯尔曼的论述参见如下：

The Lutheran Reformation, and the revolution of the German principalities which embodied it, broke the Roman Catholic dualism of ecclesiastical and secular law by delegalizing the church. Where Lutheranism succeeded, the church came to be conceived as invisible, apolitical, alegal; and the only sovereignty, the only law (in the political sense), was that of the secular kingdom or principality. [5]

现译本：路德的改革和体现这种改革的德意志各公国的革命，通过消除教会的权能打破了教会法与世俗法这种罗马天主教的二元制度。在路德主义获得成功的地方，教会逐渐地被作为无形的、无政治意义上的和无法律意义上的东西；仅有的主权和法律（政治意义上的）是世俗王国或公国的主权和法律。[6]

---

[1] 米兰和斯波莱托（Spoleto）在当时属于帝国辖地，其中，米兰教区及其主教的历史地位一直都非常显赫，迄今依然如此，圣安布鲁斯（Ambrosius，339～397）的圣骸就供奉在 Duomo 大殿主祭台的后侧。

[2] Gaudemet, 1998, p. 343.

[3] ［德］毕尔麦尔（Bihlmeyere）等：《中世纪教会史》，［奥］雷立柏（L. Leeb）译，宗教文化出版社 2010 年版，第 139～140 页。

[4] See Gaudemet, 1998, p. 353.

[5] Berman, 1983, p. 29.

[6] ［美］伯尔曼：《法律与革命（第 1 卷）（中文修订版）》，贺卫方等译，法律出版社 2008 年版，第 28 页。需要说明的是，汉译本的精确度有商榷的余地，原文不是在说新教教会"消除了教会的权能"而变得没有政治意义、无法律意义，而是说，路德系涤除了原有的教会公权权威体系，尤其是主教制，故伯尔曼称之为 apolitical（去政治性的），而其在法律上的政府教会地位仅具有国法上的意义。

译 文：路德系的改革，以及体现了该改革的德意志各公国的革命，通过对教会去法律化的方式，打破了教会法和世俗法所形成的罗马公教二元制。凡是路德主义胜利的地方，教会被理解为是无形的、去政治性的和去法律化的；而唯一的主权、唯一的法律（就政治层面而言）乃是世俗王国或君侯权。

上面原文中存有三处争议：①二元制指的是教会法—世俗法的并存，单就公教法本身而言是无所谓二元制的，至少 Roman Catholic dualism of ecclesiastical and secular law 的表述是有争议的。②Roman Catholic Church 最初是新教英语世界对 Catholic Church 的负面称呼，是在批评它的大公性（catholicity，又可译"普世性"）是罗马式的。[1]尽管在现当代，英语 Roman Catholic Church 的消极色彩已大为淡化，但在公教世界内部，我们很少能看到这样的措辞，尤其是意大利语著作，其作为严肃著作，自应避之为上。③说路德系教会是 apolitical（去政治性的）就暗示着公教的权威阶层体系是 political（政治性的），这种表述不是不可以接受，但至少是需要严格解释其结论条件的，否则就会让人困惑，因为圣职授职权之争就是要在世俗事务和政治事务之间进行划界。

简言之，伯尔曼的著作享有国际声誉是不容否认的，在意大利文核心教会法史著作的推荐书目中也经常可以看到它，但因他所采纳的主要是英美式的法社会学方法，故在制度分析上并不位于最核心的参考文献之列。[2]

三、译本瑕疵：以法律管辖权和新教改革为例

由于《法律与革命》一书的主要译者中尚没有人有过严谨的教会法专业训练背景，故该书中不可避免地出现了一些瑕疵。这里以教会法管辖权（canonical jurisdiction）的法理基础和新教改革这两段论述为例

---

〔1〕 See *New Catholic Encyclopedia*, Vol. 12, 2nd Edition, edited by Berard L. Marthaler, Gale Group, 2003, p. 298. 以及［美］麦百恩（Fr. Richard P. McBrien）：《天主教简介》，天主教上海教区光启社译，天主教上海教区光启社 2005 年版，第 5 页。

〔2〕 如下小插曲也有助于说明伯尔曼在教会法领域的地位：笔者曾将论文提纲呈给斯奇巴尼（Sandro Schipani）教授，他针对伯尔曼的评价一章问道：伯尔曼的著作是社会学的，他并不是教会法的权威，你为什么提及这个人呢？——斯奇巴尼教授的质问折射了意大利法学界对伯尔曼的一般性看法，他并不清楚，《法律与革命》在我国大陆因没有其他专业文献（尤指意大利语教会法教科书等）的抗衡而被视为教会法（学）的权威，并受到了过度引证。

加以简析。

（一）关于教会法管辖权部分的论述

The church divided its authority over sins into two parts: (1) sins that were judged in the "internal forum" of the church, that is, by a priest acting under the authority of his*ordination*, especially as part of the sacrament of penance; and (2) sins that were judged in the "external forum" of the church, that is, by an ecclesiastical judge acting under the authority of his*jurisdiction*. The latter were called by the twelfth –century canon lawyers criminal sins, or ecclesiastical crimes, or simply crimes. A criminal sin was a violation of an ecclesiastical law.[1]

现译本：教会将它对于罪孽的管辖机构分为两个部分：①在教会法的"内部法庭"，也即是由一名教士根据他的授任（ordination）权威而加以审判的罪孽，尤其是作为补赎圣事一部分所进行的审判；②由教会的"外部法庭"，也即是由一名教会法官根据他的管辖（jurisdiction）权威而审判的罪孽。后者被 12 世纪法律家称之为刑事罪孽，或教会法上的犯罪，或简称为犯罪。刑事罪孽是对于教会法的违反。[2]

译文：教会将其对罪的管辖权分为两个部分：①在教会"内庭"加以审判的罪，即由司铎依其圣秩权而加以实施的，尤其是作为忏悔圣事的那部分；②在教会"外庭"加以审判的罪，即由教会法官依其法律管辖权（jurisdiction）的限权而加以实施的。后者即是为 12 世纪教会法律人所称之为刑罚意义上的罪，也即教会法上的罪，简称为罪（crimes）。刑罚意义上的罪即是违反教会法。

关于上述改译，需要说明的是：

第一，internal forum（拉丁文 forum internum）和 external forum（拉丁文 forum externum）应译为"内庭事务"和"外庭事务"。所谓内庭事务，主要指当事人行为不具备明显的外在违法性，但在内心或在私人范围内对即成的教条、教会规范、具有无可争议的道德行为等表现出不认可、憎恨、贪妄甚至亵渎之思想；而外庭事务则主要是指公开的行

---

〔1〕 Berman, 1985, p. 185.

〔2〕 ［美］伯尔曼：《法律与革命（第 1 卷）（中文修订版）》，贺卫方等译，法律出版社 2008 年版，第 182 页。

为，这其中既包括违反世俗法的行为，也包括违反伦理道德的行为，如偷税、偷窃、侵占邻人利益、堕胎、利用公权谋私等行为，而这个才是教会法庭所主要规范的对象。

第二，ordination 应译为"圣秩（权）"。广义的圣秩指的是主教、司铎、执事，狭义的则仅指主教和司铎品，圣秩圣事使主教、司铎有权行使圣事（执事为助祭，在圣事中的地位是辅助性的），如听忏悔和赦罪。与此相关的是，the sacrament of penance 应译为"忏悔圣事""告解圣事"，而不是"补赎圣事"，补赎不是圣事，而是行为。总之，类似不恰当的译法在全书中是较为常见的，如因不了解司铎和主教之间的关系而将 archpriest 错译为了"大祭司"[1]（应译为"主管司铎"或"总铎"，[2]与"大祭司"对应的是"主教"）等。

不过类似误译不仅与译者的专业背景有关，也与伯尔曼本人有关，他从不引证"梵二"文件、《教会法典》等极为根本的教会法文件，在很多术语和表述上具有明显的个人化倾向。以上文最后一句"刑罚意义上的罪即是违反教会法"（A criminal sinwas a violation of an ecclesiastical law.）为例，其表述是不严谨的，违反教会法中的私法（如婚姻）与教会刑罚没有必然关联。再以第一句关于律管辖权（jurisdiction）的论述为例，伯尔曼认为：

> 教会将其对罪的管辖权分为两个部分：①在教会"内庭"加以审判的罪，即由司铎依其圣秩权而加以实施的，尤其是作为忏悔圣事的那部分（by a priest acting under the authority of his*ordination*, especially as part of the sacrament of penance）；②在教会"外庭"加以审判的罪，即由教会法官依其法律管辖权的限权而加以实施的（by an ecclesiastical judge acting under the authority of his jurisdiction）。

这段论述的最大瑕疵就在于认为外庭案件是依法律管辖权而实施的。事实上，内庭、外庭事务都是法律管辖权（jurisdiction）行使的表现，对此参见法典的说明：

> 治权就其本身而言行使于外庭，但有时仅行使于内庭（Potestas

---

　　〔1〕［美］伯尔曼：《法律与革命（第1卷）（中文修订版）》，贺卫方等译，法律出版社2008年版，第205页。

　　〔2〕法典关于总铎（Vicarius foraneus）的规定参见 CIC，第553～561页，其正式英译为 Vicars Forane。

regiminis de se exercetur pro foro externo, quandoque tamen pro solo foro interno)，惟行使于内庭时在外庭产生之效果，外庭不予承认，除非法律对特定个案另有规定。[1]

正如法典所示，内庭与外庭案件都是法律管辖权的体现，而不像伯尔曼所论的那样具有不同来源（圣秩和治权之间的关系所涉甚大）。

（二）关于新教改革部分

Closely connected with the Lutheran doctrine of the two kingdoms were the twin doctrines of the priesthood of all believers and of universal Christian callings. Having abolished the special priestly jurisdiction and the traditional Roman Catholic distinction between a higher clergy and a lower laity, the Lutheran Reformers transferred to each individual believer the responsibility to minister to others to pray for them, to instruct them, to serve them. In that sense, all believers were said to be priests. Likewise, the Lutheran Reformers replaced the Roman Catholic doctrine of calling, or vocation, which attached that term to the "spiritually perfect", primarily the monastic and priestly professions, with the doctrine that every occupation in which a Christian engages should be treated as a calling (Beruf, vocatio) of God. Both the carpenter and the prince, the housewife and the judge, should accept the Christian responsibility to perform their tasks conscientiously and in the service of others. [2]

现译本：与路德两个王国的教义紧密联系的，是所有信徒皆为祭司和普遍基督召唤的双重原则。在摧毁特殊的教士管辖权和传统的罗马天主教会关于高级僧侣和底层平信徒之间的界限之后，路德宗的改革者把侍奉他人的义务交给了每一位信徒：为他们祈祷、向他们传道、服侍他们。在这个意义上说，所有的信徒都被说成是教士。同样，路德宗的改革者把罗马天主教的"神召"（calling）或"天职"（vocation）——这个字眼在此属于"精神上完善"的，主要是修士和教士的职业——之信条，替换为一个新的信条：一位基督徒所从事的任何职业都应该被视

---

〔1〕 台湾的《天主教法典：拉丁文—中文（修正版）》（2014）中的译文将"外庭""内庭"改译为了"外场""内场"，这个改译被接受的难度较大，不过它有助于我们注意到 forum internum、forum externum 分别对应内心活动和外部行为。

〔2〕 Harold J. Berman, *Law and Revolution, II: The Impact of the Protestant Reformations on the Western Legal Tradition* [M], the Belknap Press of Harvard University Press, 2003, p. 42.

为"神召"（Beruf, vocatio）。不论是木匠还是君王，不论是家庭主妇还是法官，都要接受他们作为基督徒的义务，自觉地履行他们的责任，并服侍他人。[1]

译文：与路德两个王国的教义紧密联系的，是所有信徒都有司祭性（priesthood）和基督徒普遍性呼召（universal Christian callings）这两个紧密相关的原则。在涤除了教士特有的法律管辖权和传统的罗马公教在高级神职人员和低级平信徒之间的划界之后，路德系改革者们把向他人宣导道的责任（the responsibility to minister to others）交给了每一位信徒，即要为他人祈祷、劝化（instruct）和侍奉。在这个意义上说，所有信徒可以被说成是司祭（priests，又译"司铎"）。同样，路德系改革者们将罗马公教关于呼召（calling），也即关于天职（vocation）的学说——该词与"属灵意义上的圣善"（"spiritually perfect"）这一措辞相联系，它首先意味着修士、神职之职（professions）——置换成为这样的学说，即基督徒所从事的每一个职业（occupation）都应被视为神的呼召（Beruf, vocatio）。无论是木匠还是君侯，家庭主妇抑或法官，都应接受基督教的责任，勤勉地在侍奉他人之事上履行其担当。

关于改译需要说明的主要有：

第一，基督教中的"普遍性呼召"（universal calling）和"特殊性呼召"（special calling）的区别在于后者是针对神职人员的，公教、新教对此都不例外。尽管新教并不认可自格里高利改革以来所确立的神职单身制，但这两种呼召在性质上有所不同是被包括东正教在内的整个基督教的主流理念。[2]考虑到这一点，以及教会法中的法律管辖权（jurisdiction）以圣秩（ordination）为基础，那么 the special priestly jurisdiction 不应译为"特殊的教士管辖权"，而应译为"教士特有的法律管辖权/司法管辖权"。

第二，"向他人宣道的责任"（the responsibility to minister to others）的具体内涵。伯尔曼以不定式同位语对它的解释为"祈祷、劝化、侍

---

[1] [美] 伯尔曼：《法律与革命（第2卷）（中文修订版）》，袁静瑄等译，法律出版社2008年版，第45页。

[2] 关于介绍这两种呼召的区分的专著参见朱蒙泉："人格、职业和圣召的发展"，载《神学论集（第29集）》，光启出版社1976年版；神思编辑委员会：《神思：教会内的圣召（第30期）》，思维出版社1996年版；神思编辑委员会：《神思：圣召与独身（第59期）》，思维出版社2003年版。

奉"（to pray for them，to instruct them，to serve them）。而这里的要害问题就是宣道权是否与圣化权有必然关系。换言之，有福传责任的人是否必须是神职人员，是否必须具有实施 sacraments（圣事/圣礼）这一神圣权力（potestas sacra）？答案是否定的。判断神职人员（包括牧师）最基本的尺度就是看它是否具备主持圣事的权能，尤其是圣体圣事。只要我们澄清了这一前提，那么 the priesthood of all believers 就不宜意译为"所有信徒皆为祭司"（其英文对译为 All believers are priests）。诚然，新教平信徒在福传上相对公教平信徒更为活跃，但他们依然不是具有圣化职能（sanctifying function）的神职。惟其如此，我们才能特别注意到伯尔曼这一结论的前提："在这个意义上，所有信徒都可以被说成是司祭。"

第三，与特殊性呼召相对应的是"属灵上的圣善"（spiritually perfect）的表述。这一学说所涉甚多，这里只是简单地说，公教认为修士修女、神职人员具有特殊的呼召，它们在属灵上相对一般性呼召的普通信徒在属灵层面更为圣善（注意：不是"完美"）。故"精神上完善"的译法有待商榷。此外，professions 一词在英文中的意思是非常宽泛的，而修士、修女生活通常并不被认为是汉语中的"职业"，它原则上是平信徒过单身宗教团体生活，其具体职业可能是教师、科研人员、福利院的服务人员等。

总之，伯尔曼著作本身的瑕疵及译者专业的不足汇集在了一起，它扩大了我国法学界（含港台）对教会法认识上的缺陷，甚至可以说：因这本书的过于孤立性存在而受到了某种遮蔽。